·教育部人文社会科学一般项目·

国际政治社会学简论

马克思主义的视角

郭树勇 ■ 著

时事出版社

目　录

序言 国际政治社会学之发端

国际关系理论经典著作中引用较多的文献，往往与世界上公认的社会学家涂尔干、马克思和韦伯等人的名字联系在一起。这从侧面反映出深入、宏观的国际政治研究不能脱离社会学视角和方法。遗憾的是，在很长的一段时间内，理论界比较强调社会学与国际政治学的专业分工，而很少注意到跨学科研究的重要性和可行性。这种情况随着国际政治的社会性增长以及国际社会的深入发展才可能发生实质性的变化。冷战以和平的方式结束，从实践上颠覆传统的以战争方式实现国际格局转换的理论思维，以一种放大的方式把社会学研究方法拉回到国际关系理论研究的主流。于是，在“本体论”革命的大形势下，国际政治社会学发端就具备了现实的可能性。

无论是国际政治学，还是社会学，都是由西方肇始，但国际政治社会学的学科倡议几乎同时发生在世纪之交的东方和西方。这或许与国际社会全球化发展产生的共时性效应有关。如果说，西方学者在19世纪中后期或者更早就在研究国际政治时注意到社会学的方法，那么，清末民初学贯中西的中国大儒们、民主革命时期救中国于危难之中的中国共产党人，就已经从社会进化、社会冲突甚至世界革命等角度探求国际政治的真谛。从目前掌握的资料看，作为学科倡议的国际政治社会学大约发生在21世纪初的中国，可能较西方为早。当时，西方学术界经过历史社会学、英国学派等沉淀，最后由20世纪80年代的社会建构主义把这个学科酝酿推到了国际关系理论的前沿，呼之欲出。而中国的学术界长期擅长于从意识、文化、价值和历史等角度研究国际问题，虽缺乏西方意义上的学科自觉，然则研究深度和广度并不逊色，至20世纪末已经有了相当的积累。在新世纪的交汇点上，国际关系理论的第三次“辩论”自美国向其他国家传播，像一把学术之火，没有在美国点燃国际政治社会学学科的火焰，却在东方的中国播下了学科萌芽的火种。

中国学术界能够较早地提出国际政治社会学，这并不令人感到惊讶。首先，这主要是因为中国和平发展的外交实践为其准备了基础。自20世纪50年代中期起，新中国就一直奉行和平共处五项原则，除了个别短暂时期之外，和平外交成了中国外交的代名词，为新中国获得国际社会的承认、屹立于世界各主权国家之林创造了条件；改革开放以来，中国政府从追求和平发展的时代主题出发，坚持韬光养晦，反对霸权主义，加入多边国际条约，融入国际社会，使得中国成为维护世界和平的重要力量，为20世纪80年代末90年代初国际格局的和平转化作出了应有的历史性贡献；整个90年代，中国坚持和平发展的外交方针，沉着应对西方反华势力对于中国的遏制政策，在最有可能出现新的冷战的历史转折点上，以新的安全观和新的国际政治思维破解了旧的安全观和冷战思维，以实际行动践行了新的大国权力转移理念，成功地化解了最大的社会主义国家与最大的资本主义国家的一次次冲突危机，这是对几百年的权力政治观的又一成功挑战，也是对新型大国关系和新型国际政治模式的重要探索。它从实践上说明，中国的和平发展是对国际社会发展的新贡献，它极大地丰富了国际社会的内涵，使得国际政治与国际社会的关系进入了一个新的阶段，对于那些跟踪国际学术前沿而又关心中国外交的学者来说，国际社会对于国际政治的叠加效应终于积累到了一个程度，应该换一个区域，换一个角度来思考国际政治的逻辑了。

其次，国内的相关学术积累为其准备了条件。一个学术积累与哲学有关。众所周知，马克思主义是中国学术界研究国际政治的基本立场和指导思想。突破关于马克思主义是经济决定论的传统观念，重新认识马克思主义的社会实践本体论立场，确立马克思作为“政治社会学之父”的地位等，为学术界的观念创新准备了思想与哲学条件。没有中国特色社会主义的理论自觉，没有对马克思主义的再认识，就从哲学上走不出主观与客观的二元对立，很难在社会互动层面把握国际关系，在新世纪之初也不可能提出国际政治社会学的倡议。另一个学术积累与政治学有关。政治社会学是政治学的重要分支，半个多世纪以来它在西方国家的比较政治研究中获得了较大的成功，20世纪70年代末以来，它在中国政治学界风行一时，经过20多年的传播发展转化，政治社会学已经成为国内政治学的一个重要流派，在研究权力与文化关系方面取得了重要成果，特别是在政治文化、软实力等方面对于国际政治研究产生了重要的启发。还有一个学术积累发生在国际政治学内部。国际政治研究的重要分支之一是国际政治经济学，经过约20年的发展，国内IPE已经蔚为大观，不但为中国融入国际社会提供了较好的学理解释，而且对于中国对外经济交往和社会主义市场经济建设提供了较好的理论指导，更重要的是，它将国际政治与国际经济相结合的学科交叉思路，给国际政治与国际社会的学科交叉提供了重要的启发。

第三，社会建构主义的发展为其起到了导引的作用。社会建构主义或称建构主义，对于国际政治社会学的学科酝酿，具有极为重要的催化作用。以社会学的角度研究国际政治，或者从政治学的角度研究国际社会，并非自建构主义始，更非至建构主义终，历史社会学、英国学派等都对国际社会或者世界历史有着入木三分的见解。然而，建构主义特别是以主流建构主义为代表的国际政治社会学研究者，以其系统化的元理论（本体论、认识论和方法论），以其对于国家、权力和文化关系的准确阐述，以其对于战争与和平的自成一体的学说，以其关于国际体系及其体系转化的理论，推动了国际政治社会研究进入了较高、较全、较系统的阶段。这不仅对于经历了政治现实主义、新现实主义、新自由制度主义、批判理论等学术清洗的西方国际关系学界来说是一次学理上的革命，实现了国际政治研究的社会学转向；而且对于经历了历史唯物主义的长期熏陶、以国际关系史学为主要理论背景、习惯于从国家利益和物质主义出发观察天下的中国国际关系学界来说，也是华丽转身的重要机会。这个转身是从国际政治与经济学结合开始的，不久就从经济学转向了社会学，它实际上要研究这么一些基本的问题：国际社会在接纳了诸如中国等新兴大国和异质文明形态之后，如何重新安排其社会秩序？中国的社会变迁和大国成长如何适应以全球治理为新趋势的国际政治生活？等等。建构主义恰逢在中国和平发展的关键时期进入中国，实际上是以一种特殊的方法引导中国学者对国际政治社会研究保持了持续的兴趣。中国人看天下有着特有的整体主义优势，建构主义只不过重新唤起了知识记忆罢了。

正是上述几个方面及其他不一一说明的因素，中国国际关系理论界在世纪之交掀起了国际政治社会学研究热潮，并明确地提出了国际政治社会学学科建设的倡议。虽然万事开头难，但是它仍然知难而进。自 2001 年至 2007 年的 6 年间，中国学术界的国际政治社会学研究取得了不小的进步。一是国内关于社会建构主义的研究以及运用社会建构主义理论方法分析国际问题的研究不绝如缕，有力地补充了关于国际政治的权力、制度解释，这方面国内已有耳熟能详的研究成果；二是试图从英国学派、历史社会学、德国学派那里获得灵感，并借用社会学的概念或从中国原有的文化词汇中发掘国际关系理论的概念，如文明、战略文化、战略思维、权势、关系、礼治等，对国际问题进行社会学研究；三是明确以国际政治社会学为工具对大国的兴衰、文明的冲突与共存、国际政治理念的演变等进行规律上的探究。这都在当代中国国际问题研究中留下了浓浓的一笔。

值得一提的是，2007 年 10 月，也就是在中国学者提出建设国际政治社会学倡议 6 年之后，国际关系研究会（ISA）创办了《国际政治社会学》杂志。在其卷首语中，后现代主义国际关系理论大家、R. B. J·沃尔克先生等人指明，该刊的宗旨是推动社会学与国际关系学的交叉研究和对话交流。这样一种东西方不约而同的学术行动，似乎预示着推动国际政治社会学学科建设正在成为一种国际学术共识，尽管困难可能要比国际政治经济学建设大得多。

也许，我们不必期望国际政治社会学轻易演化成为一个系统化的知识体系，只要它以其基本的价值、假定、立场、方法标明自己的学术特质，并为国际关系理论研究和国际问题研究提供自成一体的解释和指导，那么，它就是有意义的。这应该是我们研究的起点，也是本书的出发点。

第一章 国际政治的社会实践本体

一、国际政治的社会性

国际政治与国内政治之间的根本性不同在于，国际政治发生在一个没有中央政府的场景里，不存在一个超越单个主权国家之上的机构能够拥有足够的权威立法和解决国际争端；国家之间可以缔结条约，但没有高高在上的国际权力可以保证各国履行条约，处罚违反条约的行为。[①] 无政府状态的假定最初来自诸如霍布斯之类的经典现实主义学者，在他们看来，正是因为国家之间没有信用和仲裁可言，没有保

---

① Robert Art and Robert Jervis, *International Politics: Enduring Concepts and Contemporary Issues*, Third Edition, HarperCollins, Publishers Inc. p. 1.

证国际合作的国际机制，所以，国家要维持自身的生存与安全，唯一的办法就是加强自身的力量，把自保作为主要的生存之道，战争状态一度成了无政府状态的同义语。后来的现实主义学者如摩根索特别是华尔兹在演绎其现实主义的科学理论时，都把无政府状态作为国际政治研究的基本假定。如果这样理解无政府状态的话，那么国家之间无社会性可言，权力斗争和物质性竞争就成为了国际政治的主旋律。

难道国际政治中的合作永远是次要矛盾的次要方面吗？难道国际政治中没有社会性吗？难道主权国家的最高法则就是自保和自私吗？难道除了国家利益之外就没有国际利益和全球利益吗？国际之间的规范关系包括制度化的关系能否对国家行为产生重要的制约？人类社会难道没有进步性吗？

其实上述一连串问题基本上可以归结为一个问题：国际政治中有没有社会性？国内政治显然是有社会性的，国内政治中，任何个人都有明确的社会分工，个人无法离开社会而生存，道德、法律以及国家政府机构来保证个人的人身安全与财产安全。个人的行为方式不在于个人的利益与理想，而在于社会对他的要求和规范，只要这个人是社会人，甚至利益与理想的内容与方向也是由社会规范所规定了的。人的本质不是他自己，而在于他的社会性。即人天生具有合群性，社会性更能体现人的本质，“人的本质并不是单个人所固有的抽象物。在其现实性上，它是一切社会关系的总和。”[①] 马克思继续并且超越了亚里士多德的天才论断，认为“人即使不像亚里士多德说的那样，天生

① 《马克思恩格斯选集》第1卷，人民出版社1995年版，第56页。

是政治动物，无论如何也天生是社会动物”。①

国际政治中具有社会性吗？

回答是肯定的。但是，国际政治的社会性不能完全比照国内政治的社会性来定义。在国际政治中，社会性是指主权国家在政治、安全与文化上的相互依赖性，以及对于共同价值、共同制度和共同命运的真正尊重。我们既不能以某个封建国家没有建立民主现代制度为理由，就否定这个国家没有“文明社会”，也不能以国际政治中没有出现一个中央政府来否定国际政治中没有社会性。国际政治社会性的明显表现就是国际社会的存在及发展。国际政治具有社会性，至少可以从以下几个方面进行理解。

首先，主权国家之间缔结成某种社会契约。在马基雅弗利、霍布斯、黑格尔等推崇国家主义的思想家看来，国家就是最高的理性，是自由的最高体现，国家之间不能够也不应该达成某种社会契约，国际无政府状态因而也是天经地义的存在。但是，一方面，世界主义的思潮从来没有停止过，企图建立世界政府或者欧洲合众国或者康德的“主权国家的自由联盟”，都在追求一种超越主权国家之上的国际社会契约，虽然历经多次失败，但毕竟在走向一种现实化了的可能性，特别在欧洲联盟的成立中我们似乎看到了 19 世纪以来世界主义在欧洲实现的希望。另一方面，国际关系发展的一个不争现象是，主权国家之间从来就在一种契约环境中生存与发展，冲突与合作。19 世纪中期，欧洲有关国家就开始对莱茵河、易北河等国际河流的管理达成了国际协定。19 世纪与 20 世纪之交，更多的国际条约发生在交

① 《马克思恩格斯全集》第 23 卷，人民出版社 1972 年版，第 263 页。

通、运输、电信、邮政、公共卫生、经济贸易、战争与和平等许多领域。1919 年出现的国际联盟，1945 年诞生的联合国，以及 1994 年出现的世界贸易组织均形成了对主要主权国家的契约关系，这些国家都愿意让渡很大程度上的重要国家权力，并保证遵守国际条约，接受有关国际机构的强制性制裁。联合国的维持和平功能，联合国安全理事会常任理事国的安全功能，以及世界贸易组织的个别职能，都起到了类似国内社会契约保证方面的强制作用，这意味着，即使在国际政治中，在全球性的国际公共领域，社会契约的达成既是可能的也是现实的。

其次，主权国家之间形成了某种较为稳定的国际秩序。社会性的一个基本特征在于其秩序性。虽然秩序性与社会性不能完全等同，但它有着密切的联系。当行为体对其他行为体的行为保持有可信的预期时，一定有一种社会性在起作用，而这种状态可以称之为有序状态。在国内政治中，由于中央政府的强制力，这种行为可预期性更加明显，而在国际政治中，由于缺乏世界政府，国际秩序更多的需要战略克制、对国际道德与国际条约的遵守，这种可预期性就小得多，但是这两种秩序都是社会秩序，都本质上反映了人类的“首属群体”性[①]，都表明了人类社会中的共同生活方面。秩序是对于社会性的要求，但是不同的社会性对于秩序的条件要求又是不同的，用布尔的话说，“在国家之间与在个人之间，实现有序状态的条件是不同的”，[②] 对于国内政治来说，实现国内秩序必须要有中央权威的

① ［美］查理斯·库利：《人类本性与社会秩序》，包凡一、王源译，华夏出版社，1999 年版，第 24 页。

② 赫德利·布尔：《国际关系中的社会与无政府状态》，引自詹姆斯·德·代元主编：《国际关系批判》，秦治来译，浙江人民出版社，2003 年版，第 85 页。

力量，因为一方面个人在自我安全的保护方面远不及国际政治中的国家，另一方面，个人的生命非常短暂，比较容易进行冒险行为和非理性行为，必须有一种强制的政府力量来威慑个体或者部分群体的非理性行为。而在国际政治中，至少在目前的世界历史中，完全可以在没有世界政府的条件下实现国际秩序，即使没有大国的主导性治理，没有严格意义上的国际协调，主权国家都会遵守主权国家建立时的基本国际规则而自行其是。17 世纪有威斯特伐利亚秩序，18 世纪有乌特勒支秩序，19 世纪有维也纳秩序，20 世纪有凡尔赛秩序、华盛顿秩序、雅尔塔秩序等等，这些都是大的国际秩序。不同的时段还有很多小的秩序，每个秩序都是有关国家从国际谈判、大国会议和国际斗争中得来的，是国际条约明确规定的，而由一定的国际权力机制加以保证的。当然，由于不同的秩序是由国际社会性或者公益性程度不同的条约规定的，其生命力和国际影响力也不一样，其下场也不可能是一样。当然，我们必须正视一个现实，主权国家的秩序是主权国家的外交实践本身建构起来的，这种外交实践体现了人类的进步性，反映了与多数主权国家对于历史发展的呼吁，也与代表人类社会前进方面的各国国内社会发展方向并行不悖，因此，国际政治中的秩序建构虽然与国内政治有着形式上的不同，但都体现了人类社会的要求，是人的社会性在不同层次上的反映。

第三，主权国家之间具有天生而且日益增长的相互依赖性。国际政治中的社会性的最明显体现，就是主权国家之间具有相互依赖性。这种相互依赖性是天生的，因为主权国家的建立从其本源上讲意味着，任何一个民族国家的成立，都不再依赖于国家之上的权威的统治，但是也不是完全根据自身的强大与否决定其生存问题。主权意味着平等权，即在国际政治中，每一个主权国家都是平等的，都在确保自身生存合理性的同时也承认其他主权国家的生存权利。这样的一种相互承认权，就是一种最基本的相互依赖性。洛克可能是最早的在政治哲学领域阐明这种相互依赖性的思想家之一，洛克反对霍布斯关于国家与社会起源的学说，认为自然法旨在“约束所有的人不侵犯他人的权利，不互相侵害，使大家都遵守旨在维护和平和保卫全人类”，[①] 这种社会本质性就是相互依赖性：各国间大致形成了最低限度的互信度和共识，遵从一种“我活也让别人活”的原则，主权制度由此建立起来，相互间承认对方有一定的领土作为专属辖区，以拥有一种“生存与自由的权利”。[②] 如果说洛克的思想论证了主权国家天生相互依赖性的来源的话，那么，对于国际政治中日益增长的相互依赖性的洞察者则是格老秀斯，他认为主权国家具有共同的规则与制度，其最经典的国际行动是“国家之间的经济与社会交往”，[③] 这无疑都是对主权国家的社会本质性的另一种正确判断。然而，马克思比格老秀斯的高明之处是马克思看到了主权国家的相互依赖性在于民族国家发展的本质要求，在于世界生产力与世界关系的本质要求，是全球化的本质。世界交往、贸易与生产力的扩展“消灭了以往自然形成的各国的孤立状态，”“使每一个文明国家以及这些国家中的每一个人的需要的满足都依赖于整个世界，”“各文明国家里发生的一切必然影响到其余各国，”总之，“过去那种地方的和

---

① ［英］洛克：《政府论》下篇，商务印书馆，叶启芳、瞿菊农译，1996年版，第7页。

② 郭树勇：《建构主义与国际政治》，长征出版社，2001年版，第143页。

③ ［英］赫德利·布尔：《无政府社会——世界政治秩序研究》，第二版，张小明译，世界知识出版社，2003年版，第21页。

民族的自给自足和闭关自守状态，被各民族的各方面的互相往来和各方面的互相依赖所代替了。”① 马克思所预言的全球化浪潮终于在第二次世界大战之后产生了更为本质性的影响，人们普遍认识到“世界进入了一个相互依赖的时代”，不仅在能源、金融、市场、生产诸方面相互依赖，而且在安全与社会交往方面相互依赖，不仅西方发达国家在技术与贸易方面相互依赖，而且与发展中国家之间也相互依赖。复合相互依赖出现在国际交往最为密集和频繁的地区，成为国际政治社会性最突出的表现。

第四，主权国家之间具有某种体现共同价值观念的国际政治文化。文化是社会的灵魂，是社会性的最高体现之一。没有文化的社会是不存在的，同样，没有社会也没有文化。如果一个社会中的基本价值架构或规范的内化程度越高，这个社会的社会性或者同质性就越高。如果一个社会出现了意识形态或者主流文化价值的缺位，那么，这个国家或者社会就处于危险状态和动荡状态，社会性就较低。同样道理，国际政治中的主权国家之间的社会交往的一个重要标准和条件就是：是不是有着共同的国际政治观念，有着关于国际政治的共同理想，有着关于国际冲突与合作的一致理念。什么是国际政治文化呢？它不是政治学中的政治文化概论的简单延伸，不少国际政治社会学

① 《马克思恩格斯选集》第1卷，人民出版社1995年版，第114页、234—276页。

家意识到了国际政治文化的问题,[①] 我们认为,国际政治文化是国际社会发展到某一阶段所达到的、对国际关系、国际政治、国际秩序、国际道义、战争与和平、生存与发展、国际交往、国际权威与国际治理等一系列关乎人类社会生存与发展的基本问题,所拥有的最低限度的共识。从形式上讲,它包括绝大部分国家所遵循的全球性国际制度、联合国国际法基本准则以及有关国际政治运作的理论认知、观念信仰、基本态度和价值认同,等等。[②] 国际政治文化也有一个生成与发展,不断丰富、不断扩大、不断内化的过程。以国际法为例,近代国际法主要是16世纪和17世纪西欧基督教文明的产物,是从英国、荷兰、法国、德国等欧洲国家的外交习惯与条约形成发展起来的,但到了19世纪就开始大量吸纳欧洲以外的基督教国家的法律成果,20世纪20年代以后,“世界各大文化及各主要法律体系”、非基督教和非欧洲文化和文明对国际法的贡献增加,[③] 目前的国际法体系基本上是一个各主权国家面对共同的国际问题不断创新的全球法律体系。

第五,国际政治不是无国际治理的领域。国际政治中,之所以国际关系处于一种相对稳定的秩序之中,有着许多的原因。一种原因是往往存在着国际政治文化和国际制度,还有一个重

① [英]赫德利·布尔:《无政府社会——世界政治秩序研究》,第二版,张小明译,世界知识出版社,2003年版,第253至254页。另外,针对国际政治中的共同政治文化现象,罗斯诺等人提出的“全球文化”的概念,罗马俱乐部提出了“全球文明”的概念,俞新天先生提到了“民族文化中心主义”,“跨文化相对主义”,“经验性全球最低限度道德论”,“普遍价值论”,“文化国际主义”,“国际文化”的概念,蔡拓先生也提倡一种全球文化。

② 《建构主义与国际政治》,第310页。

③ 詹宁斯、瓦茨修订:《奥本海国际法》第一卷,第一分册,王铁崖等译,中国大百科全书出版社,1995年版,第48—49页。

要的原因是那些制度治理或者文化治理的背后，总有着重要的国际力量在发挥作用。这些国际力量最根本的是大国。另外，还有一些重要的多边性国际组织与国际运动。最后，还有日益活跃着的国际非政府组织。这里有必要重视大国在国际治理中的作用。在很长的一段时期内，人们往往看到了大国在国际政治中的破坏作用，而忽视了其在国际政治中的积极作用。大国固然有着正义的大国与非正义的大国之分，也有着资本主义大国与社会主义大国之分，但是一个客观的现实是，国际政治中的战争与和平往往是由大国来负责的，破坏和平的往往是大国，而结束战争保证和平的也是大国。在一个单极国际体系里，超级大国在国际事务上往往具有最大的发言权，当然并不意味着它可以为所欲为，最大的发言权表明它在国际治理方面有着最大的责任。从历史上看，一个时期内的世界经济与政治的发展状况，与这个时期内的最大国家的政治经济状况有着密切的联系。这是因为，最大国家的国内政治与经济必然以某种形式反映到国际行为上来，比如国际经济援助、意识形态的国际示范效应、国际会议的召集情况、国际安全情况等等。值得注意的是，大国在国际治理方面的特殊责任与功能，并不能当然地认为，大国的治理模式就是权力治理与单边主义，相反，一个大国在国际政治最被承认的时候，往往就是这个国家最愿意奉行多边主义，重视国际合作的时候。

社会性与社会化都是社会学的基本概念，在国际政治社会学中，社会性与社会化同样是相互联系的一对重要概念，如果说国际政治的社会性是不断增强的过程，那么这种过程在某些具体的领域就称之为社会化。国际不扩散制度的存在本身表明，大国之间具有一定的社会性，各个大国都在不扩散核武器方面拥有共同的利益，都必须采取合作的态度。但是，这种制度在创立之初只要三、四个核大国，目前越来越多的国家加入进去。又如非殖民化，非殖民化是国际政治中的一种积极的社会化行为，是反殖民主义原则和非殖民主义原则在世界各国逐渐普及的过程，最早反对殖民主义原则的大国可能是美国，随后就是苏联等系列主张民族自决的国家。1960 年第 15 届联大通过了《关于给予殖民地国家和人民独立的宣言》，则是这场国际社会化进程中的一个重要的里程碑。1985 年，联大反殖民主义特别会议召开，为这种运动的最终胜利而进行全球动员。1992 年纳米比亚宣告独立，意味着反殖民化这个国际社会化取得了最后的胜利。社会性虽然与社会化密切相关，但两者在含义上有着重要的差别。社会性所包含的内容更为广泛，它涉及到主权国家在社会交往过程中的相互依赖性，不但是文化交流，还包括商品交换、服务往来、社会网络和国际示范效应等等，而社会化则是有着特定含义的社会进程。那么，什么是社会化呢？

社会化是社会学的重要概念，据记载早在 100 年前社会学家们就开始研究社会化问题，19 世纪末欧美的社会学家们已经对社会化进行了深入的研究，但是真正的社会化研究大发展的时期是 20 世纪 30、40 年代。自那时起到目前的半个多世纪的时间内，学界主要沿着三种路向研究社会化，一种认为社会化实际上是文化的内化，以美国社会学家奥格本为代表；一种认为社会化是个体成长的过程，以美国社会学家库利和米德为代表；一种认为社会化是使人“变得具有社会性”，能够了解并符合社会角色的过程，以美国社会学家萨金特和帕森斯为代表。社会化其实是这三种视角下的综合过程，即“社会文化得以积累和延续，社会结构得以维持和发展，人的个性得以形成和完善”的过程。①

个体为什么要有社会化？这是因为人除了具有自然性、物质性或者生物性之外，还有社会性，人的社会性的基本方面是文化的存在，“人本身在一定意义上是文化的产物，成长和生活在某种文化主导的模架内，必须遵循这种文化所规定的途径和方法去学习和掌握相应的价值观念、行为规范和行为模式，以及相应的生活和工作技能，并且随着文化的变迁适时调整自己的行为和观念，才能成为一个合格的社会成员。”② 社会化是“个人成长的过程”，不是人的自然成长，而是人的人格或性格的发育过程，后者是社会化的过程。③ 即有两个维度：一是从单位角度来看，就是将社会的规范内化形成自身行为准则从而成为社会人的过程，社会化是“人类的行为不断被社会互动所形塑的过程。它使个体能够发展自己及其潜能，能够学习并做出调适。”④ 指出，社会化不是被动的，也有个体的主动性，社会化的施动者也被建构和学习。初级社会化是文化学习最集中的阶段，而次级社会化的有关机构则是社会互动，帮助个体“学习组成其文化模式的价值观、规范和信仰”。二是从体系或社会角度来看，就是把社会的主流文化传播到个人，达到教化的作用，使之成为一个符合社会规范的人的过程。在后一个方面的社会化的过程，不仅是文化传播的过程，还包含着个体之间的

---

① 参见郑杭生：《社会学概论新修》，中国人民大学出版社，1994 年版，第 107 页；侯力、左伟清：《新编社会学》，华南理工大学出版社，2001 年版，第 63—65 页。

② 孙立平主编：《社会学导论》，首都经济贸易大学出版社，2003 年版，第 88—89 页。

③ Danziger, Kurt: Socialization, Harmondsworth: Penguin, 1976, p. 13. 转引自朱力等著：《社会学原理》，社会科学文献出版社，2003 年版，第 60 页。

④ ［英］安东尼·吉登斯：《社会学》第四版，赵旭东等译，北京大学出版社，2003 年版，第 37 页。

互动、社会结构的运行以及社会文化的期待等等因素的共同作用。

个体在社会化的同时，也存在着反社会化的现象，这种现象其实就是个体实施的与社会的主流规范相背离的行为趋向，这种趋向不是随意的、不连续的，而是某种程度上对社会化的对抗，似乎是在创造一种对立的社会行为模式。社会逆反心理在一定时期内是这种行为的心理基础，但是逆社会化的动因却可能包括其他复杂的社会内容，特别是个体在进行了再社会化之后的时期（成年之后的社会化时期），逆社会化就增加了许多个体利益的考虑，因此，表现为逆社会化有可能发展为一个个体或者集合了的个体与社会主流利益与文化的冲突。逆社会化的进程有几个结果：一是被在一定时期的斗争之后融入社会主流运动之中，被社会化进程所同化。二是引起更多的社会同情，产生更大范围的社会示范效应，并引起大规模的社会冲突，并有可能推动逆社会化转换为主流社会化。三是在社会化与逆社会化的斗争之中，诞生一种新的社会文化。后一种与黑格尔所说的“正、反、合”的逻辑思路相统一，也符合马克思的社会冲突思想和辩证唯物主义思想。

在一个社会里实施社会化和出现逆社会化现象，均要有方方面面的条件。社会化的过程中，就行为体而言，要有一定的适应时期，要有较强的学习能力，要有社会沟通能力主要是语言能力，以及正确的战略判断与思维的能力，而就行为体所处的社会环境而言，行为体必须具有初级教育场景、二级教育场景、同龄群体、工作单位以及大众传播等各种条件。[1] 也就是

① 侯力、左伟清：《新编社会学》，华南理工大学出版社，2001 年版，第 68—725 页。

说，社会化既是一个主观努力的进程，也是客观社会互动的进程，既有科学的方面，也有艺术的领域。社会化的受动者必须把培养社会沟通能力（以语言为主）放在一个重要的位置，同时也要刻意创造一个有利的社会环境；而社会化的施动者则应该考虑到受动者的判断、学习、沟通能力，积极配合在大众传播等方面将新的社会规范输入到更多的社会行为体观念之中。而逆社会化的社会心理虽然普遍存在，个体性的逆社会化行为也很多（违法与犯罪），但上升为一种集体性的社会行动，对于行为体的个体实力与权威、领导能力、宣传能力都有较高的要求，而对于社会环境来说，当一个社会不平衡发展较为严重时，社会的政治基础与经济基础十分薄弱并矛盾层出不穷，社会分裂成为可能并向极化方向发展时，逆社会化运动才成为一种社会浪潮。

国际政治的社会化，有广义与狭义之分。广义的国际政治社会化包括各种由于经济全球化与贸易关系而形成的各种相互依赖的社会关系。基欧汉提出的“复合相互依赖”现象本身就是一个很好的概念，不仅体现了一种经济交换过程，也是一种社会沟通过程。国际政治中的复合相互依赖有三个特征：一是多渠道的社会联系，包括政府间的非正式联系和正式的官方安排，非政府间的非正式联系，跨国性组织（如跨国银行、跨国公司）的内部联系；二是国际间关系的议事日程多元化，并非所有问题都服从于军事安全问题，国内事务与国际事务的传统区分界线日益模糊；三是在复合相互依赖地区内部，军事力量不再作为社会争端的手段。基欧汉的本意旨在强调权力政治在国际政治中的缺陷，“鼓励人们探索区分世界政治的范围与领域”，却不料指出了国际政治中的社会化趋势。基欧汉用心良苦使用的“非权力性因素”，其实构成了国际政治新兴社会化力量的社会基础，他所讲的复合相互依赖，即本质上反映了国际政治的社会性发展，特别是第一点民族国家之间形成了一种多渠道的联系，这种联系网络就是一种社会网络，经济与社会是不可分的。从基欧汉的经济相互依赖，到复合相互依赖，反映了经济基础变化并发展到一定的历史阶段后，必然推动国际政治社会化运动的规律。这也难怪，经济学本质上属于大社会学的范畴。基欧汉等人奉行的国际政治经济学作为一门学科，与国际政治社会学有着千丝万缕的联系。要真正、全面、深入地研究国际政治社会学和国际政治社会化现象，就必须结合国际经济的研究，必须深入到国际政治经济学的丰富土壤中去。不过，这里我们限于篇幅，本书主要研究狭义上的国际政治社会化。

狭义上的国际政治社会化主要是指不同的民族国家由于足够的交往，形成了某种国际政治文化，而这种文化反过来由发源地向周边其他国家扩大传播，这个过程就是社会化的过程。国际政治的社会化有以下含义：一是指众多的民族国家加入到一种国际制度文化中去；二是一种新兴的主流国际政治文化不断地为更多的国家所接受；三是国家间的政治交往中强权政治的色彩越来越少，不断地由霍布斯文化向洛克文化甚至康德文化过渡，故而体现出一种人类社会的进步性。从世界历史发展的角度看，国际政治社会化造就了国际体系的出现，推动了国际社会的形成，创造了当今大大小小的若干安全共同体，必将在未来催生世界社会。因此，国际政治社会化是人类历史进步在国际政治层面上的基本表现。这种社会化的基础力量虽然是主权国家之间的经济与政治斗争，但从发展方向和其核心特质方面，却体现了国际政治文化的演进。

国际政治社会化的进程不是一帆风顺的理念演绎，而是充满了曲折和自我否定的历史过程。国际政治文化的形成、传播与创新的过程中充满着文明冲突、商业战争与外交斗争。我们在认识长期趋势上社会化占据主导地位，国际合作是未来的国际政治发展主流的同时，不能忽视反社会化或者攻击社会化力量在国际政治中的存在及其重要性。注重社会心理学研究的国际政治学者认为，所有人类社会中都存在攻击社会化现象，个体在成长的过程中，学习社会习惯之后总会有挫折感，并把这种挫折感导致的恐惧、憎恨和暴力攻击行动引向其他社会成员，这种反社会化不但反映了个体利益与集体利益的冲突，也反映了个体的特定文化体系与主流的文化体系的冲突。[①] 这种现象我们不妨称之为国际政治的逆社会化。

国际政治在其发展的每一个阶段都有强烈的逆社会化表现。这与国内政治有着巨大的不同。国内政治中的逆社会化进程很难持久，很难形成一种强大的否定性力量，这是因为有着强有力的中央政府及其法律体系的制裁。而国际政治不同，国际治理的力量虽然日益强大，但对国家利益的追求仍然是国际政治中的最基本的行为准则，超国家性的国际仲裁机构不可能像世界政府那样确保国际道德和国际法的全球实施。国际政治社会化的主要条件是主导国家的合法性意识、国际关系的均衡发展、国际制度环境的良性存在以及国家间的社会交往质量与数量、速度的足够性。如果主导国家的合法性意识不是太强，体现这个时代的国际政治文化或国际精神就很难在大国的协助下向世

① Stephen M. Waltt, "Revolution and War", *World Politics*, April 1992, pp. 325 - 360. 转引自［美］詹姆斯·多尔蒂、小罗伯特·普法尔茨格拉夫：《争论中的国际关系理论》第五版，阎学通、陈寒溪等译，世界知识出版社，2003 年版，第 257 页。

界扩展。其他的条件情况也是如此。与此相对应，当国际政治社会化的条件不足时，逆社会化的可能性就出现了。在国际政治层面，逆社会化有着相当大的力量与特征：第一，主权国家从其本源上追求一种国际行动自由，独立自主战略意识往往与国际主义路线相冲突，任何主权国家都是希望借助自身的力量获得生存与发展的条件，除非万不得已。第二，国际政治发展的原有前提是不同的文明世界，在这个文明世界里，权力的较量比较容易操作和反复，而文明的融合与冲突则是十分漫长的过程。国际政治文化的发展其实就是异质文明同质化的进程，这种进程并不为各文明世界所一致认同，主张文明多样性的国际力量反对诞生一种国际政治文化，尤其是这种政治文化容易异化为某种大国的国际意识形态时，社会化更是难以推进。第三，大国对于国际权力与资源的争夺，往往体现为一定的国际理念的对抗，表现为社会化与逆社会化的斗争。一方面使人们误认为社会化就是某一种力量的政治理念的输出，就是西方化或者东方化，从而对于国际政治社会化的存在与否本身以及它的进步性认识不清。另一方面，人们也容易把国际政治中的社会化本质与某一个或几个大国的意识形态战略混淆起来。其实，国际政治的社会化不是任何一个大国的意志，但却是由这些大国的政治斗争形成的国际合力交互作用的结果，当然那些具有进步和战略眼光的大国的外交理念最接近于国际政治文化的发展方向。第四，国际政治中的逆社会化就其世界历史的现实过程而言强烈地体现了资本主义与社会主义的意识形态斗争，这种斗争从本质上推动了国际政治文化的发展，但无疑把国际政治文化在近二个世纪的演进复杂化了。无论是资本主义国家还是社会主义国家，都是主权国家，都是民族国家，也都有可能成为逆社会化的力量。苏联一度采取所谓的“社会主义大家庭”理论和“有限主权论”，实现对部分社会主义国家内部事务的干涉，企图建立一种帝国式的社会主义国家集团，显然是背离了国际关系的基本准则和《联合国宪章》，是一个时期内逆社会化的主要力量。而美国等西方国家在某些领域内推动新殖民主义，企图以西方文化与价值观念干涉一些发展中国家的国内文化发展，并且在中亚国家掀起一波又一波的“白色革命”、“橙色革命”、“绿色革命”，这也是一种有悖国际法准则的逆社会化浪潮。第五，国际政治中的逆社会化与社会化都是推动世界历史的杠杆，而且在不同的时代背景下可以相互转化，但是逆社会化往往表现为恶的杠杆，并且要付出巨大的交往成本。当逆社会化所提倡的国际理念反映了一个时代的本质，而且这个时代正在到来时，就会转化成为一种主流的国际政治文化。同样，一个主流的社会理念在新的国际环境下也可能丧失其存在的条件，成为逆社会化的基本理念。比如，“一个民族一个国家”的国际理念，在反对封建主义、反对帝国主义、特别是反对世界殖民体系统治的时代，对于推动民族解放和国际关系民主化都起到了巨大作用，是国际政治社会化的基本信条。但是在世界性的殖民体系已经瓦解、和平与发展成为时代主题的新时代条件下，不分条件地继续宣扬“民族自决”，就会导致民族分离主义和极端民族主义，甚至成为现代恐怖主义的温床，成为一种逆社会化的意识形态。逆社会化由于不符合一个时代的主流国际文化，因此，会为大部分主权国家所拒绝，可能会增加其与其他国家的交往成本，不利于开展国际交往和国际合作，其经贸发展与国家实力的增长也会受到巨大影响。因此，一个成长中大国的理性选择是，加入到国际社会化浪潮中去，而不是加入到国际逆社会化运动中去。

二、国际政治社会化及其后果

国际政治社会化是世界生产力发展的必然逻辑，是世界生产关系的重要体现，是社会实践活动在国际政治层面的主流趋势，是推动人类社会进步的基本力量之一，它产生了一系列的社会后果。

1. 造就了国际体系的出现

在国际政治社会学中，国际体系是一个绕不过的概念，它是国际社会的基础和必经阶段。从世界历史的角度看，人类社会在封建社会时代之后的国际交往能力不断增加，这种日益增加的交往能力将不同的帝国与城邦国家联系起来。最初的国际体系的形成区域，是在“前国际体系的生产力和贸易最为充分发展，人口数量和集中程度达到使新型单位得以形成的地方演化而来的。”[①] 尽管不同的国际政治社会学家对国际体系的定义不同，但是，均承认在国际体系出现之初，国际交往的物质能力与社会能力的提高起了决定性的作用，对于后者来说，“最显著的是多种语言的使用与通用语言、书写、‘世界宗教’、货币和信贷制度、贸易移民社群和外交的各种初始形式导致的国际体系中互动能力的增强。”[②] 从本源上看，体系这个词是从自然科学那里借用来的，到了社会学中主要指行为体互动过程中而形成的一种持续的结构化了的模式，或者说是一种互动结构，

---

① ［英］巴里·布赞、理查德·利特尔：《世界历史中的国际体系——国际关系研究的再构建》，刘德斌等译，高等教育出版社，2004 年版，第 145—147 页。

② 同上书，第 146 页。

但这种结构本质上是机械的，功能性的。国际体系因而一般是指“关于国家互动的一种较为机械的和现实主义的观念，这种观念认为各国互动的基础在于物质力量的不同。”[①] 早在17世纪中叶，德意志著名法学家普芬道夫（Samuel von Pufendorf）给了国际体系（a states system）一个较为经典的定义：“由若干密切相连但仍然保持各自主权身份的国家构成的一个整体”。[②] 可见，国际体系是在国际政治社会化进程早期的一种普遍社会现象，国家之间的互动的基本出发点是维护自身的国家利益，特别是领域完整与政治独立，更好地确保自身的存在。在自身力量不足以强大的情况下，要适当地承认其他国家的力量，由于对于其他国家的畏惧而不得不考虑其他国家对于自身行动的后果的反应。国家力量的克制不是从道义出发，从共同的理念出发，而是从自身生存与发展的严酷现实出发的一种战略姿态。国家之间的互动基本上是一种机械性的、低层次的互动。当这种互动形成了一定的模式时，互动结构便成为了一种国际体系，国际体系的基础主要是强权加以相互间的承认与考虑。但是，这种承认与考虑远没有形成一种共同的价值观。其原因一是国家间的交往没有足够地频繁与有力，二是经济的相互依赖没有为一种制度化的社会网络创造时机。而这正是国际社会得以形成的基本条件。

人类社会发展的需求，要求国际体系进一步向国际社会发展。这种需求主要有以下几个方面：一是安全与秩序需求；二

① Barry Buzan and Ana Gonzalez-pelaez, “International Community after Iraq”, *International Affairs* 81, January 2005, p. 33.

② Derek McKay and H. M. Scott, *The Rise of The Great Powers* 1648 – 1815, London and New York: Longman Group Limited, 1983, p. 1.

是世界生产力发展需求；三是互惠的需求。在国际体系内，一种暂时的秩序形成了，但是各国都希望这种秩序进一步机制化才能降低国防成本，使各国享受到一种更多的安全；再者，世界生产力的发展以及各国对外贸易的拓展，要求国家之间在对外交往过程中形成某种交往规则，减少交换成本；第三，在主权制度的影响下，各国愈加意识到主权国家的存在与发展必须是互惠的，共处的状态。而这种状态要求进一步减少各个国家的特殊性要求，重视共同的理念培养。总之，这三种需求推动着国际社会性的发展，导致了国际社会在某些区域的出现。可见，国际社会的形成是人类又一次大规模的组织活动，是一个重大的理性契约性行为，是国际交往发展到一定历史时期的必然产物，也是国际体系进一步国际社会化的产物。

2. 国际政治社会化导致了国际社会的出现

什么是国际社会呢？英国国际社会学派的主要代表人物布尔曾经花了大量的篇幅进行了界定。他首先认为，国际体系可以在没有国际社会的情况下存在，但国际社会的形成必须有国际体系的存在作为前提。在古代世界里，土耳其、中国、日本等国家虽然有了与欧洲诸国的交往，但这种交往只能形成国际体系，而无法达至国际社会的程度，国际交往停滞在一般程度上的经贸交往的水平，两类国家之间并不相互确认“相互间存在着共同的利益或共同的价值观念”。因此，国际社会在一定的共同文化价值观念存在的国际体系条件下存在，如16、17世纪的基督教国际社会，以及18、19世纪的欧洲国际社会。布尔总结道，“如果一群国家意识到它们具有共同利益和价值观念，从而组成一个社会，也就是说，这些国家认为它们相互之间的关系受到一套共同规则的制约，而且它们一起构建共同的制度，那么国家社会（或者国际社会）就出现了。”[①] 可以看出，布尔关于国际社会的界定有几个特点：一是国际社会是国际体系的继续与发展；二是国际社会必须以共同的价值观为支撑；三是国际社会要有理性的契约或者制度安排；四是国际社会的行为主体是国家。布尔后来再一次坚持了这种界定。他领导下的国际社会学派认为，“一群国家不是简单地形成了一种国际体系，体系内的每一个国家在行动时都必然考虑到其他国家的反应，而且还通过对话和共识建立起共同规则和制度来指导彼此间的关系，并且在维持这种制度安排中实现共同的利益。”[②] 这个国家群体其实就形成了所谓的国际社会。布尔的这种界定，具有较强的说服力，体现了英国学派对于国际社会的深刻研究，有助于我们认识国际社会的形成与发展，同时也说明国际政治社会学中的共同文化具有核心作用。

1648 年条约标志着欧洲国际社会的形成。一个全球性国际社会的最终形成不是在第一次世界大战之后，而是在第二次世界大战之后。因为主权制度与以主权制度文化为核心的国际政治文化冲破了殖民体系，向全球新兴的民族国家扩展了。目前，核不扩散、国际环境保护、世界贸易组织的规则等等，进一步说明国际社会的成熟。布赞等人把国际政治社会化的主要力量分为三种：一是军事政治力量；二是经济交往；三是跨文化的移民，这三种力量是无法完全分辨出来的。“现代社会的互动主要是通过外交和国际法的途径来实现的”，但是，这一过程主要

① ［英］赫德利·布尔：《无政府社会——世界政治秩序研究》，第二版，张小明译，世界知识出版社，2003 年版，第 10—11 页。

② Hedley Bull and Adam Watson, ed., *The Expansion of International Society*, Oxford: Oxford University Press, 1984, p. 1.

依靠了战争交往方式以及不平等的条约体系，其中伴随了大使馆的普遍建立和外交制度向全球的扩展。理论上讲5个民族国家组成的国际体系，需要有20个大使馆，而50个国家则需要2450个大使馆，200个国家则需要39000个大使馆，民族国家数量的急增，意味着外交制度与主权制度文化在全球内的普及。跨文化的移民在国际社会化的过程中作用也很突出。据伍德拉夫估计，1851年至1960年，约有4000万欧洲人来到了美洲和加拿大，650万欧洲人到了南美洲，250万欧洲人到了澳大利亚和新西兰，100多万欧洲人到了非洲。[①] 这些欧洲人把欧洲的诸如均势、民主政治、民族主义、主权观念等主要政治文化观念与国际思想带到了新世界，为这些新兴地区的国家成长和对外事务的原则提供了强大的社会文化基础。

3. 国际政治社会化在世界诞生了许多的安全共同体

安全共同体是国际共同体的一种。在国际政治社会学的谱系里，国家、国际体系、国际社会、国际共同体是一个从低到高的顺序。国际共同体是国际社会的高级阶段。但是，这并不意味着在任何语境里共同体高于社会。在学术发展史上，特别是在德国社会学中，共同体恰恰是前社会的一种组织形式。在许多古典的德国社会学家看来，共同体是指“一种有机的、前现代的小规模社会联系纽带，尤其表现为小团体与部落。”[②] 社会学大师马克斯·韦伯倾向于将社会与共同体的差异抽象到观念与感觉上来。在他看来，“如果而且只要社会行为取向的基

---

① ［英］巴里·布赞、理查德·利特尔：《世界历史中的国际体系——国际关系研究的再构建》，刘德斌等译，高等教育出版社，2004年版，第279—280页。

② Barry Buzan and Ana Gonzalez-pelaez, “International Community after Iraq”, *International Affairs* 81, January 2005, pp. 33.

础，是参与者主观感受到的（感情的或传统的）共同属于一个整体的感觉，这时的社会关系，就应当是‘共同体’”，而“如果而且只要社会行为取向的基础，是理性（价值理性或目的理性）驱动的利益平衡，或者理性驱动的利益联系，这时的社会关系，就应当称为‘社会’”①。显然，按照这个标准，国际政治领域中的社会已经是一个不争的现实了，当今国际政治中的各个主权国家之间的关系特别是经贸关系甚至一部分政治外交关系，是以理性交换为基础的，国际社会状态是当前国际政治的基本社会形式。但是，国际社会离国际共同体的状态还有差距。什么是国际共同体？国际政治社会学认为，国际共同体“不是一种乌托邦式的世界共同体，而是由主权国家组成的一种在安全上已达到较高的互信程度的国际社会高级形式”。这个定义吸取了半个世纪以来国际关系理论学术界的一些最新成果，首先，国际共同体是国际关系行为体之间的一种社会建构（建构主义）；第二，国际共同体的主要成员是主权国家，而不是任何超国家或次国家成员（现实主义与新自由制度主义）；第三，共同体的形成过程，也就是成员国的集体认同发生转换的过程（建构主义）；第四，共同体的形成或存在又是一种客观现象，可作因果关系研究（科学行为主义）；第五，共同体不只有一个模式，而应有多种实现途径（后现代主义）。② 在全球层面而言，并不是所有的国家都把“共同命运”或者“地球村”的概念上升到观念认同的水平，并不是所有地区都能够放弃武力作为解决区域内国际争端的手段，并不总是在国家利益的天平上

① 马克斯·韦伯：《社会学的基本概念》，上海人民出版社，2000 年版，第 62 页。
② 《建构主义与国际政治》，第 208 页。

始终给予国际利益和国际利他主义以一个恰当的位置。不过，可喜的是，尽管全球意义上的国际共同体没有形成，尽管一些地区的国际共同体难以在多个领域同时建设，但是，国际共同体在某些地区的安全领域却基本上建成了，而且对于促进地区内的合作与和平，推动世界发展与秩序构建都发挥了重要作用。目前至少有 8 个安全共同体：美加安全共同体、北约、美以安全共同体、南美洲安全共同体、东盟安全共同体、瑞典—挪威安全共同体、欧盟。[①] 在当今以及可以预见的未来，国际政治社会化的主要政治形式仍然是国际社会与安全共同体，安全共同体是地区一体化发展的基本形式。目前安全共同体的发展有多种途径：一种是直接建立模式，这种情况往往是在外在的“共同安全威胁”的压迫之上建立的，而且经过了长期的联盟维系，比如东盟就是如此。第二种是经济共同体的成熟发展导致了安全共同体，欧盟的共同防务就是如此。第三种就是共同的利益与文化导致的安全共同体，比如，美国与以色列的安全共同体。

4. 国际政治社会化必将催生世界社会的到来

我们不同意英国学派的一般观点。什么是世界社会？布赞则认为，笼统地讲，世界社会就是包含那些非国家行动体的世界活动领域。[②]“尽管主流的认同感仍处于不断碎化过程中，但是我们可以说，至少某些建立一种世界社会所需要的重要基础已经产生了……一个西方化世界社会的主要基础之一是人类平等的规则被广泛承认，而这一普遍的规则是在各殖民地非殖民化之后才慢慢形成的。对于人生来平等思想的普遍接受是人类

① 《建构主义与国际政治》，第 210—212 页。

② Barry Buzan and Ana Gonzalez-pelaez, “International Community after Iraq”, *International Affairs* 81, January 2005, p. 35.

历史上一个崭新的开始。现代国家在获得平等的主权之后，另一个必要的条件就是这些国家的人民也获得平等的地位。”除此之后，当今世界社会的另外一些初始性特征包括，国际非政府间组织的形成以及道维斯文化的出现。前者促进了全球民权政治的发展，后者则通过全球通用英语的传播、全球性商业文化的形成以及全球共有消费与娱乐文化的盛行而成为全球社会的重要标志。[①] 中国学者也基本认同世界社会是比国际社会和国际共同体“更高级”的国际关系形态的看法，它指的是由“各种各样存在于当代世界舞台上的角色在相互作用中构成的活动空间，是一种泛泛的世界共同体概念”。[②]

国际政治社会化以上的影响是长时段的，从当代国际关系的角度来看，它对国际政治的影响也是深刻、明显和多方面的。首先，国际政治中国家间的社会互动、社会沟通和国际合作越来越居于议事日程的首位，和平与发展越来越成为一种紧迫的需要和日益加强的可能。军事斗争依然必不可少，权力的平衡与对抗仍然是国际政治的日常现象，但是由于“复合相互依赖”在国际社会中更多的地区和领域内增长，国家间政治行动更多地表现为双边合作与多边合作。其次，全球国际社会在日益生成的同时，地区性国际社会有了更快的发展，区域共同体以经济合作或者安全合作的形式有了更加实质的发展，在地缘经济、文化同质性、国际共识和国家利益等条件较好的区域内，成为一个又一个的“合作岛”。第三，国家的对外行为受到国际规范

---

① ［英］巴里·布赞、理查德·利特尔：《世界历史中的国际体系——国际关系研究的再构建》，刘德斌等译，高等教育出版社，2004 年版，第 299—300 页。

② 王逸舟：《西方国际政治学：历史与理论》，上海人民出版社，1998 年版，第 375 页。

和国际条约的限制。国家合作的领域多了，签署的条约也多了，每一个国家都处在一个“不断叠加的条约网格”中，这种网格化的国际义务一方面为国际间政治带来了新的空间，另一方面也对国家的对外行为施加了具体入微的限制。第四，国际间的斗争与合作将大量地表现为文化上的斗争与合作，反映了国际政治文化的社会化、逆社会化、异化与内化之间的各种矛盾，“文明的冲突”与“文明的合作”成为国际政治的基本内容之一。第五，南北矛盾与南北合作成为国际政治的基本矛盾。南北国家之间经济基础不同，意识形态也往往不同，国际地位悬殊，利益冲突性强，是国际社会不和谐、世界秩序不合理的主要来源，只有解决了这个根本性矛盾，才能最终消除国际恐怖主义这个国际社会最主要的敌人，才能为和平与发展准备良好的社会环境。第六，大国成长在继续加强综合国力提升的同时，需要更多地注重国际社会的种种影响因素，社会性成长成为大国崛起与国际地位护持的基本模式。

三、国际政治的实践本体

在国际政治的本体论上，主要有两种截然相对的观点：一种是非实践性的本体论观点，主要由现实主义学派持有。另一种是实践的本体论观点，一般由建构主义学派和新自由制度主义学派等学派所持有。一方面，现实主义的观点，承认世界是物质的，机械的，一成不变，存在着某些永恒不变的规律。另外一种是制度主义和建构主义的观点，承认世界物质性的同时，也强调非物质因素的本体存在，特别是强调国际关系行为体的能动性，承认历史实践性，承认社会是进化的，经过制度创新、社会教育和道德变革等可以把这个世界改变得更好。前一种理论有着悠久的历史和广大的市场，在学术界居于主导地位。但是在20世纪六七十年代特别是80年代以来，后一种观点越来越具有挑战性。这种观点，有时被称为批判理论或批判社会理论。在众多的非主流理论挑战主流话语的过程中，批判社会理论领风气之先，动摇了主流理论的根基，从国际政治本体论角度确立了社会实践本体论的地位，是当代国际关系理论批评史上的里程碑，并将会在很长的一段时间内继续照耀着理论争鸣与创新之路。

（一）国际政治实践本体论的学术缘起

国际关系研究中的实践本体论，最初是与批判理论和后现代主义相联系的，后来集中体现在建构主义学派的论述中。由于批判理论与后现代主义在国际政治领域有着千丝万缕的联系，因此，这里重点介绍批判理论。批判理论是与社会哲学中的批判理论相联系的，也就是说是与法兰克福学派相联系的。而法兰克福学派的批判理论概念是从马克思那里直接继承来的，马克思对资本主义社会的批判是法兰克福理论家们质疑现代性与晚期资本主义合法性危机的出发点与基础。因此，要了解批判理论，就得了解批判哲学。我们一般把马克思哲学作为批判哲学的最高峰，亦即法兰克福学派社会哲学的直接来源。但是，批判哲学的近代源头却是康德哲学。完整地理解批判理论中的“批判”一词，不能绕开康德的三大批判。

康德是近代德国哲学革命的始作俑者，他的《纯粹理性批判》、《实践理性批判》以及《判断力批判》实际上是就人的认识能力问题在哲学领域发动了一场哥白尼式革命。他既反对宣扬理性无所不能的独断论，又反对否认人的认识能力的怀疑论，企图抑制知识理性，为信仰留下一定的领地，使理性的探讨建立在坚实的基础上。他说："我们这个时代可以称为批判的时代。没有什么东西能够逃避这个批判的。宗教企图躲在神灵的后面，法律企图躲在尊严的后面，而结果正引起人们对它们的怀疑，并失去人们对它们的真诚尊敬的地位。因为只有经得起理性的自由、公开检查的东西才能博得理性的尊敬。"[①] 康德的批判哲学虽然从根本上讲是一种唯心主义与唯物主义哲学的调和，但它可能是近代哲学中最高水平的调和。这种调和的最大成就之一是康德导致了"当前已经渗入于一切科学之中的批判精神"（海涅语）；之二是二律背反学说指明了理性知识发展过程中的内在矛盾，为19世纪黑格尔、马克思哲学的辩证法大发展开辟了道路；之三可能就是批判哲学中隐含的反理性主义和反实证主义，这成为20世纪非理性主义哲学的重要来源之一。

马克思哲学继承并发展了康德的批判哲学，将其批判精神与对理性的限制加以发扬，摒弃了康德哲学中的唯心主义，同时批判地继承了黑格尔法哲学以及青年黑格尔派鲍威尔、施蒂纳等人的批判哲学，承认异化对人产生的束缚，承认权威对人的约束，承认精神自由是人的解放的重要前提，并且承认人通过批判理论可与自身的本质结合在一起。不过，马克思的批判哲学既是一种批判哲学，又是一种实践哲学，它明确指出人的解放要以消灭私有制为最终过程，异化现象不是简单的精神领域的事情，而是以私有制为依据的，要消灭资本主义社会对人

---

① ［德］康德著，蓝公武译：《纯粹理性批判》，北京：商务印书馆，1957年版，第3页，转引自全增嘏主编：《西方哲学史》，上海人民出版社，1985年版，第39页。

的束缚，就必须从消灭私有制入手，只有实现了共产主义才有彻底的人类解放。因此，人的解放必须超越康德的理性批判以及黑格尔学派的宗教批判，成为一种政治行动。由于要对社会进行改造，于是在马克思那里“对天国的批判就变成对尘世的批判，对宗教的批判就变成对法的批判，对神学的批判就变成对政治的批判”。[①] 这种实践哲学成为最高意义上的批判哲学。批判理论在哲学史上有过多种形态，特别是在18、19世纪欧洲大陆批判哲学风行的时代，批判理论一度成为时尚，但我们一般所讲的批判理论主要是指20世纪20年代以来以法兰克福学派为中心的深受马克思哲学影响的社会哲学学说。

国际关系研究的批判理论也有多种分类。从批判哲学到批判理论的学术进路看，结合当前理论研究的影响，国际关系理论界的批判理论主要有两大支：一支是受法兰克福学派影响的批判理论，其发展路径是从霍克海默、哈贝马斯等哲学家到理查德·阿什利、安德鲁·林克莱特等国际关系理论家；另一支受新葛兰西主义的影响，其发展路径是从卢卡奇、葛兰西等马克思主义理论家到罗伯特·科克斯等新马克思主义国际关系学者。有趣的是，前一支主要是在欧洲，后一支主要是在北美。当然，这两支理论并不是截然分开的，科克斯的学说实际上也受到了霍克海默的深刻影响。从概念上来讲，批判理论又有广义与狭义之分。广义的批判理论是指除新现实主义与新自由主义以外对主流理论持批判态度的几乎所有的国际关系学说，包括以阿什利、R. 沃尔克、德里安为代表的后现代主义，以约翰·拉格、亚历山大·温特等为代表的温和型批判理论，以科

① 《马克思恩格斯全集》第1卷，北京：人民出版社，1979年版，第453页。

克斯、史蒂芬·吉尔等为代表的新马克思主义，以彼特森、西尔韦斯特等为代表的女权主义，沃勒斯坦的世界体系理论以及生态政治学等。这些理论在20世纪80年代曾以批判的姿态质问主流理论话语霸权的合法性，其共同点包括：（1）批判居于主流理论地位的新现实主义，反对单纯以政治权力的内容定义国际关系；（2）认为世界政治是一种人类社会历史实践，是社会建构活动；（3）国际社会的结构规定国家行为体的认同，并由此影响它们的利益。狭义的批判理论则专指在西方马克思主义与欧洲社会学传统（特别是法兰克福学派）影响下成长起来的国际关系理论。就这一点而言，它与后现代主义、世界体系理论、女权主义等有了程度不同的差异。① 本文认为，广义与狭义的批判理论均有其合理性，我们使用“批判理论”的概念，不妨将广义上的批判理论称为“批判理论”，而将狭义上的批判理论特指“批判社会理论”。② 本文限于篇幅，主要关注具有批判社会理论传统的国际关系批判理论，亦即与法兰克福学派一脉相承的批判理论。

国际关系批判理论在20世纪80年代的形成，源于多方面的因素。首先，战后的世界政治在20世纪70年代发生了转折性的变化，这种变化体现了经济全球化的巨大能力以及反全球化力量的初现。全球经济相互依赖达到了前所未有的程度，特

---

① 王逸舟：《西方国际政治学》，上海人民出版社，1998年版，第647页；Jim George, *Discourses of Global Politics: A Critical Introduction to International Relations*, Boulder and London: Lynne Rienner Publishers, 1994; Scott Burchill and Andrew Linklater, *Theories of International Relations*, London: MacMillian Press Ltd., 1996; Fuat Keyman, *Globalization, State, Identity/Difference: Toward a Critical Social Theory of International Relations*, New Jersey: Humanities Press, 1997, p. 98.

② 郭树勇：《建构主义与国际政治》，北京：长征出版社，2001年版，第34—35页。

别在发达国家或者地区出现了后主权时代的某些特征。国际合作、国际干涉与主权让渡越来越成为一种国际交往的主导模式，400 年的民族国家体制最终实现世界化并盛极而衰，但反全球化力量也以石油危机爆发、南南合作加强、非政府组织（NGO）兴起、南北对抗加剧、贸易保护主义回潮等形式在发挥着影响。核武器、经济霸权、国际科技竞争等技术理性统治在成为国际政治中心操作的同时，也极端地压制着人的解放。国际关系的现代性面临合法性危机以及重建合法性的关键时刻，人类社会处于政治大变动的转折点上。这是批判理论形成的历史大背景。

其次，国际关系学在经历了“方法论革命”后，面临着新一轮的理论重建，出现了实证主义大行其道的态势。20 世纪 50、60 年代，科学行为主义并没有成为国际关系的主流理论，在英国学派领军人物赫德利·布尔为代表的传统主义学者的有力反击下，卡普兰等奉行科学主义方法论的美国国际政治学家们并没有做到以自然科学的方法将规范研究、伦理研究与定性研究从美国学界清洗出去。但是，这次“方法论革命”还是产生了几个后果：一是大量的科学哲学思想与概念进入国际关系学界；二是华尔兹将传统主义与科学行为主义结合起来，以结构主义重建现实主义，开创了新现实主义问津话语霸权的时代；三是实证主义逐渐在国际关系学界成为了一种主导性潮流。由于重视现状研究、问题研究而轻视人类关怀、历史反思与价值追问，新现实主义以及与之有关的实证主义潮流实际上起了维护世界秩序的作用。反对新现实主义的理论家们不满于其话语霸权，对新现实主义的“阿基里斯之踵”提出质疑：主权国家是否是国际关系的惟一行为体？国际政治研究要不要注重经济组织、文化运动等非权力性因素？实力政治是不是国家对外政策的唯一模式？国际关系究竟是一种简单的物质关系，还是一种世界性的社会交往关系？自然科学方法能否全盘应用到国际社会研究？国际政治研究要不要将人类解放主题置于重要地位？如此等等。这些质疑也成为批判理论的主要旨趣。

最后，欧洲思想的新发展，特别是以法兰克福学派为主要代表的西方马克思主义思潮，为反新现实主义的思想运动提供了理论资源。批判理论的兴起与该学派有着直接的关系。作为西方马克思主义最主要的流派，创立于20世纪30年代初的法兰克福学派由一群哲学家、社会学家、心理学家、政治学家、经济学家、法学家和文艺理论家组成。它不但继承了西方马克思主义创始人卢卡奇、科尔施的“批判的马克思主义”传统，而且综合了弗洛伊德的精神分析学以及其他一些哲学流派的观点，对现代资本主义社会进行了多学科的综合性研究和剖析，形成了其独特的“批判的社会理论”。[①] 法兰克福学派的批判的社会理论从渊源上讲包括青年黑格尔派的理论先于实践、思维先于存在，存在主义的关于人的主体性与异化的思想以及弗洛伊德的精神分析学说中的生物的人的解放。除此之外，法兰克福学派也受到卢卡奇的一些理论如物化、强调主观的辩证法、否定自然辩证法等观点的影响。[②] 该学派认为，自启蒙运动以来整个理性进步已经堕入实证主义思维模式的深渊，不仅意识形态，而且科学技术本身也异化为意识形态，具有明显的工具性与奴役性，发挥着统治与奴役的社会功能。用马尔库塞的名言来说就是：“技术的解放力量转而成了解放的桎梏，成了人的工

① 上海社会科学院哲学研究所外国哲学研究室编：《法兰克福学派论著选辑》，北京：商务印书馆，1998年版。

② 全增嘏主编：《西方哲学史》，第848页。

具化。”① 对该学派来说，实现人的真正解放不但要批判理性，也要批判意识形态化了的科学与技术。虽然 20 世纪 60 年代末期以后哈贝马斯等新一代批判理论家曾试图改变早期激进的批判立场，调和批判社会理论与实证主义的张力，通过提倡沟通理性来修补现代性，但对启蒙时代以来的理性与意识形态进行批判以及批判性重建一直是法兰克福学派的最宝贵遗产。上述思想根本上反映了对晚期资本主义社会、科学技术意识形态及与其相联系的现代性的批判应用于欧洲与北美的国际关系理论界之后，推动形成了以关心人类解放与批判实证主义为主旨的国际关系批判理论。

当然，除上述因素之外，一大批受西方马克思主义特别是法兰克福学派深刻影响的欧美学者对于批判理论的介绍、钻研与应用也起到了关键性的作用。20 世纪 80 年代，科克斯、阿什利和林克莱特等把批判社会理论应用到国际关系理论领域，从认识论、本体论、方法论诸方面质疑并攻击刚刚上升为主流的新现实主义，掀起了一场国际关系理论批评史上罕见的“批判风暴”。美国亚利桑那大学教授阿什利是 80 年代“批判风暴”最引人注目的理论家之一。英国凯尔大学教授林克莱特也许是 80 年代批判风暴中最后一位重要的批判社会理论学者，② 他也是从哈贝马斯的批判理论中获得了资源，并发展出自己对于世界政治结构的历史社会分析，以此展开对新现实主义的批评。从他们的批评文本里，我们基本上可以了解国际关系批判理论

① ［德］哈贝马斯著，李黎、郭官义译：《作为“意识形态”的技术与科学》，上海：学林出版社，1999 年版，第 1 页。

② 林克莱特在 20 世纪 80 年代初就开始了批判社会理论活动，但他的主要成果直到 1990 年才系统地出版。见 Alastair J. H. Murray, *Reconstructing Realism*, Staffordshire: Keele University Press, 1997, p. 183。

的基本理念。

（二）批判理论关于实践本体论的基本主张

国际关系批判理论没有形成一个缜密的学理体系，其基本宗旨在于批判新现实主义的种种“谬误”及其认识论、方法论甚至本体论根源。然而其基本理念是清晰的，主要体现为对主流话语背后的实证主义、问题解决宗旨、技术统治旨趣以及战略理性的限制与批评的态度。

1. 实证主义不能全盘应用到国际关系研究

反实证主义是霍克海默为代表的法兰克福学派的基本立场。霍克海默在其著名的《批判理论》中重点分析了实证主义。他认为实证主义就是一种传统理论，这种传统理论采取经验主义的、归纳法的、二元论的认识论，企图将自然科学的方法应用到社会研究领域。他系统地指出了传统理论的种种缺陷，提出批判理论应该成为新时代社会哲学的选择。从认识论的观点来看，实证主义受到笛卡尔思维与存在的二元论的影响，把理论与实践对立起来，并把二元论贯彻到社会领域。而批判理论则反对这种二元论，坚持理论与实践的统一，宣扬理论的实践性与能动性，具有革命的主体的自我意识。① 霍克海默承认，实证主义曾经在认识论领域产生过积极的社会功能，对于推动启蒙运动，推动人类对于科学与民主的扩展，帮助人类战胜封建主义社会，迎接资本主义社会的到来发挥过重要作用。在18世纪，“经验主义启蒙运动”的任务就是要将已经存在的资产阶级

① ［德］霍克海默：《批判理论》，转引自上海社会科学院哲学研究所外国哲学研究室编：《法兰克福学派论著选辑》，第78—79页。

经济从封建制度的限制中解放出来，使之自由地发挥作用。但是，随着时间的推移，启蒙运动的本质也发生了根本性变化。“今日启蒙运动”面临的任务是，适应现存社会向未来社会形态过渡的潮流，欢呼人类将第一次成为一个有意识的主体，并推动自身主动地决定自己的生活方式。“在目前这样的历史时期中，真正的理论是批判性的，而不是实证性的，正像与理论相应的社会不能称之为‘生产型’的社会一样。人类的未来依赖于今日对生存所持的批判态度。”批判理论不会完全否定实证主义，但那种不事反思、禁锢思想、将思想与社会割裂、否定思想的实践性的实证主义显然是需要限制的。[①] 在信奉法兰克福学派批判理论的当代国际关系理论家群体中，阿什利最集中地批评了实证主义。阿什利首先对它进行了概念的规定。实证主义是任何理论包括国际关系理论都不能回避的，所有有志于成为理论的社会科学都具有最低限度的实证主义思想，黑格尔、马克思等批判哲学家如此，摩根索、沃尔克等国际关系理论家也是如此，甚至阿什利本人也带有一定程度的实证主义思想。问题不在于将实证主义从国际关系理论中清洗出去，而在于反对单向的实证主义。在国际关系理论界，单向实证主义的最大的代表理论就是新现实主义。新现实主义之所以很快得到学界的认同，主要是因为它充分运用了实证主义，“把长期深藏于实证主义习惯思维中的某种形而上学信念，在简明易懂的理论中集中体现出来”。阿什利归纳的“实证主义四信念”，用平白的语言可以叙述为：国际政治现实符合某种不以人类主体性为转移的因果关系或者结构关系；科学可以运用技术知识更好地提高

① 霍克海默：《批判理论》，第80、89页。

人类预见能力，控制人类改造世界的能力；真正的国际政治理论应该是价值中立的；国际政治理论是否科学，必须经过验证，看其能否与外部经验相符合。正是基于以上4个信念，新现实主义提出了国际体系观念。然而，这种实证主义无法克服人类主体性的两个内在难题：一方面，国际社会的任何行为都是有意义的，都承载着一定的价值；另一方面，任何国际关系研究者都拥有自身的规范、价值观与理解力，人们不能把国际社会的观察者与观察者所处的国内社会与国际社会绝对地分开，更不能像对待自然界那样把国际社会当成一个外在的客观的“无声一般性”来对待。如果我们不批判地对待国际关系理论中的实证主义，那么我们就会像新现实主义一样，无法“有意义地理解国际体系”，我们所看到的国际体系就“像一个由各种力量组成的毫无意义的空心漩涡”，而对于权力的现状，会采取华尔兹的超然态度、吉尔平的宿命论、克拉斯纳的好奇心或者基欧汉的韦伯式态度。[①] 总之，由于人类社会（包括国际社会）与自然界有着重大区别，在社会科学中贯彻实证主义难以克服阿什利所谓的人类主体性矛盾，故而不能将自然科学中的实证主义全盘应用到国际关系研究中来。在那些结构性、因果性和非意识形态性不甚强烈的领域，实证主义有其局限性，必须结合批判理论加以综合解释。

2. 国际关系理论既要解决问题，更要关心人类解放

理论的目的是什么？是单纯地将知识加以分割，应用一定的学科与知识解决相应的某个具体问题，使理论仅仅成为工具

---

① ［美］罗伯特·O. 基欧汉著，郭树勇译：《新现实主义及其批判》，北京：北京大学出版社，2002年版，第257、258、262页。

性的东西，还是把理论作为话语实践的一种重要形式，在反思与批判中最终服务于人类的解放？这是国际关系批判理论与主流理论的另一个主要分歧所在。批判理论主张后者，而新现实主义等主流理论则坚持前者。对新现实主义及其问题解决理论之本质的批评，是当代国际关系批判理论的基本学术立场。霍克海默把社会科学知识体系区分为两种截然不同的理论观念，即“传统理论”和“批判理论”。在传统理论的思维中，“具体的客观事实的出现，用以把握事实的概念体系的实际运用以及这些体系在行动中的作用，都被看成是外在于理论思维本身的东西”。这种观念的异化造成了价值与研究、认识与行动的对立与分离，并使得传统理论不去认真对待理论在社会中的积极作用，也不去研究理论与普遍需求的满足之间的关系，更不会去关心人本身的再生产与解放。传统理论当然也在一定程度上承认，人就共时性而言是主体与客体的统一，比如虽然社会现实外在于科学家，但科学家又通过政治论文、党员资格以及参与选举活动建构社会现实，但传统理论不能把这两种活动统一起来，最多只有心理的解释。批判理论则是将两者有机地结合起来，认为科学家既要研究客观现象，又要行使社会批判功能，不可能做到价值中立，“任何一种社会理论，即便是关心普遍规律的社会学家们的理论，无不包含各种政治动机”。批判理论旨在消除主客体的对立和人的异化，“只有消除了这种对立，批判思维所说的人的概念才不至于和人本身发生冲突”,[①] 才能推动人的解放。“批判理论”执行了一条不同于“传统理论”的目的论路线，它把任何理论均视为“具体历史情境”的产物，以

---

① 霍克海默：《批判理论》，第 57—58 页、65、70、59 页。

揭露、废除晚期资本主义社会不公正现象为己任，是一种人类解放学说。

批判理论反映在国际关系领域，是要反思国际关系中的压迫现象，追问现存世界秩序的起源、实质及其合理性，寻找更加适合人类解放的国际政治实践模式。以科克斯、阿什利等为代表的国际关系理论家认为，如果完全从奉行实证主义路线的传统理论那里寻找答案是没有结果的。科克斯受到霍克海默关于“传统理论—批判理论”知识分类的影响，提出了“问题解决理论—批判理论”的分类。[①] 他像霍克海默40年前批判社会学领域不问人类关怀的传统理论那样，尖锐批判了国际关系学领域为现存世界秩序辩护的问题解决理论，指出目前的主流国际关系理论本质上均为问题解决理论。

理论的时空定位是科克斯定义“问题解决理论”与“批判理论”的起点。他认为理论不能脱离社会历史性和特殊性。“理论总是服务于一定的人和一定的目标的。所有的理论都拥有其独特的视角。视角源于时间与空间的定位，特别是社会与政治的时间与空间的定位。”[②] 现实作用于意识并与特定的观察视角相结合，就产生了问题性。任何理论均产生于特定的问题性。理论从问题性入手，可以达到两个不同的目标：第一种目标产生了问题解决理论，这种理论把占支配地位的社会关系、权力关系及其制度安排当作不可变化的给定框架，并假定其他领域基本不变，以便于其集中精力研究某个具体问题的解释，着力发现几个有限变量的因果关系。问题解决理论通过假定“其余

① Scott Burchill and Andrew Linklater, *Theories of International Relations*, p. 147.

② ［美］罗伯特·W. 科克斯：《社会力量、国家与世界秩序：超越国际关系理论》，载罗伯特·O. 基欧汉：《新现实主义及其批判》，第190页。

情况相同”，似乎拥有了普遍有效性，实际上隐含着假定中的制度与关系因素。第二种目标产生了批判理论。批判理论并不是以想当然的态度对待制度以及社会关系和权力关系，而是通过“关注它们的缘起、它们处于变化之中的方式以及是否会经历变化，来对它们提出质疑”。[1] 用我们的话说，在国际关系发展与国际格局较为稳定的时期，问题解决理论有较大的市场，比如在两极格局时期，美苏共同管理国际事务，国际关系处于可以控制的状态，国际社会需要处理大大小小的具体问题，如局部冲突、核裁军、维持和平、危机管理等；而在世界政治发生根本性转折的“大动荡、大分裂、大组合”时期，国际权力关系急剧变化，国际社会不再纠缠于一些具体的问题，而把反思世界秩序、全球化这些宏观问题作为研究对象，国际关系批判理论比问题解决理论有了更大的市场，这就是 20 世纪 70 年代以来批判理论生机勃勃的根本原因。

批判理论认为，国际关系中的“问题解决理论”宣称以中立、客观的态度去进行规律性研究，但脱离意图和政治目标的理论是不存在的。新现实主义的代表作《国际政治理论》肯定了科学行为主义关于理论的规定，接受了传统理论使用的主客体区别的二元认识论以及与之相适应的自然主义研究方法，并立志建立一种科学的国际政治理论。这种理论虽然获得了一定的成功，但实际上并没有做到价值中立。华尔兹本人后来也承认理论的检验标准既有真实性和证伪性，又有有用性，也就是

---

① 罗伯特·W. 科克斯：《社会力量、国家与世界秩序：超越国际关系理论》，第 190—191 页。

对维持国际秩序和获得国际权力有用。[①] 华尔兹还从国际结构的角度出发研究均势，直接或间接地强调两极均势优于多极均势。结合当时的历史条件看，华尔兹的这种观点实质上是解决一个美苏共同管理国际事务状态下如何确保国际稳定的问题，本质上是服务于美苏合作霸权的政治目标的。从一定程度上讲，新现实主义实际上代表了国际霸权秩序对于社会力量的压迫。要清理新现实主义中的“问题解决理论”的负面影响，就必须重视批判理论的批判功能，将马克思哲学的社会冲突理论、帝国主义论、国家与市民社会关系理论特别是将生产进程解释为特定历史形式的观念，纳入国际关系批判理论中，在适当考虑解决眼前具体问题的同时，更应该像布罗代尔那样从“长时段”考虑世界秩序，“考察生产变化、国家形态变动以及世界秩序变迁之间的联系”，追问“当今的时代是否为那些世界结构的历史断裂点之一？目前的世界形势是否包含着另外一种世界秩序的发展潜能？”[②] 批判地思考人类的未来，从世界交往的层面上找到一条更适合人类解放的道路。

3. 实践旨趣是当前人类解放的重要力量

何谓旨趣？旨趣就是兴趣或者乐趣。它贯穿于日常工具行为与交往行动中，是“与人类再生产的可能性以及与人类自身形成的既定条件——劳动与相互作用——相联系的基本导向”。它先于认识，指导认识，同时也只能借助于认识的力量才能实现。认识与旨趣真正统一于自我反思的领域。不同的认识旨趣

① K. Waltz, *Theory of International Politics*, NY: MacGraw-Hill, 1979, pp. 1 – 10, 124.

② 罗伯特·W. 科克斯：《社会力量、国家与世界秩序：超越国际关系理论》，第228—229页。

决定不同的科学活动。人类旨趣分为三种，即技术的旨趣、实践的旨趣和解放的旨趣。技术的旨趣是人类使用技术手段认识与征服自然界的旨趣，目的是把人类从自然界对人的奴役中解放出来，使人类能够了解自然，控制自然，向自然立法，使自然为人类发展服务。技术的旨趣与自然科学有着紧密的联系，并为后者奠定了基础。实践旨趣与技术旨趣不同，它针对的是自然界以外的精神世界，与精神科学相联系，主要指“维护人际间的相互理解以及确保人的共同性的兴趣”。实践旨趣集中反映在历史诠释学之中。技术旨趣与实践旨趣对于人类的解放均有意义。技术旨趣推动人类自身从自然界的盲目统治中解放出来，实践旨趣推动人类从僵硬的意识形态的依附关系中解放出来。科学技术的发展使技术旨趣不断实现与扩张，而现行社会制度特别是政治、经济、军事机构对社会的全面统治则压制了对话，阻碍了共识与相互理解的形成，破坏了实践旨趣的发展。批判理论认为目前的任务应是抑制技术旨趣，光大实践旨趣，要做到这一点就要重视解放旨趣。解放旨趣的目标是把“主体从依附于对象化的力量中解放出来”，实际上是人类对自由、独立和主体性的兴趣，批判理论的基础就是解放旨趣。[①]

国际关系理论界存在着技术旨趣主导的状况。在批判理论家看来，主流国际关系理论特别是新现实主义在改造传统政治现实主义的过程中，流失了原本存在的实践旨趣，实质上反映了以实证主义的技术旨趣压迫并取代实践旨趣的进路。在“方法论革命”之前的时代，国际关系理论曾经有着技术旨趣与实

---

① ［德］哈贝马斯著，郭官义、李黎明译：《认识与兴趣》，上海：学林出版社，1999年版，译者前言，第11—13页。

践旨趣的相对平衡。E. H. 卡尔、莱因霍尔德·尼布尔和汉斯·摩根索等现实主义学者在其理论构建中都体现出了鲜明的实践旨趣。以对无政府状态的界定为例，政治现实主义认为在一个无政府的世界里，为了维持和平需要最大化地追求权力，这只是为无政府状态下的和平困境提供了一种实践出路，而并没有将无政府状态“物化”。在卡尔的《二十年危机》、尼布尔的《基督教现实主义和政治问题》，甚至摩根索的《国家间政治》中，政治现实主义都注重历史的分析、价值研究和定性研究，并不排除和否定道义、偶然性和特殊性在国际政治中的作用，都将科学实证主义分析局限在一定的范围内，对无政府状态的强调也只是作为整个权力政治研究的一个实践框架。但在华尔兹那里，实证主义、自然主义代替了原有的历史、价值、反思和实践关怀，无政府状态上升为一种物化的国际结构，国家只能在它的统治制约下行事。现实主义主导和解释下的国际政治理论由此而成为了一种技术统治工具，一种问题解决理论。为了正本清源，解放国际政治理论中被压抑的实践旨趣，有必要抵制新现实主义的实证主义技术统治，将批判社会理论纳入到国际政治理论中。[①] 国际关系批判理论认为，技术统治的旨趣对于理论建设不是毫无意义，但它只是多种知识旨趣中的一种。在世界政治发生转折性变化和国际关系理论发展多元化的今天，我们的理论旨趣不应像19世纪那样倡导技术统治旨趣，而应更多关注与批判理论相联系的解放旨趣，技术统治旨趣是国际关

---

① 参见钮菊生、郭树勇：《试论法兰克福学派对国际政治理论的影响》，载《世界经济与政治》，2003年第9期，第50页；Richard K. Ashley, “Political Realism and Human Interest,” *International Studies Quarterly* 38, 1981，转引自 Fuat Keyman, *Globalization, State, Identity/Difference: Toward a Critical Social Theory of International Relations*, New Jersey: Humanities Press, 1997, pp. 99 - 100。

系理论建设中的大敌。

4. 建设世界共同体有必要限制战略理性，提倡沟通理性①

批判理论要寻找一种适合人类自身解放的共同体形式，就必须拥有一种合适的理性形式。世界共同体的建设基于国际共同体，而国际共同体是存在诸多困难与矛盾的。要消除这些困难与矛盾，有必要限制战略理性，倡行沟通理性。哈贝马斯的沟通理性理论对以林克莱特为代表的国际关系批判理论无疑产生了重要影响。哈贝马斯认为，人类理性可以分为认知的工具理性和沟通理性；而与理性相联系的行动，也可分为遵从认知工具理性的行动（包括非社会的工具性行动和具有社会情势背景的战略行动）以及遵从沟通理性的行动。这样，人类理性及行动就有了3种模式：工具理性（行动）、战略理性（行动）和沟通理性（行动）。其中沟通理性是一切话语的前提，是评判个人认知和社会组织的标准。就批判理论而言，其任务就是要高扬人类的沟通理性，将之从技术工具理性和社会战略理性的压迫下解放出来，重建理想语境下主体间自由沟通和理解的前提条件。② 林克莱特把哈贝马斯的理性分类运用到国际政治理论分析中，认为国际社会中存在着3种理性化，即技术—工具理性化、道德实践理性化和战略理性化。技术—工具理性化是指人类学习如何控制自然，道德实践理性化是指人类学习如何建构秩序和社会公意，战略理性化是指人类在实际的或潜在的冲突情势下如何把握和控制他人。在国际政治理论界，技术—工

① 本节内容的主要部分参见钮菊生、郭树勇：《试论法兰克福学派对国际政治理论的影响》，第51—52页。

② Habermas, *Communication and the Evolution of Society*, Boston, Beacon Press, 1979, pp. 130, 118, 120, 211 以及佘碧平：《现代性的意义与局限》，上海：上海三联，2000年版，第221—222页。

具理性化与强调生产力、世界经济决定作用的马克思主义国际政治理论是有联系的，道德实践理性化与林克莱特等批判社会理论为代表的革命主义国际政治理论有内在的一致，而战略理性化则与新现实主义密不可分。[①] 在国际关系批判理论家看来，代表批判理性的革命主义、代表技术—工具理性的马克思主义和代表战略理性的新现实主义是处于一个多样性的理论世界中，它们之间的关系是一种互补关系，而不是压迫与被压迫的关系。处于主流地位的新现实主义尤其需要向其他两者学习，因为其他主义特别是革命主义拥有新现实主义"战略理性"最缺乏的人类关怀。为什么这么说呢？众所周知，新现实主义用结构主义改造现实主义，更加重视国际结构对行为体的物质性限制，而不重视行为体的实践作用。相反，革命主义与马克思主义则相对强调实践理性的作用。上升到政治立场来看，新现实主义关注的是政治控制技术，是从两极格局下美苏斗争的需要出发阐释"两极体系是最稳定的国际体系"，而对全球范围内的实践活动特别是关乎社会发展的全球危机等问题则采取了置之不理的态度，这一定程度上妨碍了人类对自由的追求与自身解放的实现。弥补新现实主义的缺陷有多种方式，其中最重要的方面就包括重新界定国家。这涉及世界共同体的性质。

从历史的长河看，共同体是一种动态的过程，是多元存在的形式。国家本质上是一个道德和政治共同体，是社会历史发展到一定阶段的产物。国际关系理论需要有一种"国家结构的社会学"，这种社会学的目的是解释国家是如何被人类历史建构

① A. Linklater, *Beyond Realism and Marxism*: *Critical Theory and International Relations*, London: McMillian Press, 1990, pp. 171 – 172; Richard Devetak, "Critical Theory", in Scott Burchill and Andrew Linklater, *Theories of International Relations*, pp. 162 – 163.

的，特别要解释那些促使主权国家形成并将国家与外部世界疏离的社会纽带是如何随着历史变化而变化的。我们从黑格尔与罗蒂等政治哲学家那里得知，历史哲学的每一步发展都有相应的人类共同体形式，而每一种更高形式的共同体的出现，都意味着人类自由前进了一步，人类由此将获得某种意义的解放。人类的共同体从家庭到部落，从部落到国家，体现了历史进步性，但并没有终结历史。人类的美好目标是建立“一个由拥有与人性相一致之特征的权利和责任的自由人组成的社会”，也就是马克思所说的共产主义社会。这种社会用康德的话说就是普遍律令的理性社会。目前，人类社会是处于共处原则的理性社会向普遍道德律令的理性社会过渡的阶段，从个体的身份转化角度看，也就是由公民身份向人类身份转换的过渡阶段。在这个过程中，新现实主义的战略理性扮演了消极的角色。因此，建设有利于人类解放的共同体，就必须支持沟通理性为主导的社会，而非战略理性为主导的社会。[①]

（三）国际关系批判理论对国际政治本体论等方面的影响

国际关系批判理论的上述理念振聋发聩，在 20 世纪 80 年代初挑起了一场罕见的论战。尽管理论界对这次论战的主题不无异议，但由批判理论登高一呼而引发的“批判风暴”[②] 所带

---

① A. Linklater, *Men and Citizens in the Theory of International Relations*, London: Macmillian Press, 1982, pp. 138, 167, 205, 17 – 18, 134 – 136, 171.

② 这场“批判风暴”的进攻一方是一个联合的阵营，除批判理论之外，还包括了新自由制度主义。见郭树勇：《建构主义与国际政治》，北京：长征出版社，2001 年版，第 34 页。

来的影响则是公认的，即国际关系理论由此进入了多元发展、百舸争流的局面。其中，批判理论本身的影响也是开创性和多方面的。

1. **批判理论揭开了国际关系本体论讨论的序幕**

批判理论的发展对国际关系元理论产生了重大影响。批判理论首先从认识论革命入手，进而影响到本体论。在国际关系学科建立之初，学者们最关注战争与和平问题，元理论并没有成为一个单独的领域。对国际关系元理论的大讨论是从“方法论革命”开始的，这说明方法在相当长的时期以及相当多的国际关系研究者那里是最基本、最紧迫、最值得研究的领域。其实，方法论、认识论与本体论是不可分的。方法论的讨论必然涉及认识论，而认识论也与本体论脱不了干系。20 世纪 60 年代的“方法论革命”成就了新现实主义，也造就了新现实主义的话语霸权，但这种霸权的解体首先是从认识论开始的，而认识论的大讨论正是肇始于国际关系的批判理论。像法兰克福学派那样，阿什利、科克斯、拉格等人猛烈地反对主流理论的实证主义思想。对实证主义的批判过程就是国际关系认识论的转向过程。批判理论认为对国际社会的认识不可能如新现实主义那样持客观中立的立场。人本质上是社会动物，国际社会具有相当的社会性，国际政治既有类似自然界的规律性，也有国家与个人等国际关系行为体的实践建构性，认识自然界可以用主、客体二元分立的做法，但认识人本身，认识国际社会却不能做到二元对立，主体间性与国际政治的非因果性决定了国际关系研究本身不能采取完全的实证主义。批判社会理论的这种认识论的转向也进一步对抗了科学行为主义在国际关系理论中的影响。后来，经过“批判风暴”的洗礼，学界越来越认识到国际关系体系是一种社会历史产物，而不是物质结构，不是新现实主义所谓的物质实力之对比，国家、国际体系都是历史实践的产物，是可以通过实践改变的。这一点成为后来新现实主义和新自由制度主义最难反驳的领域，也是建构主义的最得意之处，主流建构主义正是在“本体论革命”的基础上建构起较为完整的建构主义理论体系的。同时，批判社会理论长于思想批判、疏于理论建设的缺憾也为学界所强烈意识到。理论要进一步发展，离不开批判理论的知识积累，但又必须超越它。1989 年美国学者奥那夫教授企图以建设性的态度改造批判理论，并建议冠以“建构主义”这个新的名字。从此，建构主义在理论体系建设、汲取实证方法论、调和认识论等方面不断超越批判社会理论，向主流理论方面迈进。

2. 批判理论提出了关于社会科学理论的新界定

实证主义概念中的“科学理论”是某一学科若干命题的综合，其前提是将人类的整体认识加以分类，即把客体与判断划分到各个不同类型的知识领域。“在传统科学那里，每一件事都是必然的，或者说，没有一件事是必然的，因为必然性意味着事件独立于观察者或绝对肯定的预测的可能性。但是，主体即使作为思考者也并非完全脱离社会斗争。”[①] 这种主流的社会科学理论定义实际上是存在特殊的领域与普遍的理论努力之间的张力的，也存在着忽视主客体相互联系的现实。用科克斯的话说：“将紧密联系着的现实社会世界分割成多个相互分离的领域”虽然有助于提高理解力，但“实践的知识在最初总是不全面的或支离破碎的”。具体到国际关系领域，将国家与市场社会

① 霍克海默：《批判理论》，第 24—25 页、66—67、77 页。

区别开来在18、19世纪具有实践意义，对维护个体主义与主权制度功不可没。“然而，在今天，国家与市民社会如此地相互渗透，以至于这些概念几乎变成了纯分析性的概念，仅可用来非常模糊和不精确地标示不同的活动领域。”① 在批判理论看来，全面而不是分割地看待国际社会，批判而非假定地认识世界秩序，定性与定量相结合而非完全实证主义地归纳事实，才是正确的社会科学理论。

3. 批判理论动摇了新现实主义的话语霸权，推动了国际关系理论的多元发展

批判理论对主流理论主要是新现实主义进行了猛烈的批判，这种批判极大地削弱了元理论根基，揭露了理论背后的政治意图，动摇了僵硬的实证主义认识论与物质主义本体论，为基欧汉为代表的新自由制度主义上升为主流理论创造了条件，促使阿什利等更为激进的学者转入后现代主义和后结构主义寻求解构“国际关系”的资源，也为社会建构主义的发展提供了本体论遗产。同时，这一过程也促使主流理论检讨自己的理论缺失，并在一定限度内与边缘理论进行对话。国际关系理论界由此进入一个更加活跃、更加多元的百家争鸣的新时代。

4. 批判理论为我们进行马克思主义国际关系思想研究提供了启示

通过对批判理论的研究，我们应该承认，马克思主义对当代西方国际关系理论有着深刻的影响。有的是直接影响，如批判理论；有的是间接影响，如马克思主义哲学对于建构主义的

---

① 罗伯特·W. 科克斯：《社会力量、国家与世界秩序：超越国际关系理论》，第187—189页。

影响。我们不能忽略马克思主义国际关系理论的批判性。马克思主义哲学是批判哲学而不是简单的物质主义哲学。当代中国马克思主义国际关系理论的建设不能忽略理论的批判性。当然，批判理论关于马克思主义的认识也有其片面性，例如将马克思主义当成自然主义方法论，完全忽视唯物史观在承认社会结构的历史性、社会性方面的重要贡献；全盘接受法兰克福学派关于重建马克思主义的理论并服务于对国际政治的解说；在社会科学领域持贬低实证主义的过激立场；在肯定国际关系是社会本体论的同时而陷入唯心主义的做法，等等。我们虽然与批判理论有着较大的不同，但它提出来的实践观念以及社会实践本体论思路应该成为我们研究马克思主义国际关系理论的一个切入点。

当然，国际关系批判理论也有其缺陷，其概念体系有失缜密，其批评性多于建设性，其学理性多于实践性，不一而足，特别是后者更容易为当代的实践家所惋惜甚至诟病。我们认为，它对国际政治实践并非全无影响。在革命的时代，它曾经是国际共产主义、被压迫民族以及世界社会主义等各种革命、进步力量追求解放的理论源泉。在当下，社会主义国家利益中的意识形态利益界定、全球民间社会对当今国际权力体制的挑战、世界各地的反全球化、反科技异化与反霸权主义的行动、边缘文明与核心文明的对话、南北方关于世界秩序的斗争，甚至某些以解放人类为旗帜的暴力运动，均令人感受到国际关系批判理论的政治影响力。

第二章 马克思主义国际政治社会学思想

一、马克思主义的国际社会观

改革开放以来，我国党和政府判断国际形势、认识国际环境、把握外交目标的一个重要参照和用语就是国际社会，这体现了中国对外关系在观念层面的重大变化。20 世纪 80 年代，我国外交家指出，“新中国面临的第一个问题，就是同世界各国建立起外交关系，走向国际社会”,[①] 这充分肯定了国际社会对于中国外交的作用。到了 90 年代，我国外交家在总结中国外交融入国际社会进展时，提及“改革

① 韩念龙：《当代中国外交》，中国社会科学出版社，1988 年版，第 1 页。

开放以来缔结的千百个双边和多边条约，把中国同世界各国、同国际社会进一步联系在一起。”[①] 冷战结束以来，国际社会这个概念也日益成为国际关系理论研究的焦点和热点。无论是学者、政府官员、非政府组织、全球社会运动，越来越频繁地使用国际社会来表达自己对全球治理的认识，阐述各自对全球秩序的构想。最具代表性的是英国学派对国际社会的认识。赫德利·布尔（Hedley Bull）提出，国际社会是指一群国家意识到它们具有共同利益和价值观念，承认它们相互之间的关系受到一套共同规则和共同制度的制约。[②] 本节主要不是研究中国马克思主义者的国际社会观，而是试图梳理外国马克思主义关于这个概念的观念变化，在总结马克思恩格斯相关论述的基础上，重点解读经典形态和发展形态的马克思主义思想关于国际社会观念的内涵[③]，为当下的中国国际政治社会学研究提供参考。

（一）马克思主义国际关系思想中的政治社会学观念

马克思主义国际关系思想中，政治社会学内容十分丰富。20 世纪 80 年代西方学者就从国家阶级性为切入点，关注国家行为体的历史性和社会性。如深受英国学派影响的库巴尔科娃

---

① 田曾佩：《改革开放以来的中国外交》，世界知识出版社，1993 年版，第 615 页。

② 赫德利·布尔：《无政府社会——世界政治秩序研究》，张小明译，世界知识出版社，2003 年版，第 10—11 页。

③ 马克思主义从演变过程来分，可大致分为经典形态马克思主义、发展形态马克思主义和当代形态马克思主义，前者主要是指以德国、法国、英法为核心活动区的 19 世纪中后期至 20 世纪初马克思主义，以马克思、恩格斯等为代表；中者主要是指苏联为主要国际共产主义运动主角的 20 世纪前半叶马克思主义，以列宁、布哈林、斯大林等为代表；后者主要是指以中国特色社会主义为重要体现形式的新时期马克思主义，以三代中国领导人的重要思想为代表。西方马克思主义是马克思主义的重要方面，在发展形态和当代形态中都有体现。见郭树勇：《从国际主义到新国际主义——马克思主义国际关系思想发展研究》，时事出版社，2006 年版。

（V. Kubalkova）和克鲁斯克沙克（A. A. Curickshank）提出，马克思主义关于国际关系的论述与其说是“国际关系的理论”，不如说是“国际关系的社会学”（sociology of international relations）。[①] 了解马克思主义，不能只掌握马克思的一些论断，还要深刻认识到国际关系的社会本质，把握国家行为体的社会属性。这种社会属性又不是虚无飘渺的，就本质而言关涉全球政治的社会生产（the social production of global politics）”。马克·帕特（Mark Pupert）认为，就本体论来说，马克思主义把国际关系看作是物质的，国家、国际体系和跨国权力关系深嵌在由生产等社会组织形式组成并被自身生产和再生产的关系体系之中。[②] 马克思主义者视资本主义为全球现象而非国内现象。[③] 从这个角度观之，马克思对资本主义的论述本身反映了其对全球社会的不少思想，资本主义的特征从根本上体现了当时全球社会的特征，资本主义的发展趋势从一定程度上影响着国际社会的发展。西方学者在研究马克思主义思想的过程中，不约而同地注意到马克思国际关系思想中的社会学观念及对国际政治社会性的理解，特别是突出了生产性的社会生活对国际政治的影响，这是值得我们关注的。我们有必要从当前的某些国际政治学观念中超脱出来，反思国际政治操作的社会根源和社会意义。

马克思作为“政治社会学之父”，其国际政治思想中蕴含着

---

① V. Kubalkova and A. A. Curickshank, Marxism and International relations, Oxford: Clarendon Press, 1985.

② Mark Pupert, Marxism, in Martin Griffiths ed., International Relations Theory for The Twenty-first Century: An Introduction, New York: Routledge, 2007, p. 36.

③ Milja Kurki, Karl Marx, in Henry R. Nau ed., International Relations in Perspective: A Reader, Washington: U. S. CQ Press, 2010, p. 77.

丰富的社会学内涵。国内学者在这方面也作出了有益的探索，如有的学者指出，世界交往作为马克思主义国际关系思想的重要概念，不仅指的是世界性的物质交往，也包含世界性的精神交往的成分，包含着文化认同的因素。[①] 世界交往本身包含着丰富的社会内涵，可以帮助我们认识国际社会形成、发展和结构转型。也有学者在对马克思恩格斯经典著作解读中提出，世界历史的形成和本质特征是近代国际社会真正形成的标志及物质基础；[②] 马克思恩格斯运用历史唯物主义，在科学揭示人类社会发展规律的基础之上，深刻阐述了国际社会的发展的进程、成因、特点以及意义等。[③] 可见，无论是对整体性国际体系的认识，还是对国家行为体的认识，马克思主义国际关系思想都蕴含着丰富的社会内涵。就整体性的国际体系来说，认为国际体系是物质性的社会世界。就国家行为体来说，民族国家首要的特性是社会性，是近代以来生产力与生产关系矛盾运动的结果。

1. 世界性的交往关系总和

马克思运用实践唯物主义，阐释了“社会”概念的内涵。他认为，全部人类生活和整体历史的前提在于物质生活生产。“为了进行生产，人们相互之间便发生了一定的联系和关系；只有在这些社会联系和社会关系的范围内，才会有他们对自然界的影响，才会有生产。”[④] 人们在生产过程中建立的彼此联系，“即社会生产关系，是随着物质生产资料、生产力的变化和发展

---

① 郭树勇：《从“世界交往”概念看马克思的国际政治社会学方法》，《世界经济与政治》，2004 年第 1 期，第 26 页。

② 柳瑟青：《马克思主义国际关系理论的奠基之作——〈德意志意识形态〉的理论贡献的新视角》，《现代国际关系》，2007 年第 5 期。

③ 李爱华等著：《马克思主义国际关系理论》，第二章，人民出版社，2006 年版。

④ 《马克思恩格斯文集》第 1 卷，人民出版社，2009 年版，第 724 页。

而变化和改变的。”[①] 关于生产和交换中的相互联系和关系，“生产关系总合起来就构成所谓社会关系，构成所谓社会，并且是构成一个处于一定历史发展阶段上的社会，具有独特的特征的社会。”[②] 马克思上述的论述，非常明确地阐释了社会的内涵。首先，社会是相互关系和相互联系。社会不是个人的简单机械相加的整体，“社会不是个人构成，而是表示这个彼此发生的那些联系和关系的总和。”[③] 这里的联系和关系，我们也可以理解为人们的交互作用，“社会——不管其形式如何——究竟是什么呢，是人们交互作用的产物。”[④] 总之，社会是关系性存在；其次，这样的关系和联系是在人们的生产和交换活动中产生的，是在满足人们基本的物质生活需要的过程中产生的。最后，社会和社会关系是由生产力的发展变化所决定的，社会和社会关系的本质和形态因生产力的发展变化而在不同的阶段表现为截然不同的特征。德国学者亨利希·库诺（Heinrich Cunow）在研究马克思的社会观指出，“当人们为了满足需要（生计）的目的而相互协作又相互敌对地去劳动时，他们就要结成某种相互关系。所有这一切产自一种在劳动过程中有内在联系的相互关系的总和组成的社会结构。所有相互处于这种关系的个体组成社会。”[⑤] 库诺认为社会是人们在生产和劳动中的相互关系和联系的总和，是为了满足人们的基本物质生活生产的需要。一般的集合体并不是马克思所定义的社会，如股份公司、村落、学

① 《马克思恩格斯文集》第1卷，人民出版社，2009年版，第724页。

② 同上。

③ 《马克思恩格斯全集》第46卷，上册，人民出版社，1979年版，第20页。

④ 《马克思恩格斯全集》第27卷，人民出版社，1972年版，第477页。

⑤ 亨利希·库诺：《马克思的历史、社会和国家学说——马克思的社会学的基本要点》，袁志英译，上海人民出版社，2006年版，第243页。

者联谊会和宗族都不是社会。马克思所定义的社会必须是在一定的经济条件和经济关系下，为了满足物质生活的需要进行集体协作的个体联合或集合。“马克思认为，在社会含义下包含的意思是，处于某一经济方式所产生的互相作用和相互影响的圈子，其成员通过某些由经济所决定的生活关系而彼此发生关系。由此看来，社会生活并不是任意一种共同生活，而是为了满足一般的经济需要并在一定经济条件下的共同生活和协作。”[①] 马克思社会概念的作为关系性的实体，内部联系的纽带不是血缘，而是经济的生产方式。由于资本的扩张本性，资本主义生产下的关系必然要求扩展到全世界，那么资本主义的社会也就会扩展到全世界。发源于欧洲资本主义社会的相互联系和彼此关系，横向扩展到世界各地，在世界范围内形成各种关系。这种世界性联系的总和，在马克思的社会概念视域里，就是世界性联系总和的国际社会。另一方面，“资本不是一种物，而是一种以物为中介的人和人之间的社会关系”。[②] 资本作为一种社会关系，随着其本身在地域上的扩张，在全球范围寻求剩余价值，这种社会关系也必然在全球范围内扎根落户，在近代就形成了资本主义生产力和生产关系所规定的国际社会。

2. 国际社会是契约基础上的机械社会

马克思社会范畴的内涵类似于滕尼斯（Ferdinand Tonnies）的“社会”概念。在滕尼斯的学说中，“社会”与“共同体”相对。“共同体”是人与人之间建立在身体和血缘基础上的结合，以感情、伦理为纽带，“这些关系的一般根源是与生俱有的

---

① 亨利希·库诺：《马克思的历史、社会和国家学说——马克思的社会学的基本要点》，袁志英译，上海人民出版社，2006 年版，第 244 页。

② 《马克思恩格斯文集》第 5 卷，人民出版社，2009 年版，第 877—878 页。

无意识的生命的相互关系”。[①]“共同体”内部的关系是亲密的，不分彼此的私人关系。“社会”是建立在观念和机械基础上的联合，“在社会里，尽管有种种的结合，仍然保持着分离”，[②]人们之间的联系建立在理性思考之上，一般通过契约确立各自的权利义务关系；而“共同体”中的关系更多是伦理上的关系。马克思的“社会”内涵，是在生产和交往的实践基础上不断生成的关系的总和。这些关系有血缘和伦理的成分，也有分工和法理的成分。而且，随着生产力的发展和交往的普遍化，分工和法理的成分会逐渐增多。资本主义生产和交往基础上的资本主义国际社会，是完全建立在机械团结和社会分工上的关系总和。这个国际社会的形式类似于滕尼斯的“社会”形式，尽管存在着世界范围内的普遍联系和普遍交往，但个人依然是孤立的。这里的孤立指的是人始终处于异化之中，人在创造自己对象化物品的过程中，尽管体现了人的能力，但劳动的过程和劳动的结果是压迫人的，劳动和资本处于尖锐的对立之中。国际社会中的分离，不是时间意义和空间意义上的分离，而是指人的本质的分离，人与人之间关系的异化。

国际社会类似于滕尼斯的“社会”范畴，还在于国际社会中的关系主要是建立在契约基础上的。在资本主义的生产、交换、分配、消费等各个环节，行为体通过契约建立了经济关系，以及在此基础上的政治关系、文化关系等。经济交往的契约是国际社会规则的重要组成部分。这套规则不仅维护着成员间的利益共同体，而且再造了国家之间的关系。换句话来说，马克

① 斐迪南·滕尼斯：《共同体与社会》，林荣远译，北京大学出版社，2010年版，第48页。

② 同上书，第77页。

思主义认为无政府状态不是没有任何规则的自然状态，应该是无政府社会状态①。现实主义对国际政治体系的考察，往往忽视了国际政治体系背后的资本主义社会结构。正是潜在的资本主义社会结构使得无政府状态有了社会的内容。不过，值得注意的是，马克思眼中的国际社会契约表面上由平等的行为体签订，但实质各自的权利和义务是不对等的。而在我们今天看来，这正是“社会”的内在矛盾，要克服这个矛盾，又得吸纳共同体的成分，不过这不是回到依靠血缘等因素结合起来的共同体，而是更高层次的共同体，这是对“社会”的超越。正是古代向近代过渡时社会对共同体的脱离，以及当代条件下共同体对社会的更高层次的超越，推动了国际社会向共产主义共同体的演进。

3. 国际社会是生产力与生产关系矛盾规定的国际社会

“它们是以什么方式构成社会的呢？这令人想起国际关系理论中有关问题的阐释。答案是，在这种情况下，个体的私人劳动只有通过作为商品的产品交换才会成为社会劳动。”② 罗森博格对社会的理解很明显是建立在对生产力与生产关系的矛盾运动的理解上。认为资本主义商品生产的根本特性就是以社会为价值生产对象，马克思在看待全球范围的资本主义生产时，首先规定的是其生产的社会性。③ 历史上看，国际社会的形成不能

---

① 罗森博格把这种无政府社会状态描述为：“大量独立的个体；缺乏上位指导；但出现了处于个体支配之外的社会组织的非人格化机制；这种集体异化作为个体自由之基础的矛盾作用；以及个体面对自己相互间关系的特殊的具体形式。”，参见：贾斯廷·罗森博格：《市民社会的帝国——现实主义国际关系理论批判》，洪邮生译，江苏人民出版社，2002 年版，第 209 页。

② 贾斯廷·罗森博格：《市民社会的帝国——现实主义国际关系理论批判》，洪邮生译，江苏人民出版社，2002 年版，第 206 页。

③ 《马克思恩格斯文集》第 5 卷，人民出版社，2009 年版，第 61 页。

脱离生产力与生产关系特别是资本主义的发展，这是由资本主义生产方式的趋利性、外向性和扩展性决定的。“创造世界市场的趋势已经包含在资本的概念中。任何界限都表现为必须克服的限制。”① 资本的扩张性驱使资产阶级到处落户，到处扎根，到处开发，到处建立联系，打破了民族的藩篱，消除了各民族闭关自守的状态，“使一切国家的生产和消费都成为世界性的了”②，“各国人民之间的民族分隔和对立日益消失”③。“它的商品的低廉价格，是它用来摧毁一切万里长城、征服野蛮人最顽强仇外心理的重炮。它迫使一切民族——如果它们不想灭亡的话——采用资产阶级的生产方式；它迫使它们在自己那里推行所谓的文明，即变成资产者。一句话，它按照自己的面貌为自己创造出一个世界。”④ 所有的社会关系、社会运动、社会现象都被罩上资本主义的结构性选择。国际社会不仅仅是从地方性联系转变为全球性联系，更为重要的是，所有国家间、个人间关系都是受制于资本主义生产方式。“没有一个国际关系的分析是不参考资本主义及其所产生的社会形式和由它构成的世界体系。”⑤ 总之，马克思主义眼中的国际社会，是整体性的国际社会，就其本源来讲是由资本主义生产方式造就的国际社会。这决定了马克思主义把无政府状态“不是作为地缘政治的超时空

① 《马克思恩格斯全集》第46卷，人民出版社，1979年版，第391页。

② 《马克思恩格斯文集》第2卷，人民出版社，2009年版，第35页。

③ 《马克思恩格斯选集》第1卷，人民出版社，1995年版，第291页。

④ 《马克思恩格斯文集》第2卷，人民出版社，2009年版，第35—36页。

⑤ Andrew Linklater, Marx and Marxism, in Scott Burchill, Andrew Linklater, Richard Devetak, Jack Donnelly, Terry Nardin, Matthew Paterson, Christian Reus-Smit, Jacqui True, Theories of International Relations, forth edition, New York: Palgrave Macmillan, 2009, p. 129.

状态而是作为资本主义现代性特有的社会形态”①。因此，威斯特伐利亚时代以来由资本主义造就的国际社会，发展到19世纪必然呈现出资本主义生产关系固有的不公平性和内在矛盾性，要打破这个国际社会的结构，就必须从改变资本主义生产关系开始，世界革命的实质是建立一种新型的更加适合于生产力发展的生产关系。

（二）世界经济、世界体系、世界公民社会：马克思主义国际社会观的发展

马克思恩格斯对国际社会的认识，是一种经典形态的马克思主义国际社会思想，反映了资本主义自由发展时代经典作家们关于国际社会的天才洞见。随着资本主义社会向晚期资本主义社会的转变，作为国家联合体的国际社会必然也要体现社会转型的特征。在这种社会大转型的时代背景之下，马克思主义本身也开始向发展形态转变。如果说经典形态的马克思主义主要体现了西欧经验的话，那么，发展形态的马克思主义主要体现了以苏联为主的东欧和南欧的经验。发展形态的马克思主义一方面呈现出强烈的苏联特色，一方面也有着西方马克思主义的成份，实质上代表了两种国际社会研究方向。在苏联特色的马克思主义思想体系中，不但体现在列宁、斯大林等人的世界革命、国际危机等论述中，还主要为“世界经济”思想所继承和发展；在西方马克思主义思想中，主要演化为世界体系思想和世界公民社会思想。

① 贾斯廷·罗森博格：《市民社会的帝国——现实主义国际关系理论批判》，洪邮生译，江苏人民出版社2002年版，第179页。

马克思、恩格斯对整体性国际社会的认识，特别是他们对世界范围内经济联系的认识，后来被布哈林（Nikolai Ivanovich Bukharin）以“世界经济”的范畴加以概括。布哈林之所以要研究世界经济，是因为他认为各个国民经济体不是孤立隔绝的单位，而是世界经济的构成部分；国家间斗争，首先应该被看做是世界经济各个部分之间的斗争。因此研究帝国主义，归根到底要分析世界经济的发展趋势，分析世界经济内部结构发生的变化。“世界经济是全世界范围的生产关系和与之相适应的交换关系的体系。”① 在垄断资本主义的生产和交往的基础之上，国际分工和国际交换建立起整体性的世界联系，在生产劳动方面，整个世界的社会劳动被划分在不同国家中，各国的劳动通过国际交换成为全世界社会劳动的一部分。这样，在生产和交换领域就形成了整体性的相互依赖关系。资本主义社会中的任何单一个体的劳动，若能参与到交换过程中，必须的前提条件是自己的劳动是为对方的劳动，只有当彼此都是为对方的劳动，劳动才有社会劳动的形式，交换才有可能。正如马克思在《资本论》中所说道，“一旦人们以某种方式彼此为对方劳动，他们的劳动也就取得社会的形式”。② 个体性劳动的社会性要求使得劳动者之间是为彼此生产，使得交换必然发生，这些所带来的就是普遍的联系，是覆盖整个世界范围的世界联系。布哈林重点突出了整体性的世界联系，却未能深入研究与普遍联系过程相伴随的文化方面的变化和社会方面的联系。布哈林对整个世界的认识，关注的是各个国家、各个地区的经常性的联系。这

---

① 尼·布哈林：《世界经济与帝国主义》，蒯兆德译，中国社会科学出版社，1983 年版，第 8 页。

② 《资本论》第 1 卷，上，人民出版社，1975 年版，第 88 页。

些联系所构成的世界经济是对当时垄断资本主义阶段国际社会基本侧面的描述和概括。

马克思主义国际政治社会学思想在20世纪后半叶的重要发展成果之一，就是形成了沃勒斯坦的世界体系思想。他明确提出，历史上唯一出现的社会体系是世界体系[①]。社会体系的特征就是劳动分工的存在，不同的部分或区域依赖于相互间的经济交换。现代世界体系的显著特征就是，经济决策主要定位在世界经济的范围内，而政治决策主要定位在拥有较小法律控制的政治国家手中。在现代世界体系，不会导致出现世界帝国那样庞大的中央政府，国家可以在单一的经济框架中竞争。但沃勒斯坦也不否认国家在资本主义市场体系中的地位和作用。国家本身的能力影响市场的运行。现代世界体系一旦确立，就围绕两个对立关系展开，一是阶级关系，即无产阶级和资产阶级，主要由统治阶级来决定，具体来说，就是通过财产权、资本积累、生产技术控制等垄断生产决策权。第二个关系就是劳动分工的空间等级，[②] 也就是“中心—半边缘—边缘”的结构。沃勒斯坦始终强调世界体系是在社会分工和交换基础上形成的彼此联系的全球性社会。这样的认识是继承了马克思主义在社会劳动和国际交换上的观点，看到了社会分工和国际交换在扩大的过程中所型构的普遍联系。可以说，沃勒斯坦的世界体系思想在这一点上体现了马克思主义的国际社会观念。当然，沃勒斯坦与经典马克思主义在认识上是有差别的。沃勒斯坦的世界体

① Immanuel Wallerstein, The Rise and Future Demise of the World Capitalist System: Concepts for Comparative Analysis, Comparative Studies in Society and History, Vol. 16, No. 4, 1974, p. 398.

② Immanuel Wallerstein, A World-System Perspective on The Social Sciences, *The British Journal of Sociology*, Vol. 61, January, 2010, pp. 174 – 175.

系作为仅有的社会体系，包括两个类别：世界帝国和现代世界体系。这两个类别最大的区别在于是否拥有统一的政治形式。就世界帝国来说，必然是统一的政治形式，所以可能是封建的，或者是帝国式的。现代世界体系是建立在资本主义之上的，不存在统一的政治形式。

如果说布哈林重视了国际社会的经济内涵，沃勒斯坦重视了国际社会的生产内涵的话，哈贝马斯则从文化或文明方面丰富了关于国际社会的看法。鉴于民族国家在全球化冲击下的脆弱性，哈贝马斯认为必须在后民族国家中建立新的社会认同。这个新的社会认同的核心就是商谈过程建立起来的“宪法爱国主义”。哈贝马斯坚持的是一种普遍主义的民族国家概念，在普遍主义的法律共同体下，个人无论出身、身份，只要信仰国家的宪法和法律，就可以成为这个国家的公民。只要公民在商谈过程，能够对宪法产生认同，就可以建立超越民族国家的后民族国家集体认同，就可以构建整个世界的社会整合和群体团结。

哈贝马斯关于国际政治方面的思考其实最根本的就是建构一个超越民族国家的集体认同，也就是对政治共同体认同的来源不是来自于前政治的民族国家，而是来自于对民主法律的认同。这就是其宪法爱国主义的核心。宪法爱国主义主张，现代社会应该以公民共同制定的法律为基础的集体认同，来代替民族主义的前政治的民族认同。以此认同构建的政治共同体，才能在坚持现代性成果的同时，应对全球化的挑战。人们对法律规范的认同来自于交往行为，正是在交往过程中的反复论证，所达成的法律规范才为大家所认可①。交往行为作为以理解为取

① 尤尔根·哈贝马斯：《在事实与规范之间》，童世骏译，生活·读书·新知三联书店，2003年版，第132页。

向的社会行为，所达成的是被行为体接受和认可的理性的共识。[①] 在后民族国家中，共同体的统合和社会的团结就来自于交往行为，在这里表现为商谈。行为体之间的话语商谈达成的法律规范，成为了行为体认同的核心，建构了集体的共同体，走向世界公民社会。

哈贝马斯所论述的世界公民社会的构建是通过交往行为来完成的。在政治领域中，就是通过商谈行为来进行的。从根本上说，哈贝马斯所说的交往行为是一种语言行为。这种语言行为与其他语言行为最大的区别在于交往行为是以沟通（理解）为取向的。马克思主义的国际社会也是通过交往实践来生成和建构的。在马克思主义思想中，交往内涵包括三个部分：一是生产劳动以及在生产基础上的商品交换、商品贸易；二是交通运输的发展，行为体之间联系的频繁，这主要表现在交通工具的革新以及带来的人们交往方式的改变；三是精神上的交往，思想和情感的交流，文化观念的沟通。尽管哈贝马斯在思考国际社会的时候，抓住了交往这个核心概念，但作为语言行为的交往和与生产紧密联系的交往存在重大区别。

国际社会是在资本主义大工业和世界交往基础上形成的世界性的联系和关系的总和，是建立在契约基础上的机械社会。现代性和市场经济是国际社会的本质规定，这个本质规定了国际体系的“社会选择”，也就是工业社会在全球范围内建立自己的社会方式。布哈林的世界经济突出了整体性国际社会的生产关系和交换联系。沃勒斯坦的世界体系强调了国际社会的资本

① 尤尔根·哈贝马斯：《交往行为理论：行为合理性与社会合理性》，曹卫东译，上海人民出版社，2004 年版，第 135 页。

统治本性。哈贝马斯的世界公民社会聚焦了作为语言沟通的交往行为建构的政治共同体。马克思主义的国际社会内涵与英国学派的最大区别在于鲜明地突出了生产力与生产关系对于工业社会的规定性。这就要求我们在研究国际社会时，不能仅仅从上层建筑或者公共领域中寻找国际社会发展的根本动力，我们必须树立上层建筑、社会公共领域以及经济基础等多方面整体性的观念。我们必须从人类历史发展的眼光去对待国际社会，包括国际社会规范的不公平本性，这种不公平本性带着深深的西方民族文化、政治文化、宗教文化与工业化、资本化高度结合的历史痕迹，并且因为地缘政治和地缘历史等因素而透视出世界政治经济文化的高度不平衡性。因此，一个重要的启示是，我们在研究国际规范扩散和“社会化”等重要范畴的时候，要清除对规范价值中立的预先假设，从历史性、实践性、文化性相结合的角度来阐释这个日益变化着的国际共同体。

二、马克思的国际政治社会学思想：以其“国际政治的秘密”洞悉为例

马克思从世界历史转变的宏大视野所提出的一系列国际关系思想仍有指导意义。一方面，马克思研究的对象是处于上升时期的资本主义全球化及其不断扩展的资本主义世界体系与国际社会，而这个对象目前并没有发生根本的变化，资本主义世界体系仍然处于主导地位，“马克思是我们同时代的人”的说法并非没有理由；另一方面，我们囿于种种局限未能穷尽对于马克思政治哲学包括世界政治哲学的认识，后者随着国际关系理论的发展需要重新解读。马克思关于“国际政治的秘密”的观

念包含了他的主要国际政治观，是理解马克思国际关系思想的一把钥匙，也反映了其国际政治社会学的思想。

（一）“国际政治的秘密”说法的由来及其国际政治社会学解释

1848年革命以后的十多年里，欧洲工人运动取得了一定的成就，也遭受了重大的挫折，在总结国际共产主义运动的过程中，马克思将理论视角转向了国际政治。要掀起工人运动的新高潮，推动人类解放事业向更高的层面发展，必须建立一种工人阶级的国际政治斗争的联盟。为此，他于1864年领导并成功促进了第一国际的成立。为了明确地表明第一国际的宗旨，以理论与知识加强对于工人阶级运动的指导，马克思代表第一国际撰写了《国际工人协会成立宣言》，就是在这个宣言中马克思提出了工人要了解国际政治的知识，要“洞悉国际政治的秘密”。

马克思在宣言中指出了几点：一是尽管英国工业发展与对外贸易增长达到了空前的程度，但是工人的福利水平并没有得到改善，它本质上是“完全限于有产阶级的财富和实力的令人陶醉的增长”；二是1848年革命之后，欧洲大陆出现了资产阶级更加残酷的阶级统治，工人阶级运动陷入低潮，必须认真分析失败的原因以及重新斗争的策略；三是国际政治问题成为工人运动中的紧迫问题。欧洲工人运动的失败与欧洲资产阶级的得意都与国际政治有关，而在这一方面，工人阶级无论从知识上还是从斗争策略上都少得可怜。第一国际的成立就是加强工人阶级国际联合的组织措施，也是工人阶级走上世界政治舞台的制度依托，只有有着科学的理论包括科学的国际政治理论武装起来的国际工人运动，才能最终实现夺取政权、实现阶级解放的总任务。因此，马克思提出了那句著名的论断：

“工人阶级的解放既然要求工人们兄弟般的合作，那么当存在着那种为追求罪恶目的而利用民族偏见并在掠夺战争中洒流人民鲜血和浪费人民财富的对外政策时，他们又怎么能完成这个伟大任务呢？使西欧避免了为在大西洋彼岸永久保持和推广奴隶制进行可耻的十字军征讨冒险的，并不是统治阶级的智慧，而是英国工人阶级对于他们那种罪恶的疯狂行为所进行的英勇反抗。欧洲的上层阶级只是以无耻的赞许、假装的同情或白痴般的漠不关心态度来观望俄罗斯怎样侵占高加索的山区要塞和宰割英勇的波兰；这个头在圣彼得堡而爪牙在欧洲各国内阁的野蛮强国所从事的大规模的不曾遇到任何抵抗的侵略，给工人阶级指明了他们的责任，要他们洞悉国际政治的秘密，监督本国政府的外交活动，在必要时就能用一切办法反抗它；在不可能防止这种活动时就团结起来同时揭露它，努力做到使私人关系间应该遵循的那种简单的道德和正义的准则，成为各民族之间的关系中的至高无上的准则。

为这样一种对外政策而进行的斗争，是争取工人阶级解放的总斗争的一部分。

全世界无产者，联合起来！”①

---

① 《马克思恩格斯选集》第2卷，北京：人民出版社，1972年版，第134—135页。

显然，在“夺取政权已成为工人阶级的伟大使命”的条件下，各国工人必须发挥各种优势，包括“人数众多”的优势，“但是只有当群众组织起来并为知识所指导时，人数众多才能起决定胜负的作用”。了解“国际政治的秘密”，掌握对外政策与国际斗争的知识，对于无产阶级解放是至为关键的。

学界一般认为，马克思所说的“国际政治的秘密”是追求霸权和发动侵略战争。[①] 这种解释一方面是正确的，其总的解释框架也是合理的。因为马克思在提出这个词语以及在剖析18世纪的欧洲外交史内幕时，主要揭露了俄国等欧洲大国的争霸史，以及俄国侵略和瓜分波兰的历史，从较为简洁和高度概括的角度用霸权与侵略战争涵盖“国际政治的秘密”，激发工人阶段国际团结的紧迫性与必要性，起到国际政治启蒙与动员的作用，这种解释能够为人们所自然接受。

然而，要全面和深入“洞悉国际政治的秘密”，尽可能多地掌握“国际政治的秘密”的内涵，就有必要结合对于马克思哲学的新理解，以及国际关系理论的新发展，同时也结合当时的具体语境来综合领会。从马克思哲学的新理解的角度看，过去我们一贯认为马克思哲学的本质是物质本体论，而目前基本形成共识称之为社会实践本体论，因此，我们有必要以实践唯物主义而非机械的历史唯物主义的角度来掌握马克思政治哲学的实质。[②] 从国际关系理论发展的角度看，过去我们一般从现实主

① 梁守德、洪银娴：《国际政治学理论》，北京：北京大学出版社，2000年版，第12页。

② 任俊明、安起民主编：《中国当代哲学史》下卷，北京：社会科学文献出版社，1999年版，第436页。

义或者新现实主义的角度，以权力政治或者零和逻辑的观念解释国际政治现象，对于霸权等现象只注重其残酷性、斗争性、冲突性、控制性的一面，而对于其社会欺骗性、观念认同性、国际伦理性的另一面认识不够，而后者已经从新自由制度主义特别是社会建构主义那里得到了较好的解释，[1] 实际上，霸权或者霸权战争从来都是权力、制度与认同三维一体的，都反映了国际社会发展到一定阶段的历史实践性的产物，要深入地揭露霸权，必须深入到它背后所代表的国际社会的观念基础中去。而从当时的国际政治斗争现实看，马克思要求工人阶级不是要一般地了解“国际政治的秘密”，而是要“洞悉”“国际政治的秘密”，这反映了一种困难，即国际政治中有很大的欺骗性和复杂性，决不能通过简单地指出一两条原则而万事大吉的。而要从国际社会与国际政治交互的角度加以理解。这种视角融入了国际制度、国际认同和国际文化等方面的因素，具备了多种社会性的含义。国际政治社会学在这方面有着独特的优势。

“国际政治的秘密”不是简单的霸权与侵略战争，它是近代条件下的资本主义国家为满足资本家和本民族的利益甚至世界霸权而不计国际道德采取联盟、欺骗和侵略战争的手段谋取领土、殖民地和世界市场。马克思所理解的国际政治无疑是“近代纪元的”国际政治，“国际政治的秘密”如果单纯地理解为争夺霸权与侵略战争，似乎抽象掉了时代的内涵。这里的霸权显然不是过去的亚历山大帝国争夺的世界霸权，这里的侵略战争也不是古往今来的侵略战争，它具有了近代国际政治中资本

① 罗伯特·基欧汉编：《新现实主义及其批判》，北京：北京大学出版社，2002 年版，第 208 页；宋君：《葛兰西的国际关系思想》，载郭树勇、郑桂芬主编：《马克思主义国际关系思想》，北京：军事谊文出版社，2004 年版，第 288 页。

主义发展与世界市场争夺的含义，同时，还必须从无产阶级国际主义的历史使命的角度加以理解。谓其欺骗性，就是要求工人阶级不要被西欧各国统治阶级的外交辞令所迷惑，要认识到其背后霸权及侵略战争的掠夺本质。谓其复杂性，就是要工人阶级不能简单地认为仅仅依靠武装斗争就能解决问题，要认识到霸权和战争背后所包含的阶级矛盾与民族矛盾，国际斗争的权力层面与伦理层面，列强之间的斗争与勾结等等方面。如果我们只认识到了欺骗性的一面，而忽视复杂性的一面，就不能全面地“洞悉国际政治的秘密”。在资本主义时代，即使是资本主义向帝国主义转变的时代，那些霸权主义者总是拿出一些具有欺骗性的口号或者意识形态来给自己的侵略披上合法性或者道德观的外衣。这种外交能力其实是一种运用国际社会价值观的能力，是国际政治权力与国际社会动员相结合的产物。

马克思要求工人阶级要“洞悉国际政治的秘密”，除了从根本上揭露其争霸和侵略战争之外，在当时的语境下，至少还有以下几个方面的内容：

首先，近代各国外交本质上为了资本家的利益却采取了民族主义的形式，将民族国家利益置于外交政策的重要位置。在当时的时代，马克思认识到压迫其他民族的民族自身不能获得解放，工人阶级要具有无产阶级国际主义的精神，反对本国政府反动统治，而本国的反动统治的对外政策往往采取了维护本民族利益的形式，这对工人阶级具有很大的欺骗性。马克思之所以在19世纪50年代研究外交史，一个主要原因是欧洲革命陷入低潮，一部分工人阶级对于本国政府的外交行为产生了幻想。工人阶级只有洞悉了这个秘密，才能真正地贯彻无产阶级国际主义。

其次，近代外交是不计国际道德的，为了实现本国在欧洲大陆的霸权而不惜转换联盟，背信弃义，撕毁条约，这种国际政治的形式应该在工人阶级专政的新的时代加以改造。这一点我们可以从马克思涉及“国际政治的秘密”一语时的一段话中窥见：“（工人阶级要）监督本国政府的外交活动，在必要时就用能用的一切办法反抗它；在不可能防止这种活动时就团结起来同时揭露它，努力做到使私人关系间应该遵循的那种简单的道德和正义的准则，成为各民族之间的关系中的至高无上的准则。”[1] 这里，马克思在要求工人阶级洞悉国际政治的秘密时要求建设一种新的带有人际关系中“简单的道德和正义的准则”的国际政治原则，以此推论，近代国际政治运用模式中正是缺少了这种道德原则。

第三，沙皇俄国是“国际政治的秘密”的主要载体。马克思与恩格斯在研究国际政治（国际关系）时，将大部分的精力用于分析俄国的外交内幕：一是因为19世纪30、40年代俄国一跃成为世界强国之后，深深卷入了欧洲国际政治的舞台，并成为镇压欧洲革命和追求欧洲霸权的主要国家。二是因为俄国的外交一直很成功，洞悉俄国外交的秘密也就洞悉了“国际政治的秘密”。马克思认为，俄国瓜分瑞典帝国特别是瓜分波兰应作为研究国际政治的重中之重。“1715年，在俄国、丹麦、波兰、普鲁士和汉诺威之间缔结了一个北方联盟，其目的不是为了瓜分瑞典本土，而是瓜分那个我们可以称之为瑞典帝国的东西。这次瓜分是近代外交史上第一个巨大的行动，是瓜分波兰的逻辑前提……不能否认，开创国际政治近代纪元的，乃是对

---

① 《马克思恩格斯选集》第2卷，1995年版，第607页。

瑞典的瓜分。这次的瓜分条约除了谈到它的未来牺牲者的不幸以外，甚至没有假惺惺地提出任何借口。在欧洲，这是第一次，不仅撕毁了一切条约，而且把这一行动宣布为一个新条约的共同基础。”① 从上述阐述中，我们可以看出马克思的几个观点：一是近代国际政治的新纪元是瓜分衰落的帝国与殖民地（不是宗主国的本土），这是资本主义的本性决定了的，欧洲的瑞典帝国被瓜分（形式上的最主要的一步是瓜分波兰），再往后就是瓜分近东的土耳其帝国、远东的中华帝国；二是国际政治的内容不仅仅是侵略战争，还有联盟力量以及“虚假的和平”都能够发挥重要作用，俄国瓜分瑞典帝国依靠是战争（北方大战）、联盟（北方联盟）以及强大的谈判与条约缔造能力，关于后一点，马克思曾经用尖刻的语言讽刺过英国、普鲁士、法国诸国在沙皇俄国的高超外交艺术面前的拙笨之处②；三是国际政治有时要有“合法”的“借口”（如“俄国占领莫尔达维亚和瓦拉几亚是由阿德里安堡条约为它做好准备的，它占有高加索的权利也是从这个条约中得到承认的。”③）以增加国际欺骗性，有时为了争夺霸权与市场利益而显示出赤裸裸的强权政治。马克思与恩格斯在较为严格意义上研究国际政治，主要集中在对于沙俄的研究。这是因为，他们在很长的时间内对于东方社会的政治斗争较为着迷，同时，18 世纪和 19 世纪上半期俄国在欧洲国际政治中表现十分活跃，不但在制度建设与秩序护持方面如此，而且成为欧洲反动势力方面的主要堡垒；第三，一段时期内，

① 《马克思恩格斯全集》第 44 卷，第 270 页。

② 马克思：《传统的英国政策》，《马克思恩格斯全集》第 11 卷，第 642—643 页；马克思：《关于波兰问题的历史》1863—1864 年手稿，人民出版社，1979 年单行本，第 21—22 页；马克思：《俄国的对华贸易》，《马克思恩格斯全集》第 12 卷，第 166 页。

③ 马克思：《帕麦斯顿勋爵》，《马克思恩格斯全集》第 9 卷，第 444 页。

马克思、恩格斯由于国内政治方面的种种原因，集中研究欧洲外交史，选取的正是俄国的扩张史。

众所周知，马克思没有专门阐述其国际关系思想体系，但是其国际关系思想内容是丰富的，并且是有其核心原则的。其核心原则就是国际主义。在国际主义的总原则下，应该坚持反对民族压迫，鼓励国家间平等，维持国际和平，参与国际交往。首先，各民族国家是一个相互依赖的世界体系。“资产阶级，由于开拓了世界市场，使一切国家的生产和消费都成为世界性的了。……过去那种地方的和民族的自给自足和闭关自守状态，被各民族的各方面的互相往来和各方面的互相依赖所代替了。”① 其次，一定程度上的民族主义是正当的。“一个民族当它还在压迫其他民族的时候，是不可能获得自由的。”② 各民族的独立与现状，是无产阶级国际主义应当保持的组织基础。第三，国际关系应当保持国家间的平等。“国际联合只能存在于国家之间，因而这些国家的存在、它们在内部事务上的自主和独立也就包括在国际主义这一概念本身之中。”③ 第四，社会主义国家的国际关系原则是和平。《共产党宣言》鲜明宣称，“同那个经济贫困和政治昏聩的旧社会相对立，……新社会的国际原则将是和平”。④ 第五，国际交往程度决定国际政治斗争的面貌。“各民族之间的相互关系取决于每一个民族的生产力、分工和内部交往的发展程度。”⑤ 交往是一个较为广泛意义的范畴。交往包括社会沟通、人员来往、交通与通讯，还包括动态的生产关系等

① 《马克思恩格斯选集》第1卷，第254—255页。
② 《马克思恩格斯选集》第1卷，1995年，第309页。
③ 《马克思恩格斯全集》第39卷，第84页。
④ 《马克思恩格斯选集》第3卷，1995年，第19页。
⑤ 《马克思恩格斯全集》第3卷，第24页。

等，其中，贸易、战争都是交往的重要内容。在共产主义没有实现之前，战争作为一种重要的国际交往方式，仍有其合理性，而根本的世界交往推动力则在于生产力发展与生产关系革命。

不难看出，在马克思眼里，国际政治是极不公正、极不平等、极不人道、极为复杂的。工人阶级一定要掌握国际主义的武器，因为正是坚持国际主义才能破解“国际政治的秘密”并在纷繁复杂、险象环生的国际政治斗争中掌握主动权。这个复杂性显然是多重的：各国之间将不可避免地走向相互依赖，资产阶级是它的客观制造者，也是它的主观克服者；民族主义既是正当的，又是工人阶级贯彻国际主义时必须警惕的，因为各国政府可能会打着民族战争的旗帜来进行侵略；资产阶级国家之间是不平等的，这是国际政治不公正的根源之一，也是将来无产阶级要克服的；国际社会中的战争源于资本主义私有制，在共产主义之前战争有其历史合理性，但毕竟不符合人类理性，工人阶级最终要追求和平的国际社会；资产阶级由于历史的进步性而建立起来的民族国家仍然是无产阶级进行国际斗争的基本组织依托与行动框架，国际法准则有其一定的历史合理性。工人阶级在实施国际主义的时候要注意国际伦理的力量，它也会为资产阶级政府外交所利用。这一点，恩格斯在后来的一篇文章提道：“由于人们不再生活在象罗马帝国那样的世界帝国中，而是生活在那些相互平等地交往并且处在差不多相同的资产阶级发展阶段的独立国家所组成的体系中，所以这种要求就很自然地获得了普遍的、超出个别国家范围的性质，而自由和平等也很自然地被宣布为人权。”[①] 这些道理反映了 19 世纪欧洲

① 《马克思恩格斯选集》第 3 卷，第 145—146 页。

国际政治的错综复杂性。正在联合起来的工人阶级不可能天然地掌握这些道理，对于长期以来专门由封建贵族或资产阶级外交家来实施的欺骗性外交不可能有深刻的辨别力，作为革命领袖有必要进行知识上的启蒙和动员。

从这个意义上讲，揭示“国际政治的秘密”比揭示“国内政治的秘密”更具有困难：一是因为国内政治的秘密就在于私有制，这是容易从工人的贫困生活中体味到的，而国际政治与工人的生活较远；二是对国际生活而言，工人阶级在革命领导和动员之前的本能反应是民族主义的，在这一点上与资产阶级并没有多大的差别，对立阶级在外来危机之前常常站在一起，这种现象在国际政治中比比皆是；三是国际社会的合法性旗帜往往被执政的阶级用来实现阶级利益、民族利益甚至人类利益，而后三者之间在国际领域是难以区别的；四是全球化的时代资产阶级容易进行国际联合，工人阶级要想取得革命的胜利就必须更加坚定地联合起来，然而，国际间的工人阶级联合比国内联合更加困难，民族主义、民族平等原则、国家平等原则、国际伦理这些本来正确的原则又反过来对国际主义造成了一定程度的障碍。

（二）案例分析：马克思关于彼得大帝迁都圣彼得堡的评论

马克思关于国际政治的评论并不少见，最为精彩、最为详尽、最能体现其国际关系思想的，恐怕是他关于彼得大帝将首都迁往圣彼得堡的评论。这个评论充分展示了他关于世界历史、世界交往和世界市场的观念，也透露出其鲜明的国际政治社会学思想。彼得大帝在争夺波罗的海出海口的北方大战过程中，以置之于死地而后生的态度，将首都随着军事推进的步伐迁到刚刚占领的圣彼得堡，这种战略举措内有权贵的反对，外有战争的危险。马克思认为这种把帝国的都城从内陆中心迁到滨海地区是一种特有的胆略。这种胆略反映了近代国际政治的意义。

在马克思看来，彼得大帝的迁都行动摆脱了封建的种族的色彩，具有了发展资本主义和进行世界性征服的性质。“仅仅对波罗的海诸省的征服并没有把彼得大帝的政策与其祖先的政策区别开，都城的迁移才显示出他征服波罗的海诸省的真正意义。彼得堡与莫斯科公国不同，它不是一个种族的中心，而是一个政府的所在地，不是一个民族的悠久业绩，而是一个人物的瞬时创造；不是使一个内陆民族的特征得以传播的媒介，而是使这个特征消失的滨海地区；不是民族发展的传统核心，而是一个为进行世界性阴谋而精心选中的巢穴。通过迁都，彼得斩断了把老莫斯科公国沙皇们的蚕食体制与大俄罗斯种族天赋的才能和抱负连接在一起的天然纽带。通过把都城建在海边，他向俄罗斯种族的抗海本能提出公开挑战，并把那个种族贬低到只是他的政治结构的一个砝码的地位。”① 马克思显然把交往的力度，作为发挥政治影响力的一个重要方面。这透露了他的政治社会学的思想。

马克思在《共产党宣言》中就多次指出了正是世界交往使得各民族联系成为一个整体，而进一步的交往为共产主义的实现准备着条件。在国际政治中，古代的国际政治与现代的国际政治的区别在于，当政治结构与世界性交往靠近时，它的政治

---

① 《十八世纪外交史内幕》，《马克思恩格斯全集》第44卷，第323页。

行动就成为了世界性的了，不正义的征服也成为了世界交往的一部分。彼得的迁都，恰恰说明了这一点，

“通过迁都，彼得宣告了他打算反过来借助于西方来影响东方和各紧邻国家。如果对东方的借助由于亚洲各国人民的停滞特性和有限交往而大受限制的话，那么对西方的借助则由于西欧的活动特征和频繁交往而顿时变得毫无限制和无所不包了。迁都表明了这种对借助对象的有意识改变，而波罗的海诸省的征服为实现这种改变提供了手段，因为它立即使俄国在北方各邻国中居于优势地位；使俄国与欧洲所有地方保持经常的直接接触；奠定了同海上强国建立物质联系的基础，这些国家由于俄国征服了波罗的海诸省而开始依赖俄国供应造船材料……”①

在这一段论述中，马克思连续运用“有限交往”、“频繁交往”、“经常的直接接触”、“物质联系”等词语来突出一种国际政治社会学的理念：俄罗斯原本上是一个不善于交往的民族，但是，在“毫无限制和无所不包”的社会交往条件下，民族的特性与种族习惯都在改变，进而后来居上，实现马克思所说的“对借助对象的有意识改变”。有理由认为，马克思对于国际社会交往的国际政治意义是肯定的。马克思关于“国际政治的秘密”的隐含语义也似乎包括以下含义：资产阶级的世界征服行动由于推进了世界交往和世界市场发展而具有了历史进步性和目的性，但同时也在分裂和压迫世界无产阶级的道路上越走越远，工人阶级应当注意与资产阶级争夺国际交往的优势权，更加猛烈的工人运动和“全世界无产者的联合”（国际主义）显

① 《十八世纪外交史内幕》，《马克思恩格斯全集》第44卷，第324页。

然是最有远见的战略选择。

可见，霸权及侵略战争的高度欺骗性源于其国际政治复杂性。“洞悉国际政治的秘密”，认清国际政治复杂性，不能绕开霸权问题。如果说在国内政治生活中专制政体及其民主化构成了核心问题的话，那么，国际政治生活中霸权及其相关的国际关系民主化（是人类解放的一个阶段和外在形式）则恐怕构成了核心问题。马克思与他的战友恩格斯用大量的笔墨研究俄国争夺霸权的外交史，可能希望从俄国外交中找到“洞悉国际政治的秘密”。俄国为什么能够成为欧洲霸权的有力争夺者？俄国为什么能够执四五十年代欧洲国际政治之牛耳？欧洲各国的工人阶级为何一再失败？马克思认为，沙俄的外交政策具有很大的欺骗性，而这种欺骗性其实来源于国际政治的复杂性。这种复杂性包含了国际认同（国际“合法性借口”）、民族关系、外交素质等因素。其中，民族主义因素披上了民族利益的外衣，固然对于一般的工人阶级容易欺骗，但国际合法借口以及外交素质不但对于一般的工人阶级，而且对于知识化和“贵族化了”的工人阶级则更有欺骗性。可惜的是，后两点却常常被忽视。

19 世纪，沙俄的霸权主义成为了欧洲政治的突出问题。恩格斯的研究本意是要揭露沙俄推行霸权主义的种种路线、手法或政策，而我们可以将他的霸权研究加以现代理论的解读：第一，霸权国家一般拥有良好的地缘政治条件。俄国一方面拥有广阔的领土和巨大的战略回旋空间；另一方面周边“全都是这样一些国家：它们或者表面上或者实际上已趋于衰落，濒于崩溃，”即使几个强大的欧洲大国，如英国、法国、奥地利、德国，在 19 世纪的大部分时间内，“被传统、经济条件、政治或王朝利益或者侵略野心所引起的无休止的争吵弄得四分五裂，彼此经常想以狡计取胜对方。”[①] 实际上，同时具备了追求霸权的自然禀赋与历史机遇两个良好的地缘政治条件。第二，霸权国家一般拥有具备冒险意识的外交家群体。俄国外交家群体“以钢铁般的坚定性，始终不渝地追求既定的目的，不惜背信弃义，阴谋叛变，进行暗杀，也不惜卑躬屈节，重金贿买，不因胜利而陶醉，不因失败而气馁，踩着千百万士兵的尸体和至少一个沙皇的尸体向前进……他们的作用超过了俄国所有的军队；正是这一帮人使俄国成为巨大、强盛和令人恐惧的国家，并为它开辟了称霸世界的道路。”[②] 第三，霸权国家一般有迷惑性的、为其国际行动辩护的“合法借口”和幌子。俄国把自己扮成把乌克兰、塞尔维亚等多个民族从波兰、土耳其等国家的“民族压迫”下解放出来的“解放者”。“（巴尔干半岛上的）这些基督教徒，几乎全属于希腊正教派，因此是俄国人的教友，而其中斯拉夫人——塞尔维亚人和保加利亚人——又是他们的同族。因此，只要俄国一宣布自己保护被压迫的正教教会和被奴役的斯拉夫人的使命，这里就会马上为在解放的幌子下的侵略准备好基础。”[③] 第四，霸权国家一般有较强有力的国际联盟能力。它“尽力设法避免战争，只是把它当作万不得已的手段，并且只是在绝对有利的条件下才进行战争”，[④] 利用政体、宗教或文化的相似性来组织国际联盟，或挑拨有利益冲突的强国之间的关系，“唆使他们（英法德奥）互相倾轧，把他们全都变成单

① 《马克思恩格斯全集》第22卷，第19—20页。
② 同上书，第17页。
③ 同上书，第20页。
④ 同上书，第19页。

纯的俄国的工具。”①

恩格斯从联盟力、国际欺骗性以及外交谈判力等方面研究俄国的霸权条件，指出俄国外交远远高于其他欧洲列强，它应当是我们理解“国际政治的秘密”中霸权问题的重要辅助工具。如果不深入到霸权存在条件的研究中去，就会轻易否定国际认同等视角，就不可能真正了解国际政治的复杂性，从而深刻地揭露资产阶级国家外交的高度欺骗性。

重提马克思“洞悉国际政治的秘密”之说法，其意义不仅在于从国际政治社会学的角度补充和完善学界对于它的解读，以更好地了解经典时代马克思主义国际关系思想之滥觞，洞察国际政治与国际社会的近代关系；还在于从中体味理论发展的思路、任务以及对当前外交实践的指导作用。国际政治的理论发展到今天，到底有了多大的进步？在多大程度上超越了马克思的时代？还能在多大范围内借鉴马克思的学术资源？当代外交是否做到了“洞悉国际政治的秘密”？这些问题都值得反思。就后者而言，外交思想界在提倡一种新国际主义，这似乎是继承了马克思150年前对国际主义的事业，但是，中国外交界对于新国际主义要应对的国际政治难题及其外交力需求做好准备了吗？就前者而言，理论界难辞其咎，经典作家关于俄国外交的精彩论述与显学多有暗合，沙俄的外交欺骗能力与“软实力”何其相似！有人会说，目前已是和平与发展的时代，而不是过去的战争与革命的时代。对，又不对。时代有大小之分。从小的时代来讲，时代主题在变化；但对于大的时代而言，我们仍处于一个全球化的大时代之中，包括西方学者在内的知识界对

① 《马克思恩格斯全集》第9卷，第436—437页。

于政治哲学和国际政治的理论探求，也许仍处在初级阶段。既然人类对全球经济和全球社会仍很陌生，对于化解文明、国家、阶级、民族之间的对立仍感无奈，那么，何以理直气壮地宣布对于国际政治的逻辑了如指掌？实际上，“洞悉国际政治的秘密”的任务尚未完成。

第三章 建构主义、英国学派与女权主义

国际政治社会学之所以在20世纪末兴起成为显学，与秉持社会哲学、历史社会学和批判理论等方法的国际关系新流派有着密切的关系。我们认为，对于国际社会研究影响最大的学派可能是英国学派了，但是对于国际政治社会学学科推进最大的学派可能是美国的社会建构主义。女权主义对于国际政治社会学也有着紧密的联系。本章重点研究这三个学派，以图对于国际政治社会学的西方渊源作初步的探索。

一、建构主义的知识体系及其在中国的前途

社会建构主义（简称建构主义）是中国当今国际关系理论研究中的主要流派，它与现实主义、自由制度主义共同组成了国关学界的“三驾马车”。如果说现实主义关注的焦点是权力，自由制度主义强调的是交易成本，那么建构主义则把文化作为其主要研究对象。从学科与知识的谱系观之，现实主义往往被称为权力政治学，自由主义则常常与政治经济学联系，而建构主义可称得上是政治社会学的发展。本节共分五个部分，阐述建构主义的知识体系、理论贡献与批评、近年发展路向以及在中国的乐观前途。

（一）建构主义的知识体系

1. 导论

在进入国际关系理论之前，“建构主义”一词曾在心理学、语言学、社会心理学、哲学甚至建筑学、教育学等学科中使用过。就一般的现代意义上讲，我们能够将“建构主义”的词源追溯到美国学者彼德·伯尔格和托马斯·鲁克曼在1966年出版的《现实的社会建构：论知识社会学》中。[①] 无独有偶，瑞士著名心理学家和发生论结构主义语言学家皮亚杰也在类似的意义上使用过“建构”和“建构主义”。皮亚杰最初用“建构”

① Martha Finnemore, *National Interests in International Society*, Cornell University Press, 1996, p. 4.

和“建构主义”，陈述这样一种认识发生论观念，即“认识既不能看作是主体内部结构中预先决定的，也不能看作是客体原有特性预先设定的，认识起因于有效地和不断地建构”[①]，建构主义反对只讲主体或只讲客体，而是重视主客体的互动，即实践活动，这种实践当然没有完全上升到社会学意义上的实践。80 年代后现代主义特别是解构主义在美国的流行，间接地赋予了“建构主义”以新的含义。1987 年，立场较为温和的后现代主义学者考那利在《全球政治的认同与差异》一文中提出，解构必然同时与建构相结合。1989 年，著名的国际政治社会学者奥那夫出版了《我们缔造的世界》一书，运用吉登斯等人的“结构化理论”，以施动者—结构（agency-structure）的“双重不可通约性”或“共同决定的不可通约性”为切入点，倡导以跨学科的方法研究世界政治，首次在国际关系学意义上使用了“建构主义”（constructivism）。[②] 至 1999 年温特发表《国际政治的社会理论》，建构主义通过 10 年的发展，建立起较为完善的知识体系。总体上讲，建构主义强调世界的社会本体和国际体系的文化属性，强调文化、规范、认同、实践、主体间性、知识等社会性因素在国际关系中的作用。建构主义的知识体系可概括为“23144”，即两个发展阶段、三次学术论战、一种主要研究方法、四个流派和四大研究领域。

---

① 涂纪亮：《现代欧洲大陆语言哲学》，北京·中国社会科学出版社，1994 年版，第 295—296 页；蒋永福等：《东西方哲学大辞典》，南昌·江西人民出版社，2000 年版，第 332 页。

② 在奥那夫之前，拉格、温特和戴斯勒等人先后于 1983 年、1987 年和 1989 年就将吉登斯的“结构化理论”引向国际关系本体论研究，只不过未提出“建构主义”一词。见 John G. Ruggie, *Constructing the World Polity*, Routledge, 1998, introduction, p. 11.

2. **建构主义的两个发展阶段**

20世纪80年代的“解构”阶段和20世纪90年代的“建构”阶段。20世纪80年代各种反实证主义和人文主义思潮泛起，理查德·阿什利、罗伯特·科克斯等借鉴、应用批判社会理论和后现代理论，对居于话语霸权地位的新现实主义，展开了长时间、多方位、大纵深的猛烈抨击，将其基本概念如无政府状态、主权、国家、制度、权力、利益、安全等一一解构，并赋予了新的含义，这长达10年的理论批判可称为“解构阶段”；1989年前后，奥那夫、温特等学者意识到“只破不立”的理论批判不能代替理论建设，应该在解构原有主流国关理论的同时，汲取各种理论包括新现实主义和新自由主义的长处，进行一次国关理论的理论综合，开始重视国际关系运行规律研究和实证研究，建构主义本身进入“建构”阶段。

3. **建构主义的三次论战**

第一次是指20世纪80年代以批判理论、后现代主义身份，在新自由主义的加盟下，与新现实主义的论战，争论核心是要不要社会进程分析，要不要国家中心主义，要不要实证主义，功能主义有多大缺陷等等；① 第二次论战于20世纪80年代后期至20世纪90年代中期展开，主要反对新自由主义理论，两者的分歧主要在于制度是构成性的，还是管制性的，是仅能向行为体施加外在约束，还是可以深入到行为体的认同与利益中去，这种影响是因果性还是非因果性的，等等，实际上是新制度主

① Robert O. Keohane, *Neorealism and Its Critics*. Columbia University Press, 1986.

义与旧制度主义之争;[1] 第三次论战是指，20 世纪 90 年代的绝大部分时期内，建构主义内部形成了论战的态势,[2] 以阿什利为代表的后现代主义者，坚持建构主义原有的批判功能和激进立场，反对与主流理论进行方法论和认识论的妥协，而以温特、奥德勒和卡赞斯坦等则持相反态度。

4. **一种主要研究方法**

建构主义虽然不时从语言学、心理学和后现代主义汲取知识，但主要采取社会学方法，故又常常称为社会建构主义。建构主义并不排斥方法论个体主义（即经济学方法论），有时还宣扬个体从结构中的解放，但主要关注的还是社会化及其产物对于个体的构成作用，强调国际关系中的社会化与制度化。涂尔干的社会事实理论、韦伯的政治社会学、米德的符号互动理论、哈贝马斯的社会批判理论以及吉登斯的结构化理论，都是建构主义的主要方法论来源。从社会学方法出发，建构主义实际对国际关系进行了全面的国际政治社会学解读。建构主义的基本概念是国际政治文化、国际规范、国际认同。文化、规范与认同皆由社会建构而成，均指国际行为体在社会互动过程中形成的一系列共识。离开了这些共识，人们就无法解释国际关系中任何事项的意义。在权力结构与信息环境一定的情况下，文化的意义就会明显上升。

5. **建构主义的四个流派**

按照美国学者温特等人的分法，以阿什利为代表的一派为

① Ernst-Otto Czempiel and James N. Rosenau, *Global Changes and Theoretical Challenges*, 1989, Lexington Books; John G. Ruggie, *Constructing the World Polity*, Routledge, 1998, preface.

② Iver B. Neuman and Ole Waever, *The Future of International Relations: Masters in the Making?* Routledge, 1997, Introduction.

激进建构主义，温特一派则可称为主流建构主义；另外两派一是以约翰·拉格为代表的现代性建构主义，既反对“彻底”的后现代主义，也反对向主流理论的过分妥协，无意构筑一个完整学说体系，而在一些具体的理论领域如国际权威、国际制度化、国际合法性、时间性与空间性对国际政治研究的意义等方面颇有建树；最后一派是女权主义建构主义，它与以上三派均有联系，但更多地偏向激进建构主义，它认为国际政治本质很大程度上是由性别化的男性统治、社会态度及其互动关系而建构而成的。但总的看来，建构主义主要分激进建构主义和主流建构主义两支。

6. 主流建构主义的四个研究领域

主流建构主义主要研究元理论、国家利益理论、国际体系理论（包括国际体系转换理论）以及国际和平理论。建构主义元理论是指本体论、认识论和方法论，是统帅和指导具体国际政治分析的立场、原则和方法。这“三论”中建构主义最引以为豪的是所谓“本体论革命”，即认为国际关系体系不全是新现实主义或新自由主义所主张的物质本体，而具有观念本体或社会本体的重要内容，这在国际关系理论研究中是一项革命性的论点。在认识论中，主流建构主义在强调社会事项的主体间性和非因果性的同时，开始承认社会事项也有客观实在性和规律性，这为科学研究与实证分析留下空间，是向主流理论的一大妥协。在方法论上主流建构主义极力调和方法论个体主义和方法论整体主义、人文主义与科学主义，以求得主流理论的承认和自身理论的完善。

建构主义的国家利益论认为，国家利益不是由权力界定的，而是由认同或身份界定的，受到社会化和国际规范的巨大影响。

在许多情况下，国家利益常常是国家从国际社会中学习的结果。国家利益不仅包含着安全利益、政治利益、经济利益，还包含着精神利益，国家自尊应该成为国家利益的一个重要组成部分。自利只是国家利益的一种，是在集体认同缺位的情况下的利益表象，而在集体认同在场的情况下，利他主义就会更多地决定国家利益的特征与内容，在社会互动频数急增和相互依存日益发展的时代，集体认同和集体利益生成的可能性增大，国家利益中的价值理性越来越凸显。

建构主义的国际体系理论认为，国际体系既是物质结构，又是文化结构，但是后者更具决定性。不同的文化结构构成不同的国际体系，国际体系存在着三种主要模式，即以“人人为战、弱肉强食”为主要内容的霍布斯式国际体系、以主权制度相互尊重和武力手段有限性原则为主要内容的洛克式国际体系，以及不以武力为解决彼此间争端手段、奉行集体安全的康德式国际体系。建构主义认为，体系是可以转换的，相应依存、共同命运、同质化以及自我克制等四个因素是目前国际体系转换的关键性变量，其中前三者是有效因素，后者是使动因素，使动因素参与的可能性及力度越大，有效因素就越能发挥作用，体系转换的可能性就越大。

建构主义的国际和平理论主张，最好的和平不是来自强权或霸权下的强制约束，也不是源于根据收益/成本计算而来的社会契约规范，而是来自各主体间的互信和集体认同。它认为，国际社会中，国家间互动最终能够形成一系列的多元安全共同体，这些国际共同体可以对“安全困境”和安全政治产生巨大的影响，在共同体内各成员国培育出和平的性情，形成一种浓厚的共同体感，产生出不以战争手段解决彼此间争端的强烈互信，从而不但造就了一种国际秩序，而且能够缔建一种有关和平变迁的稳固预期。

（二）建构主义的理论贡献与学界批评

1. 理论贡献

首先，建构主义推动了国际政治社会学研究的深入、系统发展。长期以来，主流国关理论较为重视物质力量，特别是军事力量和经济力量或称综合国力对比对于国际关系的绝对意义，而把文化、规范或意识形态结构等这些“社会化”的因素置于从属、被支配的地位。20 世纪 50—70 年代，高尔图、博尔丁等为代表的战后北欧学派、以雷蒙·阿隆为代表的法国学派、以赫德利·布尔和马丁·怀特为代表的英国学派均以社会学方法研究国际政治，取得了很大的成就。但就整体而言，在建构主义发端之前，国际政治社会学研究一直处于初始和不系统阶段。[①] 相比之下，建构主义更具全面性、系统性和学科意识，它从认识论，方法论，上升到本体论，涉及无政府状态、实践、国家、身份、利益、权力、主权、制度等几乎所有的基本概念，企图以社会学最新工具，达到一种国际政治社会学研究的新的理论综合。

其次，重新确立了实践理性对国关理论研究的应有地位。在国际关系理论界，新现实主义和新自由主义，先后于 20 世纪 70 年代末和 80 年代中期逐渐成为国关理论的主要流派，两者均

---

① 关于专门探讨国际政治社会学学科建设的论文，可见郭树勇：《国际政治社会学初探》，《世界经济与政治》，2001 年第 11 期，第 10—15 页。刘仲民博士也曾从另外的角度讨论过国际政治社会学的学科建设。

受自然主义影响甚深，奉行理性主义（与工具理性密切联系的理性主义）和实证主义。20 世纪 80 年代以来，国关学界的“反思学派”，企图以社会批判精神和高扬“实践理性”为口号，要求学界重新重视国际关系的社会历史性、人文性以及反思性，适当地摆脱实证主义和理论理性对于国际关系研究的统治。建构主义的努力，已经促使国外学界重新严肃地考虑实践对于国际关系的本体意义和方法论意义。

第三，为国际关系理论的多元发展和未来的可能综合准备了基础。一方面，建构主义从社会学和社会哲学等学科中借鉴并改造了大量词汇，如构成性、话语、谱系学、解构、社会化、制度化、合法性、主体间性、实践理性等等，这些概念丰富了国际关系学的视角。另一方面，以权力、利益和认同三个核心加以综合或互补的合作意识日益凸显出来。“理性主义和建构主义是能够在一些关键点上互为补充的理论取向”（基欧汉语）。新现实主义、新自由主义与建构主义各有所长，前者长于权力分析，中者善于制度研究，后者则以文化透视见著，共同成为国关理论界的“三驾马车”。

2. 学界批评

建构主义备受指责的地方有以下三点：

首先是实证研究不足的问题。建构主义早年经历了反实主义运动，对定量研究及历史个案考察做得不够。为改变这种不利状况，1996 年芬那莫尔出版了《国际社会中的国家利益》，1998 年奥德勒等人出版了《安全共同体》，两者均选取了许多历史与现实中的个案（绿色和平组织、联合国、世界银行等国际组织行为以及当前的欧美、美以、南美、东南亚等 8 个安全共同体）来说明社会化对于利益的影响和安全共同体的可能性，为主流建构主义的实证研究开辟了道路。但是，建构主义的本体论立场决定了它的主要优长在于国际关系的构成性和主体间性研究，而不是在观念、认同与行为之间找出因果关系。

其次，建构主义对方法论个体主义重视不够。以温特为代表的建构主义，用社会学方法对国际政治进行重读，原本是为了纠正新现实主义与新自由主义从理性主义出发对方法论个体主义的过分依靠，试图建立哲学方法论上的“中庸之道”。但在具体的理论建设与实践中，主流建构主义在大多数情况下未能守住这种平衡的标准，矫枉过正，基本上倒向了结构主义和方法论整体主义，一定程度上背离对结构化理论的遵循，最终成为一种结构主义理论。“结果是，建构主义虽然在论述行为与认同的客观基础方面颇为擅长，但微观层面却十分薄弱可见，它未能系统地探究规范如何与施动者相联系。”①

第三，建构主义对国内政治实践的认同研究和利益研究关注不够。从一定意义上讲，（主流）建构主义作为一种研究身份（认同）政治的社会学理论，基本忽略了对国内政治社会实践的指涉。温特明确指出国家认同有四种类型，即实体认同、类型认同、角色认同与集体认同，但认定国际政治中应主要研究角色认同与集体认同，理由是它们关系到国家在国际社会中社会化、制度化，以及国家间互动作用和互相承认的问题，而实体认同与类型认同主要涉及国内政治的社会运动与政治体制的选择，属国内政治学的范畴，不会影响到国际政治中的国家行为与国际体系性质。这显然是有疑问的，非但实体认同与类型认

---

① Jeffrey T. Checkel, “The Constructivist Turn in International Relations Theory,” *World Politics*, January 1998, p. 342.

同，任何国家认同都有着国内互动的含义，一个完整的认同研究离不开国际互动、国内互动的综合考虑。

（三）《国际政治的社会理论》发表以来的建构主义研究

温特的《国际政治的社会理论》发表以来，建构主义研究大致上形成了多路进军的态势，主要有内涵式发展和外延式发展两个路向。

1. 建构主义的内涵式发展

所谓内涵式发展，就建构主义而言，指理论为了达到成熟与系统的水平，不断地丰富自身内涵，向认识论、方法论、本体论、价值论、目的论全面发展，完善解释、说明、预测的理论功能，形成一种标准的社会科学理论。内涵式发展实际上是一种“借他山之石，完善自身”的学术取向。国内外学者研究建构主义的主要精力多居于此。代表性的研究有以下三个方面：

首先，建构主义的世界目的论研究。温特于2003年撰写了一篇理论长文，命名为《世界国家的出现是历史的必然》。该文认为：长期以来，学界忽视了一种非科学主义的、目的论的说明方法。随着自我组织理论的最近复兴，这种研究方法有必要加以重视。根据这种目的论方法，一个对有组织暴力具有全球性合法垄断权的世界国家必将形成。因为，从微观性动态角度来看，无数个体与族群要求自我承认的斗争形成了推动世界国家形成的强大动力；从宏观性边界条件角度来看，无政府逻辑的作用下的军事技术与战争形态发展越来越具有毁灭性，这种毁灭性发展趋势为上述要求自我承认的斗争提供了传播条件，促进了世界性的集体认同，并最终造就了世界国家。世界国家的形成是一种较长的历史进程，大概要经过国际体系、国际社会、世界社会、集体安全、世界国家等五个阶段的进化，历时近200年之久。[①] 温特的上述世界国家论，进一步表明了主流建构主义向主流靠拢的立场：其一坚持运用结构主义的方法，综合运用宏观结构与微观结构的动力因素与外在条件，其二运用说明的方法，对未来世界政治发展的结局与时限提出预测，其三提出了明确的政策建议，倡导一种多边主义的美国大战略。温特的上述研究表明，主流建构主义向科学主义靠拢的意志更加坚定了。

其次，德国学派的言语行为与社会沟通理论。20世纪80年代末，奥那夫曾借鉴过后期维特根斯坦的“语言哲学”和塞尔的“言语行为”理论。德国学派继承了奥那夫的研究成果，并将哈贝马斯的“交往理性”理论加以应用。该流派认为，语言不仅表述了世界，而且通过多方面促成行为而创造了世界，语言不是人们研究世界的中立性手段，它本身就是行动。社会行动中存在着三种逻辑，即后果的逻辑、相宜的逻辑、以及辩论的逻辑，前者强调个体利益的不变性，个体追求利益的最大化，中者强调利益与具体情势相结合，强调规范对于利益的可塑性，后者则认为交往互动中个体利益可以改变并进而达到一种理性共识。总之，世界上具有沟通理性的行为体能够通过言语行为建构起社会规则与社会共识（见表1）。[②]

---

① Alexander Wendt, “Why A World State Is Inevitable: Teleology And The Logic Of Anarchy”, University of Chicargo, May 2003, ABSTRACT, Manuscript, p. iii.

② Brian Frederking, Constructing Post-Cold War Collective Security, *American Political Science Review*, August 2003, pp. 363 – 367; Thomas Risse, “Let's Argue: Communicative Action in World Politics”, *International Organization*, Winter 2000, pp. 1 – 39.

表 1　德国学派的国际关系语言学研究

方法	个案选择	研究者	研究成果
辩论理性	辩论在东西方关于德国统一的谈判中的作用	托马斯·里斯	《让我们辩论吧——世界政治中的沟通行动》
对话分析	科索沃与伊拉克战争中大国否决权的争论	布里安·弗雷德金	《建构冷战后的集体安全》（建构惩罚反人权、恐怖主义、大规范杀伤性武器扩散诸规则）
对话分析	种族辩论对于殖民主义的挑战	内塔·格劳福特	《辩论与世界政治变革：种族、非殖民化和人道主义干涉》
现象学	从文本分析中揭示影响苏联和俄罗斯外交的认同因素	特德·豪波夫	《国际政治的社会建构：认同与 1955 年和 1999 年的莫斯科外交政策》
叙事分析	“友谊关系”叙述策略在西欧安全共同体中的作用	贾尼丝·马特恩	《认同的权力政治》
对话分析	90 年代的伊拉克与联合国之间的社会互动	卡林·菲尔克	《实力逻辑与对话：伊拉克/安理会危机与社会互动》
话语实践	美国在菲律宾的反叛乱政策	罗克珊·多蒂	《外交政策是社会建构：对美国在菲律宾反叛乱政策的后实证主义分析》

第三，方法论个体主义与单位认同的内生化研究。这方面研究取得了一些成果，但还不够。见（表 2）①

① Yossi Shain and Aharon Barth, “Diasporas and International Relations Theory”, *International Organization*, summer 2003, pp. 449 – 479; Thomas Risse, “Let's Argue: Communicative Action in World Politics”, *International Organization*, Winter 2000, pp. 1 – 39; James D. Fearon, Domestic Political Audiences and the Escalation of International Disputes, *American Political Science Review*88 (3): pp. 577 – 592; Jutta Weldes, *Constructing National Interests: The United States and the Cuban Missile Crisis.* Minneapolis: University of Minnesota Press, 1999; 秦亚青：《世界政治的文化理论》，北京：《世界经济与政治》2003 年第 4 期，第 4—9 页。方长平：《国家利益建构的国内层次研究》，北京：《欧洲研究》2002 年 3 期，第 21—26 页。郭树勇：《建构主义与国际政治》，北京：长征出版社，第 284 页。

表2　方法论个体主义与单位认同（或利益）的内生化研究

研究对象、领域	研究取向	基本变量或因素
“居外族人”对母国认同的影响	个案研究，以色列的在美犹太集团	国家利益
行为个体的辩论与沟通对认同形成的影响	区别于理性战略谈判和社会制度主义，个案研究	辩论、慎研与说服
国内公共舆论对国家政策的影响	国内政治与国际政治的互动，个案研究	
危机管理与国家利益	国家利益形成中的偶然性因素，个案研究	
单位文化	理论假设	文化力
国家利益的国内层次	理论假设	政治文化、意识形态
国家利益的国内形成	理论假设	阶级斗争、利益集团

2. 建构主义的外延性发展

外延式发展，主要是指以建构主义理论成就为基础，向更深和更广的学术视野自然延伸，从而为建构主义向更高层次的范式理论发展提供学术支持。目前，这方面研究在中国比较突出。

首先，从建构主义到世界政治的文化理论。建构主义不完全等同于世界政治的文化理论，因为目前它的经验性研究成果主要集中在国际规范对国家身份和利益形成的功能性研究方面，还没有意识到要将世界政治文化范畴的内容进行统合性理论研究并使之理论化，成为世界政治的文化理论范式。要建立世界政治的文化理论，则需要超越建构主义。如何超越呢？不但要继续像目前的建构主义那样继续研究文化对国家或非国家行为体的身份、利益和行为的影响（文化的功能），而且还要深入研究另外两个方面，即文化的形成，以及文化形成的动力。建构主义只承认体系文化，不注意单位文化，我们有必要建立起一种连接宏观与微观的中观文化理论，同时，也很有必要把文化力研究作为世界政治的文化理论研究的核心内容。①

其次，从建构主义到国际政治社会学。如前文所述，建构主义推动了国际政治社会学（IPS）研究进入学科酝酿阶段。建构主义只是IPS中的一支，我们有必要以建构主义为基础，以实践唯物主义为指导，从历史社会学、世界体系理论、国际社会学派，甚至主流国关理论的某些社会学研究获取新的资源，建构系统的国际政治社会学。笔者认为，IPS的主要研究对象应该包括，国际政治生活的社会实践本体性、国际社会的起源与变迁、国际经济关系与国际社会的关系、国内社会与国际政治的关系、国际社会与国内政治的关系；国际政治中的社会化制度化、国际共同体及其权威、全球市民社会与国际治理，等等。研究IPS，关键要研究“国际政治文化”。文化与社会学相对，政治文化与政治社会学相对，国际政治文化与国际政治社会学相对。在社会学中，文化主要针对个人而言；在政治社会学中，政治文化主要针对民族而言；在国际政治社会学中，国际政治文化主要针对国际共同体或国际社会而言。国际政治文化主要指，国际社会发展到某一阶段所达到的、对国际关系、国际政治、国际秩序、国际道义、战争与和平、生存与发展、国际交往、国际权威与国际治理等一系关乎人类社会生存与发展的基本问题，所拥有的最低限度的共识。②

---

① 秦亚青：《世界政治的文化理论》，《世界经济与政治》2003年第4期，第4—9页。

② 郭树勇：《建构主义与国际政治》，北京：长征出版社，2001年版，第298—313页。

第三，从建构主义到三义合一。三义合一，或言建构主义的综合性发展，是指学界近年来试图推动建构主义与现实主义、自由主义一体化、交叉化进而造就巨型理论的学术努力。随着国际政治经济文化相互依赖的深度发展，以及国际社会的多元发展，学界过去那种各自为是、彼此取代、话语霸权的理念基础日益薄弱，人们企图把以权力为核心概念的理论（现实主义）、着眼成本收益的理论（自由主义）以及以文化作为基本范畴的理论（建构主义）综合成一个集大成的理论。“要想对现实做出全面的解释，就必须进行新思维，方式之一就是运用多元的视角与综合的理论观点。之所以需要如此，一个重要原因就是作为理论说明对象的国际体系和国际关系行为体的行为都具有多元和复合的属性。”①。

（四）建构主义在中国的前途

1. 建构主义内化为中国主流理论

主流理论是指学界在某一个时期用来解释、说明、预测国际关系发展的主要理论工具，它可以是一个，也可以是多个，目前美国国关学界的主流理论是新现实主义与新自由制度主义。建构主义研究在不长的时间内迅速占据中国大学、研究所、杂志社话语阵地，“截止到 2003 年 2 月，据不完全统计，共出版学术著作 7 部，其中译著 3 部，专著 2 部，包含建构主义内容的西方理论概论性著作 2 部；在主要刊物上公开发表的相关论文共 42 篇，其中译文 4 篇，理论研究文章 28 篇，案例研究文

① 李少军：《国际关系理论与现实》，《世界经济与政治》2004 年第 2 期，第 21—22 页。

章10篇。”[①] 值得一提的是，这些成果涉及社科院、外交部、国防部以及高教学府等几乎所有研究机构与大学，发表阵地遍及各主要国际关系理论杂志，而且在政策建议里已明确地涉及对日新思维、伙伴战略、和平崛起等战略议题。单就论文发表一项，可能是美国近10年同项数量的总和。我们从上述关于近年建构主义研究的不完全统计结果，就可以管窥中国学术界之“建构主义革命”声势。

美国的边缘理论到中国后一跃成为主流，看似一种戏剧化的革命性发展，实则符合学术与思想的传播规律。从世界宗教史上看，佛教虽然起源于印度，但未盛行于印度，反而在富有儒道传统的中华大地上大行其道；从政治思想史上看，马克思主义的发源地是德意志民族，但世界大战没有在德国引发社会主义革命，反而成为以俄罗斯等东方社会的主流意识形态；从国际关系理论史看，国际关系理论之花木是英国栽培，结果却在美国。英国第一个在大学开设了国际关系学科，拥有了卡尔、巴特菲特德、曼宁等第一批最优秀的国际理论家，出版了《二十年危机》等第一批的国际关系经典著作。但是最终成为国际关系理论中心的不是英国，而是美国。理论发展中“A地开花，B地结果”的现象十分突出，虽然有诸种原因，但社会文化因素无疑是不可忽视的。建构主义在中国的命运不是偶然的，具有必然性，而构成其必然性的因素之一是中国具备发展建构主义的社会土壤。

2. 中国具备建构主义发展的社会土壤

中国社会有什么特点？我们认为，可以从中国社会的静态、

① 杨广：《建构主义国际关系研究在中国》，《欧洲研究》2003年第4期，第140页。

动态与个体组成三个方面来加以理解。首先，从中国社会的长时段看，中国本质上是一个文化为中轴的超大社会，换言之，主导中国社会秩序的不是制度，不是民族国家，而是文化。东学西渐和西学东渐之时，中外学者反观中国社会，都普遍认为中国与其说是一个国家，不如说是一个文明共同体。共同体下的人们彼此相联的根本，不是国家观念，而是人们的文化宗教信仰旧带。人们对国家的兴衰的忧患，远不及对于文化伦理支柱崩溃的忧患。中国人对待本社会的观点如此，对待世界的观点也是如此。从中国社会的动态观点来看，中国社会不仅处于历史上前所未有的关键的社会转型期，而且还要全面地融入世界和国际社会，积极应对全球化的各种战略机遇与文化压力。社会转型过程中出现了种种问题，表面上牵涉政治改革、经济秩序和制度建设之大义，实际上离不开社会环境，核心是要建立一种什么样的法治精神、政治文化和外交文化。也就是说，全球化、世界融入与社会转型三重背景下的中国外交，客观上需要一种政治社会学取向的国关理论。这种国内需求背景下，建构主义的东来可谓一拍即合。从中国社会的个体组成来看，中国人的交往观与世界观多是理想主义本位的，无论是对于战争、和平还是人际交往，都追求“仁”、“礼”、“慎”的境界，“礼之用，和为贵”，“己所不欲，勿施于人”，“修德来远”等等，总起来也就是讲道德至上主义，反对强权政治。上升到族际关系和国际关系上，就是“不治主义”以及朝贡国际体系。朝贡体系虽然有着现实主义的成分，但主要体现了理想主义的情怀。理想主义与建构主义在认识论、本体论与方法论上有着千丝万缕的联系。对道德观念与理性目标的推崇，往往是建构美好世界秩序的开始。中国社会上述几个方面的特点，从最深层处都与建构主义的旨趣无不密切相关，因此，建构主义风行中国并不为怪。

3. 建构主义对当代世界与中国问题具有较强的解释力

建构主义在中国的乐观前途，不仅因为中国具备了使建构主义上升为主流理论的社会土壤，还因为它能够在世界秩序、中国和平崛起以及台湾问题方面有着较强的解释力。就国际政治而言，伊拉克战争、朝鲜核危机、美日同盟、美欧关系、国际反恐、民族分裂主义等，实际上都从一个侧面反映了各国之间的意识形态、文化和观念体系的冲突与合作。离开了社会学视角，就不可能对之进行全面深入的把握。[①]

比如世界秩序问题。华尔兹、基辛格等现实主义学者把世界秩序视为大国间的权力分配，基欧汉认为不能仅仅应该结合国际关系中的制度因素和非权力因素研究世界秩序。而建构主义和国际政治社会学认为应该进一步考虑大国认同体系对于世界秩序的意义。具体到目前的世界秩序，美国政府企图从反恐宣传和一系列的国际社会反对恐怖主义活动，来强调和统一大国之间在反恐问题上的立场和观念，力图把反恐塑造成一种新型的意识形态，正如19世纪初的“反革命”和20世纪初的“反苏”一样，努力把“反恐”作为21世纪初世界秩序的认同基础。（见表3）。

---

① 建构主义对于重大问题的解读，关于朝鲜核危机，可见李少军：《国际关系理论与现实》，《世界经济与政治》2004年第2期，第24页；关于伊拉克战争，可参见李少军前引文，第25页，以及郭树勇《战争合法性与美国军国主义》，《博览群书》2003年第4期；关于美日同盟，参见黄刚：《冷战后美日同盟：建构主义的解释》，《国际观察》2002年第1期；关于地区安全，参见陈东晓《浅议建构主义对东亚安全前景的再认识》，《国际观察》2000年第4期，第30—34页；关于国际恐怖主义与文明冲突问题，可见田文林、林海红《伊斯兰与西方的冲突：一个自我实现的文化预言》，《世界经济与政治》2002年第1期，第32—35页。

表3　建构主义眼中的世界秩序

（与现实主义、自由制度主义相比较）

时期	世界秩序之大国认同维度	世界秩序之制度安排维度	世界秩序之权力分配维度
19世纪初	反革命（反对法国大革命及其外交新原则）	维也纳体系（《维也纳最后议定书》和大国协调制度）	英国霸权主导下的多极国际体系
20世纪初	反苏（反对苏俄共产主义政体及其国际关系准则）	凡尔赛—华盛顿体系（《国联盟约》、《九国公约》）	英美霸权转换时期的多极国际体系
21世纪初	反恐（反对各种形式的国际恐怖主义）	正在形成之中	美国霸权主导下的多极国际体系
说明	19、20世纪的世界秩序反动的，21世纪的大国认同体系基本形成	大国间认同尚未完全制度化，故从制度角度讲，世界秩序仍在建构之中	从权力维度上看，21世纪初的世界秩序已形成，也就是"一超多强"

又如中国和平崛起问题。就理论而言，和平崛起实际上就是探讨霸权国与新兴大国如何和平地实现权力转换的问题，不过在中国语境里增加了时代、国情结构与战略文化诸因素而已。按照现实主义理论，新兴大国与霸权国之间几乎必然会爆发战争，无论是卡尔还是奥甘斯基，都认为和平转换在现有的条件下没有可能。卡尔认为，"只要国家坚持充当自己道路上的仲裁者，就不存在和平变迁的国际程序"，奥甘斯基也认为未来由中

国参与的权力转换的前景危机四伏。而吉尔平则认为霸权战争仍是国际体系转换的基本机制，“在一个共同价值观和共同利益缺位的情况下，和平变迁的机制成功的机会微乎其微”，真正从理论上解决和平转换难题的努力，发端于多伊奇和哈斯等自由主义者，光大于建构主义理论家，前者强调共同体感对于和平转换的作用，后者从社会学习、社会互动变量入手，强调共同命运、文化同质化和集体认同对于和平转换的意义，实际上都是从社会学视角研究和平转换问题。[①] 因此，西方学者在近年和平转换研究中，越来越多地关注建构主义的观点，企图将认知、认同观念等国际政治社会学研究应用到权力分析和制度分析中去，重点设计了和平转换的几个变量，即大国间要进行权力战略克制，要树立温厚良好的国际性格，要融入多边主义的机制之中，要开展有效与多渠道的对话与沟通。[②] 这些变量多数要应用到中国和平崛起的分析中去。中国的崛起过程，就是中国与国际社会的互动过程，这种互动既可以形成安全困境，也可以形成安全共同体，[③] 中国和平崛起之途就是安全共同体之途，亦即化解大国间威胁，共筑互信与共识的道路。

再如台湾问题。以前我们习惯于从权力的角度研究台湾问题。不可否认，中国迟迟未能解决台湾问题，一个基本的判断是，美国对于中国威胁的防范以及相应的预防性遏制的外交战

---

① 此处关于和平转换的论述，参见前引书《建构主义与国际政治》，第 187 –188 页。

② Charles A. Kupchan, “After Pax Americana”, *International Security*, Fall, 1998, pp. 40 – 79; G. John Ikerberry and Charles A. Kupchan, “Socialization and Hegemonic Power,” *International Organization*, Summer 1990, pp. 283 – 315; G. John Ikerberry, “Institutions, Strategic Restraint, and the Persistence of American Postwar Order”, *International Security*, Winter, 1998/99, pp. 43 – 78.

③ 袁正清：《从安全困境到安全共同体：建构主义的解析》，《欧洲研究》2003 年第 4 期，第 50 页。

略起了决定性的作用。因此，长期以来，台湾问题的主要矛盾是大陆要求解放台湾实现完全的主权独立与霸权主义国家（美蒋结合的形式）反对大陆武力统一的矛盾，是权力之争。这种权力之争既包括了国共两党对中国的统治权之争，也包含了美国反对统一实现崛起进而护持霸权的斗争。国民党统治台湾的绝大部分时间内，“一个中国”原则只有表述的不同，没有实质的分歧，也就是说中国认同没有发生根本性危机。然而，从李登辉时代到陈水扁时代，台湾主流认同体系发生了重大变化，2004 年台湾大选再一次表明，台湾问题的主要矛盾逐渐由权力之争向认同之争转变，中国政府反对台独与维护统一的斗争与台湾当局坚持台独分裂祖国的斗争，已经上升台湾问题的主要矛盾。以前的中美结构性权力冲突反而逐渐淡化，中国与美国在维持台湾海峡两岸现状方面达成了基本的共识。因此，对台军事斗争准备的同时，必须着力做好对台政治斗争准备，重点是要恢复和强化台湾民众的中国认同。

二、英国学派的国际政治社会学研究方法

（一）英国学派的基本研究方法

1. 研究方法中的层次性与英国学派的特点

研究国际关系，正如研究一切社会科学一样，大致有三个层次的方法。第一个层次就是哲学方法论（methodology），从这个层次上讲，研究国际关系主要是经济学方法论、社会学方法论之分，或者集体主义方法论、个体主义方法论之分；时下学界讨论较多的科学主义与人文主义之争，也是在这个层次上展

开的。第二个层次是方法、方式（approach），这个意义上的方法与学科紧密地联系在一起，如历史学方法、伦理学方法、未来学方法、法学方法、分类学方法，一些二级学科或交叉学科（理论），也常常被称为方法，如比较史学方法、历史地理学方法、政治经济学方法、国际政治经济学（IPE）方法，国际政治社会学（IPS）方法。第三个层次是比较微观意义上的方法（method），这种方法比较具体，类似统计、调查问卷等使用的方法。[①] 我们讲英国学派的基本方法论立场，主要针对第一种层次即哲学方法论，基本方法论立场是英国学派的规定性，一般不可能有根本上的改变，如果有根本的变化，也许就没有英国学派之说了，因此，那些否认该学派存在的观点，或者对于哪些学者是否应该划归学派成员的争论，都与学派是否存在一个基本稳定的哲学方法论有关。而我们讲研究方法的演变，主要是在其哲学方法论总体不变的框架内，以第二种层次的方法变化为主。

英国学派是当代国际关系理论研究中影响力仅次于美国学派的主要学派之一，其核心成员包括爱德华·卡尔（E. H. Carr）、曼宁（C. A. W. Manning）、赫伯特·巴特菲尔德（Herbert Butterfield）、马丁·怀特（Martin Wight）、赫德利·布尔（Hedley Bull）、约翰·文森特（John Vincent）以及亚当·威特森（Adam Watson），近年来亚当·罗伯茨（Adam Roberts）、艾伦·詹姆斯（Alan James）、安德鲁·林克莱特（Andrew Linklater）、巴里·布赞（Barry Buzan）、布赖恩·波特（Brian Por-

① 见笔者在2003年9月中国社会科学院举办的“国际关系研究方法研讨会”上的发言提纲。

ter)、克里斯·布朗（Chris Brown）、克里斯托弗·布鲁因（Christopher Brewin）、克莱尔·卡特勒（Claire A. Cutler）、科拉尔·贝尔（Coral Bell）、科妮莉亚·那瓦利（Cornelia Navari）、戴维·阿姆斯特朗（David Armstrong）、海德米·苏加那米（Hidemi Suganami）、艾弗·诺伊曼（Iver B. Neumann）、詹姆斯·代元（James Der Derian）、詹姆斯·梅奥尔（James Mayall）、珍妮弗·杰克逊·普里斯（Jennifer Jackson Preece）、迈克尔·唐兰（Michael Donelan）、穆尔黑德·赖特（Moorhead Wright）、尼古拉斯·伦格（Nicholas Rengger）、尼古拉斯·惠勒（Nicholas Wheeler）、奥利·维弗（Oli Waever）、保罗·基利（Paul Keal）、理查德·利特尔（Richard Little）、罗格尔·埃普（Roger Epp）、罗伯特·杰克逊（Robert Jackson）、塞缪尔·马金德（Samuel Makinda）、蒂姆·邓恩（Tim Dunne）、托尼·克努森（Tonny Brems Knudsen）、张勇津（Yongjin Zhang）也被认为是该学派的成员[①]。45年的英国学派发展史，呈现出该学派有三个显著特点：一是把以近现代欧洲为主要背景的国际体系与国际社会及其发展作为研究对象；二是该学派有固定的学术交流机制，几代学派领袖（委员会主席）具有明显的师承关系，比如巴特菲尔德是怀特、威特森的老师，怀特是布尔的老师，布尔又是文森特的老师；三是学派的方法论立场鲜明。

2. 英国学派的人文主义方法论

英国学派的基本方法论主要体现在两个方面。第一个方面指英国学派的人文主义（humanity）方法论，它与实证主义

---

① Barry Buzan："The English School：A Bibliography"，转引自徐雅丽：《英国学派的国际社会理论研究》，南京大学国际关系学院，第33页。

（positivism）相对。孔德、涂尔干、波普尔等学者主张采取自然科学的方法对具有因果联系的各种社会现象做出科学说明，“因为因果定律已在其他自然科学的领域里得到了证实，即其作用范围已逐渐由物理——化学世界扩大到生物学世界，进而由生物学世界扩大到心理学世界，所以我们有理由认为它用于社会学世界也同样是恰当的”①，这种方法论立场称为实证主义，与之相对立的就是由康德、维柯、维特根斯坦、韦伯等人初创而今为英国学派所继承的人文主义方法论。这种方法论承认社会历史领域存在着因果现象，但认定这些现象是偶然的、局部的和阶段性的，反对用自然科学的说明方法，主张历史主义、释义学的方法②。在国际关系理论研究领域，这种之争集中体现在20世纪50—70年代科学行为体主义与传统主义关于国际关系研究要不要自然科学方法的论战上。英国学派的诞生可以说是这场理论争鸣的结果。1959年，英国著名历史学家巴特菲尔德在美国学者肯尼斯·汤姆逊和洛克菲勒基金会的支持下，成立了英国国际政治研究委员会，简称英国委员会，坚持国际关系研究中的传统主义，抵制来势凶猛的行为主义革命。英国学派反对美国学者莫顿·卡普兰、卡尔·多伊奇和戴维·辛格的坚持实证主义。后者提倡以“科学行为主义新方法研究国际问题”，运用数学、计算机、系统论、心理学、统计学、控制论、博弈论等自然科学方法，以求比传统国关理论更加科学地预测和准确地反映“国际关系未来之发展”，出版了《计量国际政治学》、《国际关系分析》、《国际政治的系统与过程》等有影响的

① E. 迪尔凯姆（涂尔干）：《社会学方法的准则》，商务印书馆，1999年版，第152—153页。

② 《中国大百科全书》社会学卷，中国大百科全书出版社1991年版，第341页。

著作。[1] 英国学派对此坚持反对，认为国际政治不同于自然界，国际事件之间的联系不一定就是因果联系，在很多情况下国际关系只能阐明（interpret）不能说明（explain），只能描述不能预测，应该紧紧把握传统历史研究、个案研究、规范研究和释义学的方法，不能放弃对国际问题研究中的历史学、哲学和法学视角。怀特在那篇著名的《为什么没有国际理论》的文章中，曾经大力颂扬历史哲学和历史方法在国际关系研究中的中心地位，“尽管公认的经典性政治研究是政治哲学家的著作，但是在国际关系研究中惟一得到认可的经典之作却是修昔底德的一部历史著作。国际政治的性质、对外交的优先关注，更多地是在历史著作中，而不是在政治理论或国际理论的著作中体现和表达出来的”即使二流的历史著作，“比起近来以新的方法论为基础的理论著作，它们更好地表达了外交政策的本质以及国际体系的运作”。[2] 国际理论是有关生存的理论，如果有什么国际理论的话，就只能是历史哲学了。

布尔赞同怀特与詹姆斯·布赖斯（James Bryce）的观点，认为在历史某种条件下是理解事实的最好的、事实上也是惟一的向导，并进而指出，任何国际政治环境都需要用时间来定位，历史研究是理论研究自身的主要伴侣，这不仅是因为历史是社会学家的实验室，是对一般论题进行证实或证伪所依靠的资料来源，而且因为理论本身就有历史。[3] 而卡普兰、谢林、多伊奇

---

① 倪世雄、金应忠：《当代美国国际关系理论流派文选》，学林出版社，1987 年版，第 259 页。

② 马丁·怀特：《为什么没有国际理论》，引自詹姆斯·代元：《国际关系理论批判》，秦治来译，浙江人民出版社，2003 年版，第 35、36、37 页。

③ 布尔：《1919—1969 年的国际政治理论》，引自詹姆斯·代元：《国际关系理论批判》，秦治来译，浙江人民出版社，2003 年版，第 198、199 页。

等人科学行为主义理论家的许多研究实际上是一种倒退，"如果人们试图把国际关系研究限定在严格的科学范围内，那么从它需要逻辑或哲学的论证或者严格的经验程序的检验这一方面来看，这种努力是有害的。我也认为，卡普兰所谓关于古典与科学方法之间的'新的伟大争论'进行的时间够长了。人们关注方法论问题而不是实质问题，这种做法是不好的研究迹象。"[①] 从英国学派几代学者的代表作品来看，以历史学为主的人文主义方法论一直居于主导地位，从卡尔的《二十年危机：1919—1939》，到巴特菲尔德的《以辉格党的观点对历史的诠释》和《历史与国际关系》，从怀特的《权力政治》、《国家体系》，到布尔的《国际社会的扩展》，从威特森的《国际社会的演变：一种比较历史分析》，到文森特的《不干涉与国际秩序》，从布赞与利特尔的《世界历史中的国际体系：对国际关系的重新研究》，到张勇津的《1949年以来国际社会中的中国：疏离及其超越》等，都贯穿了这条历史方法主线。

3. 英国学派的整体主义或社会学方法论

英国学派基本方法论的另一个方面就是它的方法论整体主义（methodological holism），即社会学方法。它与方法论个体主义相对。这两种方法论之争，有时也被称为方法论个人主义和方法论集体主义之争，或经济学方法与社会学方法之争。[②] 所谓

---

① 布尔：《1919—1969年的国际政治理论》，引自詹姆斯·代元：《国际关系理论批判》，秦治来译，浙江人民出版社，2003年版，第219、220、221页。

② 从词源学看，整体主义（holism）最早由J. C. 史穆茨在1926年出版的《整体主义与进化》一书中使用，后来被波普尔、菲立普和苏珊·詹姆士等人加以沿用，并上升到一种哲学和社会学方法。在史穆茨之前，韦伯和涂尔干都对整体主义作过精辟的评价，但都用了"集体"一词来表达"整体"的意思，故学界也常常将整体主义称为集体主义，且在社会心理学和政治学中尤甚。

方法论个体主义（methodological individualism），简单地讲，就是主张将个体作为分析社会现象的出发点，所有对社会现象包括集体行为的判断分析都可化约为对个体性质的描述，所谓的集体、共同体或社会体系等等集体形式都是不真实的。它最著名的代表人物是马克斯·韦伯、冯·哈耶克和波普尔。与方法论个体主义相对的则是方法论整体主义，其代表人物有孟德斯鸠、卢梭、马克思、涂尔干等学者，它强调社会现实同个体一样都是真实的，自我本质是一种社会结构，对社会生活“研究方法的要点是，从社会的观点出发，至少是从认为沟通是社会秩序的必要组成部分的观点出发，来研究论述经验”。[①] 在国际关系理论界，新现实主义与新自由主义基本上均奉行方法论个体主义。华尔兹虽然承认结构对于个体行为体的影响，但把国际格局等同于几个大国的军事能力的对比，实际上把结构看成可以还原成个体行为的东西，故“国际政治体系正如经济市场一样，本源上是个体主义的”[②]。新自由主义用博弈论、企业理论和交易成本理论等微观经济学方法，研究制度条件下个体行为的理性选择。英国学派与美国学派中的建构主义则采取了整体主义方法论，它从外在于个体（国家）的国际社会因素入手，强调超越于国家之上的共同体及其规范、价值观念和国际制度乃至全球文化对于国际体系的整合作用和维系功能；它们不再关注大国关系、国家利益、政府外交之类的微观层次分析，而是从宏观历史的角度，考察“由一群意识到一定共同利益和共

① 乔治·H. 米德：《心灵、自我与社会》，华夏出版社，1999年版，第1页。
② Kenneth Waltz, *Theory of International Politics*, McGraw-Hill, 1979, p. 91.

同价值观念的国家组成的社会”,[①] 以及这个社会的起源、变更、扩展和维系的条件。

英国学派的整体主义方法论或社会学方法论也同历史学方法一样，一直主导着其对国际社会及外交实践的研究。怀特从他的国家体系概念出发就提出过“国家体系社会学”的建议，因为他所谓的三种国家体系实际上是三种文化共同体，体系内成员之间若非存在一种文化统一性，这三种体系就无从成立，这种文化共同体包括共同的道德、共同的准则及其在此基础上形成的一系列战争规则、人质扣押规则、外交豁免规则以及外交避难规则等等。[②] 布尔则论证了国际关系的社会性，提出了完整的无政府状态下的国际社会理论。布尔与威特森对国际社会扩展史的研究预定了一个前提，国际关系中的主权国家之间存在着一种社会化的可能。文森特在《人权与国际关系》中，批判了文化相对主义与文化人类学关于人权研究的错误方法，强调了各种文化形态下所具有的最低限度的共同人权观念，论证了全球社会与全球文化的可能性、必要性和现实性，提出了“人权研究的社会学途径”。[③] 因此也不难得出结论，对国际社会、全球社会与世界社会的任何研究，不可能离开整体主义方法论。

人文主义方法论和社会学方法体现了英国学派的两大基本方法论立场，这主要是从哲学方法论角度讲的。从方法的第二层次看，有些方法也为学派主要成员所共同拥有，比如分类学

① Hedley Bull, *The Anarchical Society: A Study of Order in World Politics*, Columbia University Press, 1977, p. 13.

② Martin Wight, *Systems of States*, Leicester University Press, 1977, pp. 33 – 34.

③ R. V. Vincent, *Human Rights and Interventional Relations*, Cambridge University Press, 1986, p. 37 – 56, p. 47.

方法（taxonomy）、比较方法、归纳法等。以分类学方法为例。怀特对这种方法驾轻就熟，极为推崇，有“人文研究中分类法十分管用”的说法。[①] 他对三种传统范式的分类，对三种国家体系的分类，均堪称范例，这种方法都可以从学派后人布尔对于社会与正义的分类、文森特关于人权文化观的分类中清晰可见。

英国学派的研究方法有其稳定性，又表现出一定的发展性。由于学派成员的学术背景与个人经历不同，所处的理论发展时代不同，研究对象与侧重点不同，也在研究方法上有一些差异。下面，我们选择几位有代表性的作者加以研究。

（二）从巴特菲尔德到怀特：从历史神学方法向比较史学方法的转变

1. 巴特菲尔德的神学方法

巴特菲尔德是英国学派的精神领袖，他与卡尔和曼宁都是英国学派的先驱人物，虽然在具体的国际政治问题上没有系统的研究，但他的影响是启发式的和开创性的。他通过对怀特的影响而影响了整个英国学派。巴特菲尔德学术的关注点是历史哲学与神学，或称之为历史神学。他曾以研究基督教历史而出名，著有《基督教与历史》、《欧洲历史上的基督教》等，同时在拿破仑研究和英国政治史方面也有美名。二战结束后，他将主要精力放在国际关系与外交研究上，但其主要切入点和研究方法还是神学和历史方法。他于1949年出版的《基督教与历史》，1953年出版的《基督教、外交与战争》和1960年出版的

---

① Iver B. Neumann, Ole Waever (ed.), *The Future of International Relations: Masters in the Making*? London and New York: Routledge, 1997, p. 54.

《20世纪的国际冲突：基督教徒的观点》在国际关系学界产生了很大的影响。也就是说，巴特菲尔德是从神学而进入外交史或国际政治史的，在这一点上，他与尼布尔非常相似。比如，他在《基督教与历史》中指出，二战中德国的失败是上帝对德国人民所犯罪行的惩罚。但从更大的范围看，全世界人民都犯有一定程度的类似德国人民的军国主义罪行，因此，上帝应该审判所有人类包括现存的秩序以及西方文明。[①]

巴特菲尔德是一位兼政治家的实践型学者，他从神学观点出发，对外交政策提出了很多建议。在巴特菲尔德看来，上帝的旨意不但可以处理好人际关系，也可以处理好国际关系，故应该把圣经的智慧应用到外交领域。基督教对于国际关系的意义主要不在于采取什么样的现实政策，而在于提供一种有利于人们施展才能的观念环境或文明精神。通过基督教的教义，学者们能够认识到人类中存在着原罪。人性中固有的原罪即人的邪恶，促使个体间相互疑惧，同一房子里的两个枪手虽然均愿意将手枪抛出窗外，但天生的彼此间的恐惧使他们做不到这一点，“由于他人无法透视你的心灵，因而他不可能对你的意图就如同你自己对自己的意图那样感到放心”，从而产生了无政府状态下的“安全两难”。[②] 国际政治中最棘手的问题不是有穷凶极恶的坏人存在，而是不计其数的人们拥有不大不小的贪欲。这些人总是希望通过国家的形式，实现他们作为个人无法在社会获得的欲望。他们向政府大量施加压力，从而给国家间的正常

---

① Herbert Butterfield, *Christianity and History*, London: G. Bell, 1949, p. 52.

② Herbert Butterfield, *History and Human Relations*, London: Collins, 1951, 转引自吴征宇:《无政府状态的逻辑》, 2003年12月上海“当代国际关系理论与中国外交学术研讨会论文集”, 第16页。

关系发展带来困难。基督教的责任在于，对那些为达到目标而追求过分使用武力的人们的主权意志加以压制，使其转而有意识地服从上帝的旨意即天命。联系到20世纪50年代的冷战，巴特菲尔德认为，战争与和平最紧迫的问题是安全权力两难，这两难引发的国际冲突根本上是一个实践道德困境问题，走出这个困境就需要某个大国从人类前途出发做出牺牲，实现大国间的缓和与共存。这其实也是一种实践道德与欲望平衡问题。巴特菲尔德为此专门给美国政治领导人与精神领袖们写信，呼吁美国人民不要对苏联威胁过分焦虑，不必为热核战争过分担心，要采取战略审慎。[①] 巴特菲尔德的外交研究确为神学方法的娴熟运用。

巴特菲尔德试图通过成立英国国际政治学会来完成他的理想。他希望发动英国史学精英的力量，精心研究国际关系，“阐明寻些贯穿于国际社会历史并一直维系国际社会于不坠的谨慎原则和道义原则”，[②] 同时为外交政策提供一些有益的经验和制度规范。英国学派另一位代表人物威特森回忆说，“赫伯特—巴特菲尔德为该委员会带来了最具原创性的思想。特别是，他的兴趣在于对管理和调整国家间关系的经验进行精细的积累，以此来制定国际社会运作的正式规则和制度。阿尔伯特—科尔在他有关巴特菲尔德的书中将这些规则、制度称之为国家的治国方略。”威特森认为，巴特菲尔德的这种思想是非常正确的，“谨慎原则、责任感以及其他对国际社会进行管理的无形之物都

---

① Kenneth W. Thompson, *Masters of International Thought: Major Twentieth-Century Theorists and the World Crisis*, Louisiana State University Press, 1980, pp. 15－16.

② Herbert Butterfield and Martin Wight (eds.), *Diplomatic Investigations: Essays in the Theory of International Relations*, London: George Allen 7 Unwin, 1966, p. 13.

是共同文化环境的产物，或者是在社会的日渐扩展中统治地位的文化的产物。‘将国际社会统一起来’以应付变化，并为适应各种规则制度提供逐步具有合法性的庇护，这一过程大部分是由成员国的实践来决定的”。[①] 从怀特以及其他英国学派成员后来的理论努力来看，巴特菲尔德的上述号召得到了普遍的响应。

2. 巴特菲尔德神学方法对怀特的影响

怀特是巴特菲尔德的学生和助手，是英国国际政治学会主席巴特菲尔德的继任者。巴特菲尔德的史学方法和神学方法对怀特的影响很大。巴特菲尔德的史学是一种技术史学（或描述史学）与天命史学的混合体，后者其实也就是他的神学思想方法。怀特作为巴特菲尔德的亲密助手和学生，他在哲学方法论和外交研究取向上都与老师有很大相似性。两个人都重视从文化的视角研究国际体系。

按照汤普森的说法，“怀特的思想里还有宗教的成分。他是一个正统的基督教徒，笃信英国国教，他强烈地受到赫伯特·巴特菲尔德和莱因霍尔德·尼布尔的影响。”[②] 怀特在其一生的主要著作里都或多或少地从神学的角度来看待国际关系。不过总体上是少年时期多一些，老年时期少一些，少年时期较悲观一些，老年时期有了更多的期望。比如，从神学方法出发，怀特在二战爆发之前撰写了《基督教和平主义》，1948 年在冷战开始后不久又发表了《教会、俄国与西方》，而在 1966 年他与巴特菲尔德共同主编的《外交探索》那本论文集里也不时借用

---

① 詹姆斯·代元：《国际关系理论批判》，秦治来译，浙江人民出版社，2003 年，《国际关系理论批判》，序言，第 29—30 页。

② Kenneth W. Thompson, *Masters of International Thought: Major Twentieth-Century Theorists and the World Crisis*, Louisiana State University Press, 1980, p. 54.

神学的语言。怀特同绝大多数英国学派的学者一样，竭力反对建立一种所谓的一般意义的国际政治理论。怀特实际上运用史学和神学的方法间接地反对类似进步主义的普遍国际理论。他认为，康德的普遍主义和进步主义学说代表了一种普遍的国际理论，但这种理论的最终归宿可能不得不求助于上帝，怀特以其对神学特别是康德神学思想的深刻把握，对普遍的国际理论表示不以为然。“在上面，我引用了康德的分析来说明，所有的国际理论似乎在经过一定的积累之后，都滑向了神义学”。怀特并没有绝对地断言国际政治理论的神学归宿，他从格劳秀斯那里还看出了人类前途的另一种选择，不过这种选择能否成功他还是没有把握，因为德·迈斯特尔（De Maistre）关于暴力毁灭人类的“神秘而可怕的法则”的观念似乎更加真实。[1] 当然，怀特与其良师益友巴特菲尔德在运用神学方法研究国际关系上也各有所长，特别是早期怀特着迷于基督教和平主义之时，他似乎在某些问题的判定上并不逊色于他后来的老师。巴特菲尔德在冷战爆发后曾呼吁某一个超级大国应该为了和平采取实质性的步骤甚至冒险性行动，而早在10年代前怀特就曾做过类似的呼吁，他认为基督教和平主义要求一个大国为了世界的长远和平而做出安全上的牺牲。[2] 总之，怀特早年对和平主义的追求，中年对第三次世界大战不可避免的观念，晚年对西方文明与价值体系命运的判定，甚至对于国际关系一般理论的可能性的极度悲观，都无不体现了他的宗教情怀和神学方法。但是，

---

① 怀特：《为什么没有国际理论》，引自詹姆斯·代元：《国际关系理论批判》，秦治来译，浙江人民出版社，2003年版，第35、36、37页。

② Kenneth W. Thompson, *Masters of International Thought: Major Twentieth-Century Theorists and the World Crisis*, Louisiana State University Press, 1980, p. 46.

可喜可敬的是，怀特并没有沉浸在神学方法的笼罩之下，而是不断地减少神学对他的影响，在运用比较历史方法研究国际关系方面做出了杰出贡献。

如果说史学在巴特菲尔德只不过是人与上帝的对话，是神的意志在人不同发展阶段和群体的实现的话，在怀特那里则是不同民族在不同国家体系类型下的比较。如果说巴特菲尔德的史学在客观描述的过程中不时受到上帝的意志的侵扰的话，而怀特的史学则追求客观地比较真理在古今国际时段中的异同。巴特菲尔德史学对象主要是人，而怀特的史学对象则主要是国家体系下的国家。

3. 怀特的比较史学方法

怀特比较史学方法的前提是他的经典现实主义认识论。他相信国际政治历史不是进步的历史，而是基本政治事实不断重复的历史，正是因为这种重复性，怀特认为许多重大历史事件具有相同的特点，因此，历史比较方法不仅是可能的，也是必要的。历史比较不免牵强，却是人类经验的最好宣传。[1] 在怀特看来，冷战期间苏联与美国的斗争类似于 17 至 19 世纪欧洲历史上法国与哈布斯堡王朝的斗争，资本主义阵营与社会主义阵营的斗争类似于东罗马帝国与西罗马帝国之间东正教与天主教斗争，马克思主义只是《新约全书》中弥赛亚思想的一种最新翻版，纳粹主义的“超人”是《旧约全书》中“选民”的变种，17、18、19 世纪英国的“光荣孤立”政策类似于 19 世纪与 20 世纪初美国的孤立主义战略，1893 年法俄联盟对抗德奥意三国同盟类似于 1936 年德意轴心对抗国际联盟，诸如此类的历

① Martin Wight, *Systems of States*, Leicester University Press, 1977, p. 184.

史对比在怀特的《权力政治》和《国家体系》等著作中处处可见。

在《国家体系》一书中，怀特比较了人类历史上先后出现的三种国家体系形态，即公元前4世纪至公元2世纪的希腊—罗马国家体系，时间大致类似的中华春秋战国国家体系，以及起源于15世纪欧洲的现代国家体系或西方国家体系。怀特还区分了多种国家体系，比如国际国家体系与封建国家体系、主要国家体系与次要国家体系、封闭国家体系与开放国家体系。并在此基础上，以界定国家体系与非国家体系的界限，发现国家体系的本质与发展动力，探究普遍性政治组织的具体形式，以此达至对人类国际行动的较好解释。[①] 怀特专门研究了当时国际政治中出现的中美苏大三角关系。怀特也是从其国家体系的诸种概论出发，运用历史比较的方法来分析大三角的特征及其解决办法的。怀特分析中美苏大三角关系时，不厌其烦地列举了历史上的三角关系，如公元前3世纪到公元前2世纪初地中海地区出现的罗马、迦太基和马其顿三角关系，罗马三巨头之间的斗争关系，15世纪法国、哈布斯堡王朝与奥托曼帝国的关系，18世纪中期七年战争期间的普法俄关系，二战期间斯大林、罗斯福与丘吉尔的关系，等等。从众多的历史比较中，怀特总结出了结束大三角关系的四种历史经验，一是一个大国分别击败其他两个大国，最后出现一个世界帝国；二是两个大国合作击败另一个大国，由三极格局演变为两极格局；三是三个大国在无胜负之争中衰败下去，最后为体系外入侵大国灭亡；四是两

① Martin Wight, *Systems of States*, Leicester University Press, 1977, introduction, pp. 16 – 19.

大国联合无法击败第三国，三角关系周而复始地存在下去。如何运用这些历史比较而来的经验来指导对中美苏大三角关系的研究，怀特的头脑非常清醒，他指出“历史先例只能对当前的形势提供间接的参照”，要展望中美苏大三角的前途，“必须做出政治上的判断，根据看得见的资源去估计看得见的任务”，这种任务就是提供安全，确保法治、正义与繁荣。①

历史比较方法是英国学派多数成员的共用方法，不过在怀特那里运用得更加充分和娴熟罢了，这取决于他对历史知识的深入全面把握，取决于汤因比等英国史学大家对他的熏陶，也取决于怀特对于宗教与国际关系历史的认识观念。怀特强烈地反对国际关系的一般理论，强烈地反对社会科学在国际关系研究中的地位，强烈地反对人类社会中的进步主义，甚至不用国际体系、国际关系理论等词汇，怀特的方法论立场与他过分现实主义的认识论有着直接的关系。到了布尔，这种情况开始发生明显变化，并反映在研究方法的微妙变化上。

（三）从怀特到布尔：从哲学与历史学方法向伦理学方法的转变

与巴特菲尔德一样，怀特也是英国学派的主要奠定人之一，但两者的地位又有所不同。正如伏尔泰与卢梭同为法国大革命的思想启蒙者一样，伏尔泰是精神领袖，而卢梭则是革命的直接启蒙者。巴特菲尔德虽然踢开了英国学派的第一脚，但被称为“英国学派之父”的却是怀特。这主要因为怀特毕生的主要关注点是国际关系研究，而他提出的国际关系

① Martin Wight, *Systems of States*, Leicester University Press, 1977, pp. 191 – 192.

三大传统研究范式（即现实主义、理性主义与革命主义，又称为马基雅维利主义、格劳秀斯主义和康德主义）成为英国学派继往开来的理论起点，树起了一座堪与美国学派试比高低的理论高峰。

英国学派的基本方法论立场主要是巴特菲尔德——怀特确定的。他们主要从神学、史学，或称得更精确一点是历史哲学的角度研究国际关系，对于美国学派的自然主义科学方法论采取了回避或否定的态度，对于建立一个国际关系学科的努力不屑一顾，他们关心的只是从传统的现实主义认识论出发，通过历史比较等方法找出一些有益的历史经验来指导当下的外交实践，“从历史到外交”是他们的传统研究进路。

然而，英国学派要发展还必须在研究方法和角度有新的突破。在新的方法变迁中，曼宁、威特森和布尔等人均发挥了重要作用。为方便起见，我们把后者作为研究的重点。1961 年怀特邀请非英国国籍的学者澳大利亚学者布尔加入英国国际政治委员会。布尔的加盟成为英国学派发展史上的又一个里程碑。一方面，布尔深受怀特研究方法的影响，沿着怀特在《权力政治》、《国家体系》、《国际理论：三种传统》中提出的问题的研究方向前进，他的许多研究与怀特密切相联，学界常有“怀特—布尔方法”的说法，另一方面他又努力对他的老师有所超越，希望在英国学派在国际政治理论研究和学科建设方面有新的建树。就研究方法而言，布尔等人从以下几个方面对巴特菲尔德—怀特的研究传统进行了发展。

1. **哲学方法向社会科学方法的转向**

巴特菲尔德和怀特在英国学派的宣言性论文集《外交探索》序言中，明确了该学派的方法论立场，即“注重历史多于当代，规范多于科学，哲理多于方法，原则多于政策”。[1] 也就是说，哲学研究与历史研究是怀特一代英国学派领袖们所秉持的基本方法论立场。从这种立场出发，怀特在他著名的《为什么没有国际理论》文章中表明，国际政治与国内政治不一样，不可能建立起一种真正的一般性的国际政治理论，而只有一种国际关系的理论探索是可能的，这种探索就是阐明人类命运的学问，它可以勉强地称为历史哲学。[2] 怀特从历史哲学进入国际关系研究的最高成果就是提出了国际研究的三大传统范式。学界常常对怀特本人属于三大范式的哪一种而困惑不已，对于这三个范式的内在联系不甚清楚，对三大范式与历史现实的较大差距也多有疑问，同时又对三大范式的高度抽象而非常着迷。产生这种效果的主要原因是，怀特试图用并不精确的概念，用并不冗长的篇幅，而依靠三个范式的抽象分类和天才阐述来论及国际关系史包括战争、和平、外交、干涉、国际法、均势等所有重大问题，非但如此，他还以此来指点人类精神、学术方法与哲学认识，他纵论天下，评点古今，包罗万象，富于想象，企图为后世的国际研究留下一份精神遗产。用布尔的话说，这种研究不是一种严格意义上对历史现实的总结，而是一种理想范式的演绎，不是对历史观念的展示，而是类似于柏拉图对话那样的哲理想象与哲学谈话。[3] 如果说布尔把怀特比作柏拉图是有感于怀特过于厚重的哲学意识的话，那么，布尔也许希望像亚里

---

① Herbert Butterfield and Martin Wight (eds.), *Diplomatic Investigations: Essays in the Theory of International Relations*, London: George Allen 7 Unwin, 1966, p. 12.

② Ibid., p. 33.

③ Hedley Bull, "Martin Wight and the theory of international relations", in Martin Wight, *International Theory: The Three Traditions*, Holmes & Meier Publishers, Inc. 1992, p. xviii.

士多德之于柏拉图那样，能够对他的老师怀特的过于抽象的哲学研究进行一定的修正。这种修正的方向就是，承认国际关系理论的可能性，采取严谨的学术方法来研究国际关系，建立独特的国际社会理论，使英国学派的学术研究能够对美国学派处于一种可以对等的对话水平上。

布尔并非坚决反对建立国际政治理论，他承认用社会科学理论研究国际关系的必要性。“在这一点上，我与怀特开始分道扬镳，我想弄清楚，行为主义者要求将以适当的方法论支撑国际理论的要求，到底是否也有某种价值”①。布尔曾为怀特在《为什么没有国际理论》中的非理论化立场辩解，认为怀特一生的学术研究都是在为建立某种理论而奋斗，只不过这种理论追求主要囿于历史哲学而已。布尔的辩解是想维护怀特的权威，为怀特的非理论意识开脱，也不自觉地反映出自己对国际政治理论的追求。他虽然在与卡普兰的论战中反对科学行为主义，但这种反对与自己的理论追求并不矛盾。科学行为主义要求完全的价值中立，反对规范研究、哲学研究与历史研究。而布尔则是在坚持这三种研究的基础上对这些方法进行一定程度的发展与补充。布尔的这种立场很可能受到英国学派另一位开拓者曼宁的影响，曼宁主张适当地吸取实证主义的一些成果丰富国际关系研究，这种主张虽然未占主流，但从来没有在英国学派内部消失过。因此，虽然布尔是传统现实主义者，但现实主义大家庭里的方法论立场也有细微差异。布尔在对待怀特的态度上接近于摩根索，后者虽然也坚持历史哲学的基本方法，但还

① Hedley Bull, “Martin Wight and the theory of international relations”, in Martin Wight, *International Theory: The Three Traditions*, Holmes & Meier Publishers, Inc. 1992, p. xxii.

是追求以国家利益概念为主要工具来建立一种一般性的国际政治理论。布尔后来试图建立一种国际社会理论，实际上体现了他与摩根索同样的理论追求。

2. 适当减少历史学方法依赖，增加理论归纳研究

对历史学方法的重视是英国学派的一大特色。巴特菲尔德、卡尔特别是怀特都把历史研究作为主要的研究方法。众所周知，怀特对于使用历史方法研究国际关系的推崇，到了无以复加的地步。他言必称希腊、罗马、迦太基，旁征博引近代欧洲国际关系史，对于二战历史了如指掌，信手拈来。现实即历史，历史即现实，解决现实外交实践难题的思路存在于历史经验的比较总结之中。到《国家体系》为止，怀特运用历史方法研究国际关系到了一个顶峰，堪与汤因比的《历史研究》相比，在国际关系学界可谓与《二十年危机》、《国家间政治》、《战争与和平》同日而语。但怀特对于理论的总结却不及后者，因为历史枝叶过于繁茂，遮盖了理性树干。到布尔时代，显然理论要求走出历史笼罩，对于人类社会的变化做出理性的归纳。

布尔试图摆脱对历史的过分依赖，增加归纳研究和综合研究的份量，这方面的突出迹象是他于1977年出版的代表作《无政府社会》。这本名著对怀特的思想有许多发展，单就研究方法而言，其中一项就是他有意识地增加理论研究的内容，强调理性与普遍性对于历史性的统摄。比较同一年怀特出版的《国家体系》，就可以看出两种研究方法的差异。布尔从怀特的国家体系概论出发，提出了完整的国际社会概念，并以此为基础分析了诸如外交、均势、战争、制度以及大国等大国关系的运行机制，而怀特则主要从历史角度出发，探索了国家体系是如何形成和发展的。英国学派的后继学者奥利・沃弗（Ole Waever）

认为，这两种方法构成了该学派国际关系研究的两种基本研究进路，具有某种互补性。[1]《无政府社会》中对怀特研究方法的这种补充，代表了英国学派的一种发展方向。可以这么说，正是这种方法的发展，使得由巴尔菲尔德以外的另一位英国学派大师级学者曼宁的研究方法得以某种程度的重现，也使得英国学派在国际关系理论研究上能够继续与美国学派对话，事实证明，后来进入美国大学课堂的英国学派著作最有名者，首推布尔的《无政府社会》。

3. 批判“国内类比法”，推动现实主义的理性主义化

从一定程度上讲，方法论的选择从属于认识论的立场。重大的认识论转变，往往伴随着方法上的更新。怀特关于国际关系研究的三种范式，即有认识论的考虑，又有方法论的诉求。从过去半个多世纪的国际关系理论文献看，传统现实主义往往采取哲学与历史的方法，新现实主义常常采取结构主义的方法，而理性主义（怀特所谓的格劳修斯主义）则倾向于法学、伦理学与社会学方法。当然这都不是绝对的。怀特长期重视历史方法，与其多数情形下坚持现实主义的认识论有关。从1946年和1978年先后出版的《权力政治》及其他一系列著作来看，怀特早年推崇现实主义，对马基雅维利主义采取了同情态度。根据怀特的观点，现代历史就是强权高于公理的历史，大国总是无休止地追求权力直到产生均势为止，世界并没有从权力政治走向更好的国际秩序，理性主义所宣扬的国际联盟与联合国等国际制度是虚假的，因此人类前途令人悲观。怀特这种现实主义

---

① Ole Waever: “Four Meanings of International Society: A Trans-Atlantic Dialogue”, in B. A. Roberson: *International Society and the development of International Relations Theory*, London and Washington: Pinter, 1998, p. 86.

高于理性主义的立场直到晚年才开始改变。怀特在《国际理论：三种传统》的结语中清晰地表明了自己的这种转变："我发现，我本人的立场总是周而复始地发生变化。你会猜测出我对理性主义抱有偏见，但我意识到我已经更像是一个理性主义者而现实主义者了，这是我在教书过程中对这个问题进行重新思考的结果。如果我说在国际政治中理性主义是推动文明发展的因素，革命主义是激发生机与活力的因素，现实主义是强调控制与训诫的因素的话，你会认为我在玩弄文学游戏，但我希望我已经阐明，国际理论还包括其他内容。"① 怀特的这种理论转向，在他晚年名作《国际关系中的西方价值》有了进一步的发展。但是，真正能够沿着从怀特的转向继续探索并有长足进步的，却是怀特的学生布尔。

布尔比怀特更加远离现实主义，更加认同理性主义。布尔并没有完全放弃现实主义的基本立场，但这是一种极为宽松意义的现实主义，一种理性主义化了的现实主义。按照怀特对于现实主义的界定，现实主义（即马基雅维利主义）把国际政治的本质状态认定为无政府状态，这种状态下主权国家间的关系纯粹是一种冲突关系，并不存在一种国际社会，世界政治中以道义限制国家行为的问题也就无从谈起。② 布尔一方面坚持怀特并非严格意义上的现实主义者，为自身的理性主义转向寻找"合法"保护，另一方面对这种现实主义观点进行了相当程度的修正。耐人寻味的是，布尔进行这种努力的突破点是论证国际无政府状态与国际社会的相容性，而突破手段则是研究方法上

① Martin Wight, *International Theory: The Three Traditions*, Holmes & Meier Publishers, Inc. 1992, p. 268.

② Ibid., pp. 30 – 31.

的批判。

布什选择的批判对象，是国际关系理论史上著名的国内类比法。这种方法的一个基本含义是，把世界上的国家比作国内社会中的个人，从国内社会中个人的经历，类推出各主权国家的经历。按照这种研究方法，一种观点是，现实世界是由独立的、没有超然于上的任何共同权威管辖的多个主权国家构成的，处于无政府状态，国家没有形成任何的社会，主权国家之间不应也不能结成终结国际无政府状态的社会契约；另一种观点认为，既然国内需要共同的统治才能确保和平与自由，那么，在各主权国家之上应该设置一个世界性政府来管理各个国际行为体，需要把国内社会的机构制度复制到国际社会中去，从而消除国际政治中的无政府状态，实现世界共同体。前一种观点是现实主义或马基雅维利主义的，后一种观点是革命主义或康德主义的。布尔在《国际关系中的社会与无政府状态》中批评了国际政治研究中的国内类比法，从而也就批评了运用这种方法的现实主义与革命主义国际关系理论。国内类比法有着很大的局限性。现实主义与革命主义国际关系理论对它的运用，表明了“我们处于对这些问题研究的初期，标志着我们对自己的研究的问题还不熟悉。其次，国际社会是独一无二的，其特点在于它既有为主权国家所处的环境所独有的性质，也与国内社会中个人的生活有共同的性质……尽管个人之间的无政府状态不可容忍，但是国家之间的无政府状态则是可以忍受的。”[1] 一个成熟的国际关系研究，应该采取一种现实主义与革命主义之间

---

① 布尔：《国际关系中的社会与无政府状态》，见詹姆斯·代元：《国际关系理论批判》，秦治来译，2003年，浙江人民出版社，第81、84—85、92页。

的理论立场，即承认无政府状态与国际社会可以同时存在。这种理论立场简言之就是理性主义的立场。从这种立场出发，人们有理由相信主权国家可以在无政府状态下进行国际合作与互动，国际关系实践形成的国际法与国际机制能够制约国家行为，国际行为惯例与共同价值能够组成国际社会。

4. 彰显了英国学派中的国际关系伦理学方法

布尔将怀特的理性主义转折发扬光大，努力建构英国学派特色的国际社会理论，一个重大成果就是对国际社会的基本构成及道义基础进行深入系统地探讨，从伦理学角度研究国际社会的秩序与正义，对国际关系理论做出了重要贡献。[①] 布尔关注世界道德伦理问题，不仅是英国学派理性主义发展的结果，还有着国际政治现实变化、世界道德伦理哲学的进展，以及美国学派的世界秩序研究有着密切的关系。20 世纪 70 年代以来，随着世界政治经济不平衡的发展，南北矛盾的激化，东西方核对峙及核冬天理论的出现，跨国运动的膨胀，特别是由石油危机引发的世界秩序问题，都把国际关系中的平等、正义、道德和秩序问题集中地显露出来，国际关系理论被迫对此做出反应，实际上这时美国学派的新现实主义、新自由制度主义以及批判理论，某种程度上都是这种国际政治变化的产物，而在政治哲学与道德哲学界，则产生了划时代的巨著罗尔斯的《正义论》，为国际伦理研究奠定了哲学基础。美国的国际关系学者查理斯·贝茨的《政治理论与国际关系》、霍夫曼的《世界秩序研

① 时殷弘认为，“一向注重历史—哲学思考而非‘科学化’方法的国际关系理论古典派，也做出了重要贡献。”他特别提及布尔的《无政府社会》。见时殷弘：《论世界政治中的正义问题》，载资中筠主编：《国际政治理论探索在中国》，上海人民出版社，1998 年版，第 56 页和 77 页注 3。

究》以及约瑟夫·奈的《核伦理学》等均为此种理论思潮的代表作。但在欧洲学界，特别是以布尔代表的英国学派、阿隆代表的法国学派和博尔丁代表的北欧学派在这方面的研究并不逊色。布尔在《无政府社会》等著作里，以国际社会研究为切入点，以世界政治中的秩序问题为主要关注对象，论证了无政府状态下的世界正义与世界秩序的基本问题。布尔继承了怀特晚年在《国际合法性》和《国际关系中的西方价值》等著作关注的道德哲学和伦理思考，把世界政治中的秩序、自由与正义的关系问题作为他研究的中心问题，他独特的秩序优于正义的观点可谓在国际政治学界独树一帜，呈现出英国学派的保守主义特色。

布尔并不抽象地谈正义。一方面，他把正义与相应的具体的人类社会类型结合起来研究，落脚点是主权国际社会的正义。在他看来，正义必须建立在一定的社会类型基础上才有意义。从不同的国际行为主体出发，对社会类型进行不同的判断，就会有不同的正义概念。在国际社会的基础上，承认主权国家之间的主权与平等外交权，各民族之间的民族自决权，国际法、战争、均势等机制的作用，这种正义就是国际正义；在个人主义至上的社会类型基础上，承认个体的权利与义务高于国家的权利与义务，人权成为国际关系中的最高准则，这种正义就是个体正义或人类正义；在世界社会的基础上，承认全世界的公共利益高于个体利益，高于国家利益，即世界共同体的正义才是最高的正义，在当前时代下它包括军控、环境保护、打击国际恐怖主义、分配人口与资源等，这种正义称之为世界正义。尽管三种类型的正义都有其合理性，但目前的人类社会类型的主流仍是主权国家主导的国际社会，而不是18、19世纪在欧洲局部地区盛行的个体社会，也尚未达到未来世界共同体阶段之世界社会的程度，因此，研究国际伦理问题的主要关注点不应是人权或世界正义，而应是国际正义。布尔就是这样把莫衷一是的国际伦理研究，限定到以主权国家体系为主的国际社会范畴下研究。另一方面，布尔又把笼统的正义加以分类整理。他把具体的权利相联系的正义与普遍道义相联系的正义区别开来，把实质正义与形式正义区别开来，把平等正义与均衡正义区别开来，把交换正义与分配正义区别开来。主权国际社会类型下，上述几种正义可以这么理解。当一国对其权利与义务进行道义上的辩护时，各种正义就出现了。它声称本国政策是符合道德（普遍正义），同时要求获得与其他国家平等的待遇（特殊正义）；它在要求享受主权国家的道义权利的同时（实质正义），又提出这种权利应当推行到其他国家中去（形式正义）；它要求在市场准入或国际大会选举时享受同等的待遇（平等正义），同时又提出应根据国民生产的规模来确定对国际组织的资助金额（均衡正义）；它为获得他国承认，而承认他国的权利（交换正义），同时也会从道义上支持地区共同体或世界共同体关于公共物品的设置（分配正义）。[①]

20世纪70年代，国际关系伦理学争鸣的内容之一就是围绕着秩序与正义何者优先展开的争论。西方国家强调现在国际秩序的优先性，极力宣扬现有国际秩序的合理性，而第三世界国家则强调正义的优先性，要求建立一个更加公正、合理的国际政治经济新秩序，增加新兴国家的平等参与国际事务的权利。

① Hedley Bull, *The Anarchical Society: A Study of Order in World Politics*, New York: Columbia University Press, 1977, pp. 77－86.

布尔从其国际社会理论出发，完全支持西方国家的立场，把安全、和平与秩序放在优先于正义的位次上。秩序是各类社会生活中实现其他一切价值的条件。国内社会中有了预防暴力的最低程度的安全，才能确保财产权、公民权及其他基本的社会经济文化政治权利的贯彻；国际社会中的基本伦理要求是是国家间的平等与正义，没有了国际秩序，主权、独立、民族自决均都无从谈起；而世界社会中，那些要求公正平等地重新分配世界公共物品之责任与收益的一切主张，离开了世界和平也失去了意义。当然，国际秩序优于国际正义的基础主要在于主权民族国家的合法性和合道德性，它仍然是当今国际关系的基石，国际社会对构成这些秩序的各种机制的功能仍然是相对满意的。但是，并不是说，在任何情况下，秩序都优于正义。瓦解殖民体系就是一项长期的正义行动，它就是以破坏殖民体系与秩序为目标的。因此，不是任何有利于秩序的制度都是合法性，也并非有理由是实施它。在变动社会时期，秩序与正义之间的确出现了诸多张力。[①] 布尔的这种似乎以“贬抑国际正义”为主题的国际关系伦理学思想是非常奇特的。他是从伦理学方法和国际政治伦理争鸣的现实出发，研究国际道德价值理论中的一个核心问题即秩序与正义何者优先，极力为主权国家为行为主体的国际社会辩护，也就是为建立在这种社会类型之上的国际秩序范式辩护，实际上有力地反驳了不少国际法学者与国际伦理学者对战争、外交、国际法、均势、大国政治等国际社会基本制度合法性与合道德性的攻击与质疑，根本上为现存的国际

---

① Hedley Bull, *The Anarchical Society: A Study of Order in World Politics*, New York: Columbia University Press, 1977, pp. 96 - 98.

政治秩序、国际社会与国际机制提供道德基础，同时又对战争、外交、国际法等国际制度与个体正义、世界正义的合道德性合法性局限作了说明，从而形成了独特的国际关系伦理学思想，这种思想对于我们理解当代许多棘手的国际关系伦理问题仍有启示。比如，民族自决是国际法的一项基本准则，是符合国际正义的。但是如果它对国际秩序构成了严重的挑战，那么，国际社会就必须对它进行严格的限制。

布尔从伦理学视角研究国际社会的现状与发展，是对英国学派研究方法的一大转折。在 1977 年出版《无政府社会》到 1984 年出版《国际关系中的正义》的 8 年里，布尔仍然将国际关系伦理研究作为其学术探索的重点。直到死前，他还在研究这个课题。不过，他的一切努力基本局限在主权国家为主要行为体的国际社会概念上。从这种意义上讲，他甚至不如他的老师怀特更具有超前意义。然而，真正地将研究视角从国际社会转向世界社会，从关注国家转向关注个人，从解决问题理论向批判理论转变的学者，则是布尔的得意门生文森特。

（四）从布尔到文森特：走向法学与批判理论多元方法的尝试

布尔成为英国学派的领军人物之后，英国学派的研究方法出现了多元发展的局面。神学方法、政治学方法、伦理学方法、史学比较法、功能主义、社会学方法、文化人类学、综合分析法都不时出现在学派的著作里。某种程度上讲，英国学派的方法论发展到一个顶峰。威特森等人的国际社会研究也像布尔一样基本局限在主权国家行为体上，很少有人对人类社会与世界社会进行实质性研究。努力突破这种研究视角的是布尔指导的博士生文森特。

也许文森特倍受布尔的悉心指教，更能感受到英国学派实现研究方法突破的紧迫性和可能性。他主要从以下两个方面进行了可贵的尝试。

1. 比怀特与布尔更加注重法学方法

法学主要关注社会个体的权利与义务，实质上权利科学。格劳秀斯的理性主义凝结着自然法学派的精华，在怀特和布尔那里都有体现，但落实到研究主题并贯穿于始终的却是文森特对主权、不干涉以及人权的关注。在文森特那里，法既是理性，又是实践，既是原则，又是行为准则，这从他早年的《不干涉与国际秩序》，中晚年的《人权与国际关系》和暮年的《国际伦理学中的权利观念》解读得出。怀特在晚年把国际合法性作为研究西方社会文明价值的逻辑结果，而布尔也把国际法作为维持国际秩序的五大基本机制来研究。但是，文森特却是集中研究当代国际法中规范国际关系的两个基本原则——不干涉原则与人权原则。他不是从实在法学来界定它们的各自内容，而是从理论法学的角度来把握它们的实质和逻辑，发掘人权观念与不干涉的历史演进与当代体现。他在《不干涉与国际秩序》序言中这样描述了其研究目标。“至于实施法律的国际政治环境而言，战后的世界中出现了核武器、无所不在的意识形态冲突、不断减少的跨国联系，以及进一步降低国家重要性的跨国问题，人们认为这种变化不可挽回地侵蚀了不干涉原则的基础。本文的最终目的就是研究和反驳他们对不干涉原则的蔑视。”①

---

① R. V. Vincent, *Nonintervention and International Order*, Princeton University Press, 1974, p. vii.

他批判地借鉴了自然法学派与实在法学派的观点。通过追溯不干涉理念之原则、理论及实践的历史演变，他比较了两个法学派与实在法学派对不干涉原则的不同界定，总结出不干涉原则与主权、独立与平等之内在联系。国际法就是研究国家权利的科学。主权、独立与平等是国际社会中国家的根本权利，正是这些权利建构了主权国家体制。不干涉原则是国际法的准则之一，是上述根本权利的构成性因素。“不干涉作为一种学说，支持国家主权与独立，反对其他国家的干涉，也反对凌驾于国家之上的任何权威；作为一种原则，它拥护毫无例外由国家组成的社会。弱小国家依靠这个原则来抵抗大国的干预，国际法学者也在无习惯法的情况下把它作为主权国家社会的第一原则加以援引”。[①] 如果说针对于国家而言的不干涉原则是当代国际法的基础性准则的话，那么针对于个人而言的人权则是未来国际法的主导性准则。从不干涉到人权，既反映了文森特从法学视角研究国际关系的秉持，也透露出他对传统英国学派研究立场的另一种超越，即将视角从国际社会向世界社会转移。这种转移的结果实际上昭示了他对批判理论与后现代主义的认同。

2. 尝试转向某种形式的批判理论与后现代主义方法

就国际关系研究而言，无论批判理论还是后现代主义，都着眼于解构围绕主权民族国家体系建构起来的一切学术话语。反映到英国学派的观念上，现代性就是国际社会与国际秩序（布尔的研究重点），就是现实主义与理性主义（卡尔、怀特的

---

① R. V. Vincent, *Nonintervention and International Order*, Princeton University Press, 1974, p. 43.

研究重点)，现代性就是主权、不干涉与国家中心主义（文森特早期思想)。批判理论企图批判现代性，而后现代主义企图颠覆现代性，文森特既不是像“背叛英国学派传统”的林克耐特那样的批判理论家，又不是美国后结构主义者阿什利那样的后现代思想家。文森特不是英国学派阵营里第一个展望后主权国家社会的人，却是迈出实质性步伐的先驱。在此之前，怀特在《国际理论》中承认他的思想方法中有革命主义或康德主义的成份，在《国家体系》中规定了现代国家体系的时空界限，布尔在《无政府社会》中也涉及到作为主权国际社会的对立面——世界社会与个体社会，但只有文森特把研究重点放在了国际社会向世界社会的转换上。

《不干涉与国际秩序》中已经预示了文森特的视角转换。他说:“在适应战后世界政治现实新变化而出现的创制新国际法的潮流中，不要忘记古老的主权国家秩序中建立起来的各种原则。如果说这种秩序是过时了的话，那么它是处于长时段的消亡之中。”[①] 据说，文森特在跟随布尔作博士论文时就在考虑改变英国学派的研究传统，以个体行为体取代国家行为体作为研究单位。他的博士论文原本是论证军事干涉的理由，后因材料不足而反其道而行之，转向为不干涉原则辩护。[②] 然而，即便在这种辩护中，我们也感受到了作者在国家和个体孰为主要行为体，主权与不干涉原则能否继续主导世界政治等问题上的潜在疑问。这种疑问在1986年出版的《人权与国际关系》中由潜在状态浮

---

① R. V. Vincent, *Nonintervention and International Order*, Princeton University Press, 1974, pp. 361 - 362.

② Iver B. Neumann, “John Vincent and the English School of IR”, in Iver B. Neumann, Ole Waever (ed.), *The Future of International Relations: Masters in the Making*? London and New York: Routledge, 1997, p. 48.

出学术言说的表面。文森特在这本代表作中分三个层面研究了人权，即人权理论、人权实践以及人权政策。作者以社会学方法和史学方法为主，反驳了文化人类学对于人权观念的多样化解释，主张西方政治思想传统中的普遍人权观念，这种最低限度的普遍人权不仅存在于东西方关系中，也存在于南北方关系中。人类前途是出现一个以全球文化为支撑的全球社会或世界社会，而人权文化则是全球文化的重要组成部分。作者并不主张打碎现有的国际社会结构，但承认“该书的主题之一就是通过阐述人权的国际政治学来预示世界社会的到来，而这种到来会动摇国际社会的稳定”①。我们知道，世界社会在布尔等人那里是一种后现代的社会类型，是以个人或其他非国家行为体为基本单位的社会类型，人权研究无疑就是肯定个体的力量，同时也支持了人道主义干涉的原则，这种原则对于主权国家体系的基石——主权原则和不干涉原则构成了严重的挑战。

文森特对后现代社会即世界社会的认同，在他1992年发表的《现代性与普遍人权》中又有更明确的体现：“人们对人权越来越多的关注，将个人与群体从可以称之为令人窒息的国家居所的封闭状态中解放出来，从而获得一块超越国家的园地。随着这种解放程度的增加，人类迈出了建设世界民间社会的一步，而对于这种世界民间社会，我们无不赞成。”② 可见，文森特已经考虑认识到普遍人权是解构现代性的主要力量，而普遍人权的最终居所就是世界民间社会。从文森特对现代性的解读

① R. V. Vincent, *Human Rights and Interventional Relations*, Cambridge University Press, 1986, introduction and p. 150.

② R. V. Vincent, "Modernity and Universal Human Rights", in A. McGrew, P. G. Lewis *et al.* (eds.), *Global Politics*, Cambridge: Polity, 1992, p. 291.

以及人类解放主旨的认同中，我们似乎听到了林克莱特运用批判理论改造英国学派的声音，也似乎闻到了阿什利与代元的后现代主义气息，也许正是这种对主流传统思想的挑战与反思，推动着英国学派向更高的水平上发展。

（五）国际政治社会学对于英国学派的前途

如上所述，英国学派研究方法的变迁方向，呈现出五个明显的特点：一是人文主义或非实证主义的方法论立场基本不变；二是社会学方法论的立场基本不变，从整体主义、秩序和文化作为研究国际关系的切入点；三是分类学、历史比较与综合研究的方法基本不变；四是研究方法日趋多元化，主要有定性研究，同时也有定量研究，法学、伦理学、政治学与历史学综合运用；五是自文森特始英国学派与建构主义视角（包括批判理论、后现代主义、后结构主义等）逐渐靠近，研究视角开始从国家行为体大幅度向非国家行为体转换。英国学派研究方法的变与不变，维系着这个学派的自身生存与发展，推动着这个学派与其他学派的交流与合作，造就了国际关系理论的多样发展与整体趋势。

英国学派的研究方法演变有着诸多的影响因素。其中至少四个方面较为突出。首先，英国的历史与学术传统。英国历史上是超级大国，依靠强权、宪政与国际制度很长时间内在世界发挥了主导作用，英国不愿在经济学以及世界蓝图方面输给美国的同时，也希望在国际政治研究上不能被美国完全替代。英国的大国经历以及20世纪初期大师辈出的史学传统支持了英国学派对均势、强权、法学、史学方法的关注。另外，英国自视为欧洲的核心国家，而欧洲完全是一个有着共同的价值观念的大社会，英国学派研究中有浓厚的欧洲中心主义以及社会学研究取向也与此有密切的关系。其次，国际关系与世界格局的变化。理论（包括研究方法）总是与现实发展相适应的。比如，20 世纪 60 年代之后随着新兴国家数目的增多，要不要改变世界秩序的问题成为国际关系中的主要领域，面对这个现实，布尔等人转向伦理学视角研究国际社会的合法性与合理性问题，从而提出了国际秩序的伦理基础。第三，学派本身的发展规律与代表人物的理论创新意识。维柯曾言，任何民族的历史都要经历神话时代、英雄时代和人权时代。我们不妨也说，任何一个能够体现人类社会本质的社会生活侧面或者具有较为完整意义上的研究方法，也许均会经历神学阶段、伦理学阶段、法学阶段与社会学阶段。英国学派在经历了最初的神学方法之后，向伦理学和法学方法拓展是一种合乎逻辑的发展，当学者们不再满足于从上帝出发研究世界时，他们就会转向国家，当国家理性出现问题时，就会转向非国家行为体。而对每一位大师级的英国学派学者而言，当他熟知并掌握了其老师研究方法的精粹时，他面临的最大任务就是在继承的基础上力图超越前人，怀特对于巴特菲尔德，布尔对于怀特，文森特对于布尔，均是如此。第四，美国学派的理论发展。英国学派与美国学派相砺相长，互为补充，竞争共存。20 世纪五六十年代美国学派的“方法论革命”，催生了英国学派。之后，英国学派每一个阶段的发展，都离不开美国学派的影响。我们知道，尼布尔的神学对巴特菲尔德与怀特影响很大；曼宁是受到美国实证主义才主张一定限度的实证研究；摩根索同意怀特的历史哲学方法，但认为可以建立一般性的国际政治学，这种观念反过来也影响了布尔；布尔虽然强烈反对卡普兰的价值中立和科学实验，但也不得不承认行为主义在追求社会科学方法上的合理之处；至于文森特，他自称“着迷于”美国后现代主义学者阿什利的研究路线。反之亦然，美国学派也从英国学派那里受益不少，只不过美国学者的这种学习自觉在20世纪80年代中期之后才较为明显。布尔的《无政府社会》在出版10年之后开始出现在美国大学课堂，而90年代基欧汉开始频频引用布尔和怀特的论述。而建构主义的兴起与发展，似乎也受到英国学派的许多启发。阿什利可能是较早精研欧洲哲学和英国学派著作的美国学者，代元与林克莱特既被认为是英国学派的成员，又被认为是建构主义的作家。因此，建构主义与英国学派有着理论上的联系。由于英国学派的发展在先，因此不难理解“英国学派是建构主义国际关系理论的先驱”[①] 的说法（邓恩语）。

英国的国际社会理论与美国的建构主义理论的关系，是一个非常值得研究的课题。笔者认为，其意义之一是这两个学派的努力代表着国际政治社会学学科发展的前途。我们今天用国际政治社会学的这个提法，显然是受到建构主义国际关系理论的影响，特别是温特的那本《国际政治的社会理论》，但是包括温特在内的美国社会建构主义学者没有实质性地从学科意义上来论述国际政治社会学，在这方面，美国国际政治学家比起英国或者欧洲同仁要落后半个世纪。早在19世纪末社会学作为一门新的科学在欧洲兴起时，历史学、外交学和政治学的欧洲学者们就开始考虑建立一门所谓的国际关系社会学。而到了20世纪40年代和50年代，欧洲学者在这方面取得了长足进步，其

---

① Timothy Dunne, “The Social Construction of International Society”, *European Journal of International Relations*, NO. 1, pp. 367 – 369.

中著名的代表是雷蒙·阿隆和乔治·施沃兹恩柏格（George Schwarzenberg）。前者的《战争与和平》“是一部比《国家间政治》范围更广泛、分析更老练的著作”（霍夫曼语），在这部作品里阿隆提出了国际关系社会学的学科建设框架，而后者在1941年出版的《权力政治》中运用了国际关系社会学的方法，不过语言晦涩，论证抽象，给人的印象不深刻。[①] 真正以社会学方法论贯穿始终并形成完整的国际社会理论的，还是英国学派。早在20世纪50年代，怀特就开始思考从现实主义、理性主义和革命主义三种范式研究国际社会，到70年代，怀特就明确提出过“国家体系社会学”，而布尔以“国际社会”取代“国家体系”，实际提出了“国际社会的社会学”。英国学派在建设国际政治社会学的学科意识方面比美国学派要早。从这种意义上讲，美国学派的建构主义是英国学派某种形式上的回归，不过是更高程度的回归而已。

三、女权主义、建构主义与国际政治社会学

女权主义国际关系理论[②]（下文简称女权主义）是研究妇女在国际关系的地位及其相关解放旨趣的学问，它在中国学界的兴起体现了理论借鉴的深入、全面，反映了中国改革开放与融入世界过程中问题生成领域的扩大与理论需求领域的拓展，总体上是一件很有意义的事情，我们既需要积极推进与大力支持，

① 詹姆斯·代元：《国际关系理论批判》，秦治来译，浙江人民出版社，2003年版，第206、234页。

② 以经典现实主义与科学主义为代表的不少资深学者认为，女权主义不是国际关系理论，只是一种国际关系研究的视角，但李英桃、胡传荣等人认为，女权主义国际关系理论正在形成。本文理解前一种分类的严谨性，但从霍克海默的定义出发，采取后一种分类。

也需要以适当的理论引导，保持必要的学术清醒，使之向着理论化、系统化和建设性的方向发展，为国际关系理论的繁荣、和平发展与和谐世界思想体系建设，以及中国的民间外交发展提供理论和思想上的参考。本文的主要观点是，女权主义是广义上的建构主义国际关系理论的一部分，相比之下属于激进建构主义的范畴；女权主义似乎应该走一条类似于主流建构主义的道路，在认识论与方法论上向主流社会科学靠拢；女权主义研究也应该避免主流建构主义研究中国化过程中的不足；女权主义与主流建构主义的结合，有助于推进国际政治社会学学科建设。

（一）女权主义国际关系理论的学术地位

女权主义理论形成于20世纪80年代，最早出现在有关发展政治、战争与和平等议题的研究中，形成了自由女权主义、社会主义（或马克思主义）女权主义、后现代主义女权主义以及立场女权主义等分支，其基本考虑是提高女性在世界政治中的地位与角色，推翻阶级压迫和家庭压迫，实施“去性别化”的社会建构与政治参与，以及从女性的视角重新解读人类知识体系。[1] 为此，女权主义运用自由主义、马克思主义、后现代主义等理论与方法对于居于主流地位的政治学、国际政治学特别是政治现实主义、结构现实主义等理论进行了猛烈的批评，提出了许多有意义、有启发性的重要命题，对后来的国际关系理论研究发挥了独特的推动作用，究竟起来，大概有几个方面的

① 李少军：《国际政治学概论》（第二版），上海人民出版社，2005年版，第81、82页。

作用值得肯定。

1. 以新兴的多元视角批判政治现实主义

女权主义者曾经与批判理论一起对于以现实主义为核心的主流国际关系理论进行了批判。不同的是，后现代主义、新马克思主义、法兰克福学派以及自由制度主义的斗争矛头是新现实主义，而女权主义则重点指向了政治现实主义。女权主义对于现实主义的批判是多方面的。安娜·梯克纳教授对于摩根索所提出的政治现实主义六项原则，进行了的女权主义解读，提供了关于国际政治科学基本原则的另一种范本，很有代表性，表4以此对比。

表4　政治现实主义与女权主义关于国际政治原则的不同解读①

	政治现实主义的观点	女权主义的观点
1	国际政治具有客观规律性，而客观规律源于不可改变的人性及其自然状态，这是国际政治科学的基础，因此，国际政治理论家完全可以建设国际政治的一般理论。	国际政治的客观规律性是由文化界定的，具有一定的男性建构的特征，包含了社会再生产与政治控制的双重内涵，因此应以社会发展的眼光认识国际政治的客观规律性。
2	以权力定义国家利益符合理性主义，运用理性、客观和非情绪化的角度理解国际政治，有助于国际政治科学研究。	国家利益是多维度的，并随着语境的变化而变化，因而不能仅仅以权力来界定。当代世界各种全球问题相互依赖，不能用零和的方法而应用合作的思路来观察国际利益。

① J. Ann Tickner, "A Critique of Morgenthau's Principles of Political Realism", in Robert J. Art and Robert Jervis, *International Politics: Enduring Concepts and Contemporary Issues*, Seventh Edition, Pearson Education, Inc. 2005, pp. 17－24.

续表

	政治现实主义的观点	女权主义的观点
3	可以做出这样的假定，即以权力为主要内容的国家利益是一个客观的、普遍有效的概念，但是，由于权力涉及人与人的控制关系，因此，国家利益本身又不是一成不变的。	权力的内涵不可能普遍有效。以主导和控制来定义权力暗含了男性特权，而忽视了集体的权力，而女性的权力是集体权力的重要方面。
4	在政治实践中，道德是重要的；然而，道德要求与成功的政治实践之间是有矛盾的，为了使政治行动获得成功，往往要放弃道德考虑。	反对将道德要求与政治行动分离开来，一切政治实践都具有政治意义。现实主义强调通过权力与控制来实现秩序的最大化，更加重视秩序的道德要求，轻视了正义和社会再生产的基本需要满足等方面的道德要求。
5	具体国家的道德追求不能与普遍的道德原则相提并论。普遍道德原则经常干扰和冲击国际政治行动，避免这种现象的做法就是，以权力而非道德来界定国家利益。	具体国家的道德追求固然不能与普遍的道德原则相提并论，可是人类追求中的普遍道德能够降低国际冲突的烈度，促进国际共同体的建设。
6	尽管无人怀疑人性是多元的，“政治人”的假定有一定的问题，道德是人的基本属性，但仍有必要坚持政治行为的自主性，根据政治人假定来建设独特的国际政治学。	强调国际政治学科的自主性是不对的，因为它与西方文化中的男性统治传统密切关联，必然是片面的和有利于男性利益的，将忽视妇女的要求和世界贡献。

从表4可以看出，女权主义挑战政治现实主义的过程中，主要有几个方向：一是反对政治学背后的西方政治文化，尤其是反映了男人统治利益的政治文化，这有点后现代主义的味道；二是强调了道德对于国际关系的本体论意义，这是理想主义与现实主义的基本分歧之一；三是把低级政治、相互依赖、社会再生产以及集体安全等领域的关注纳入国际政治研究的重要议

程，而这正是新自由制度主义与现实主义的基本分歧；四是强调世界政治的社会建构性，这又是建构主义的基本立场。可见，女权主义综合了各种方法批判政治现实主义，但总的来说是一种理想主义的理论取向，因而女权主义与现实主义的政治斗争，正如新自由制度主义、社会建构主义与现实主义的学理论战一样，都属于理想主义与现实主义古老争执在当代条件下的多种形式的发展。

2. 解构“国际关系学”的基本概念

国际关系学（或者国际政治学）是由政治现实主义和新现实主义的基本理论为核心建立起来的社会科学，女权主义批评摩根索的政治现实主义的过程，也就是解构国际关系学及其概念体系的过程。然而，这种解构的努力还有另外的一些方面，包括关于自然状态、国家、主权、战争与和平等核心概念。自然状态本是18、19世纪欧洲的法学家们为了论证现代国家与现代民主的起源而进行的一种理论假定，实际上成了现代政治学的基础概念，被认为指代国家形成之前的人与人为战的、无政府管理的、前公民社会状态。而女权主义认为，霍布斯的自然状态暗含了男女性别差异及其造成的一切权力归男人的状态，“女性在自然状态下是无踪无影的和微不足道的”（格兰特语）从而被从政治命题中排斥出去。国家在古代希腊社会是由公民生活支持起来的，而那里的公民生活或民主生活为少数人的游戏，而奴隶、外国人和妇女则处于公民生活之外。近代国家的形成，伴随着所谓的公共领域与私人领域的正式分离并以之为基本特征。但是，这种由人类社会初期（古希腊）形成的男性压迫女性的政治模式，反而得到一定的固化，男人占领公共领域，女人被置于男人属下的私有领域，不得参加真正的民主生活，阶级压迫成了性别压迫的继续，国家的立法、社会化、治理与秩序都是服务于维持性别歧视和阶级压迫的不公正社会状态的，不能代表堂而皇之的全民利益与民主正义，国家概念需要从根本上加以颠覆。照此道理，主权概念也成了被质疑的对象。主权概念根本上体现了男权的思维。男权思维就是男人对女人的绝对领导与绝对控制，男女之间存在着绝对值的二元对立。主权要求对内的至高无上权威，对外要求平等权。也就是说，国际政治是男人之间的交往领域，但在国内政治中，主权像男人对妇女的绝对控制一样，是神圣不可侵犯的。主权由于根本上反映了男人的主权而忽视了女性的权利，因此并不能代表全民的利益，正如它只是代表了剥削阶级的利益而忽视了被剥削阶级的利益而不能代表全民的利益一样，是应该纳入重新界定的范围的。战争与和平是国际关系学的基础问题，涉及理论的终极关怀。女权主义企图修正关于和平（战争）的内涵。一种思路把男性与尚武、暴力、父权、专制联系起来，后者是战争的同义语，暗含了压迫女性的因素，而女人的本性是和平，女权的兴起则是和平的福音；另一种思路则认为女性也是战争的制造者和有力参与者，也是定义战争的基本力量。[①] 总之，国际关系学的概念体系是政治学基本理论的某种延伸，而政治学的基本概念则是以男人的视角和男人对女人的压迫为明确或暗含的前提的。要建立更加科学与公正的国际关系学，必须将自然状态、国家、主权以和平重新赋予女权主义的内涵。

3. 为建构主义和国际政治社会学提供了独特的推动作用

女权主义对政治现实主义乃至整个国际关系学科的解构，

---

① 王逸舟：《西方国际政治学：历史与理论》，上海人民出版社，1998 年版，第 623—633 页。

成为80年代“批判风暴”的一部分，自然对于长期受到现实主义压迫的理论界的自身解放起到了独特的推动作用。具体地讲，它对于建构主义的发端以及更大范围的国际政治社会学发展提出了几个有益的命题。首先，女权主义强调国际政治的社会本体论，认为国际政治既是客观的，又是主观的，本质是社会建构的结果，男人与女人是一种典型的构成性关系，男人统治为核心内容的世界是以女人的被压迫为前提的，这就是国际政治的又一秘密。其次，女权主义的认同政治取向丰富了国际政治认同研究的内容。性别认同是社会认同的重要方面，它与阶级认同、国家认同以及集体认同都应该成为社会建构主义研究的基本内容，但是，以温特为代表的主流建构主义却未意识到这一点。第三，女权主义者较早地从语言建构主义的角度研究国际政治的社会性。建构主义是差不多从语言哲学开始的，而女权主义者很早地意识到了这一点，埃尔丝塔在1981年就从语言实践的重要性，认为“我们对语言的使用……是构成人……的基础”“语言、意义和知识都是社会行为”，因此，她通过分析意识形态、语境或语言游戏来探索语言在政治社会学中的作用，以揭示国际政治及其学科中“可能为其他学者所无视或忽视的潜在的意义、细微差别以及解释性概念。”她的这种学术研究显然是一种社会建构主义的方法，对于国际政治社会学研究起到了积极的推动作用。[①] 第四，女权主义在国际关系研究中，以一种批判的、情绪化的语言来追求妇女地位的提高，从性别压迫和国际政治压迫的双重角度提出了在国际关系范畴人类解放的

---

① 关于著名女权主义者埃尔丝塔对于国际关系语言研究对于社会建构主义的意义，可见［挪威］伊弗·诺伊曼、奥勒·韦弗尔：《未来国际思想大师》，肖锋、石泉译，北京大学出版社，2003年版，第407—442页。

话题，让人们在忙碌于政治操作研究的同时得以喘息，仰望一下道德与理想的星空，关注一番人类解放在国际政治领域的实现方式。其实，这是一个充满了希望的学术处女地，在全球社会不断生成的新时代，国际妇女解放这个伟大任务可能首先在国际民间社会这个由女性较为擅长的国际公共领域得以部分实现，而这正是国际政治社会学的研究方向之一。

（二）国际政治社会学建设中的建构主义和女权主义

女权主义在解构政治现实主义及其主导的国际政治学科过程中，对于社会建构主义（当然也包括了语言建构主义，语言建构主义是社会建构主义中较为纯粹的内容）之发端的积极作用，现在需要反观建构主义发展对于女权主义的启示。从中国的语境下，这种启示至少是两方面的：

1. 建构主义与女权主义的元理论联系

由于建构主义有主流建构主义与激进建构主义之分，而女权主义在广义的分类可以算作激进建构主义的内容，这方面，西方学者如温特早有论述。[①] 从近些年的发展情况看，多数女权主义者还是从原来的批判社会理论与后现代主义理论的角度来解读国际政治的，这也许是因为国际政治中的性别差异所建构而成的压迫秩序是如此的牢固，理论批判的任务远远没有完成，也许是因为女权主义的概念体系与理论工具中有着太多的后现代主义的遗产，还可能因为女权主义并未充分意识到全球化与全球社会生成过程中女性实现自我解放的新机会。既然，女权

① 关于女权主义的学术定位的讨论，请参见郭树勇：《建构主义与国际政治》，长征出版社，2001年版，第16、87页。

主义总体上是激进建构主义的一支，那么，我们比较它与建构主义的元理论联系，不如比较它与主流建构主义的元理论联系。

从本体论上讲，女权主义与主流建构主义如出一辙，承认国际政治的社会建构性质。在埃尔丝塔等女权主义者看来，男人与女人、内与外、公有领域与私有领域、战争与和平都是互为建构的关系，从社会建构主义的本体论出发，可以颠覆现有的知识体系，以和平与战争的关系为例，“问题是这样的：和平是一个从本体论上讲颇为可疑的概念。和平如果没有潜伏在阴影中的暴力对应物（战争）也就不可能存在……战争是不和谐的产物，和平则是和谐的产物。如果我们将和平视为本体论框架的一个支撑点，这一对立统一的复合体可以被几乎无限制地扩展开来。”① 从认识论上讲，女权主义与主流建构主义之间的关系就不似在本体论上那么一致了。多数女权主义者坚持国际政治的社会建构本质，却不认为这种本质能够外化为国际关系的客观实在，否定世界政治中存在统一的客观规律性，坚持了一种较为彻底的反实证主义的认识论，而主流建构主义者则在认识论上实现了与主流社会科学的妥协。女权主义的这种反实证主义认识论，直接影响了它的方法论态度，它反对运用“价值中立的”科学方法进行研究，倾向于采取批判的、建构的、人类学的、后现代哲学的，特别是伦理学的方法来研究国际关系。尽管以桑德拉·惠特沃斯、凯瑟琳·穆恩、克里斯蒂娜·陈以及雅基·特鲁等人为代表的国外“第二代”女权主义者以社会性别为中心分析范畴，在对国际计划生育等国际组织的作用、美驻韩军事基地妓女问题、马来西亚外国女佣问题、苏东

① ［挪威］伊弗·诺伊曼、奥勒·韦弗尔，前引书，第419页。

剧变后捷克妇女地位变迁等研究中，进行了有益的个案分析，[①]但只是小量的初步的尝试，对于是否称得上实证主义的转向尚待观察。总之，女权主义在元理论方面坚持了较为彻底的社会本体论及其相关的反实证主义认识论与方法论，基本上没有向主流社会科学做出让步，这一点上，主流建构主义似乎相去甚远。

2. 建构主义发展道路对于女权主义的可能的有益启示

建构主义之所以能够在美国居于重要的学术地位，在中国甚至被认为是主流国际关系理论，其中一个基本的原因是建构主义实现了结构主义化、国家主义化、科学主义化以及中国化。这四个方面似乎都可以为女权主义的进一步发展提供可能的有益的启示。第一，建构主义实现结构主义化的一个方面，就是把文化定义为结构，文化结构影响身份认同与国家行动，文化成为国际体系的组成部分，实现了建构主义与国际体系理论的对接，也使得建构主义不仅仅是研究国际认同的学问，更是研究文化体系化了的国际论调或者非物质性国际体系的学问。由于新现实主义甚至新自由制度主义都是以接受结构主义起家的，因此，建构主义结构主义化是它融入主流科学的重要方面。女权主义是否可以研究国际结构（包括国际性别结构及其变化，国际社会结构及其变化）对于女权的影响，是值得讨论的。第二，建构主义接受了国家中心主义的假定，认为国际关系的基本行为体还是国家，研究国家对外行为是研究国际关系的基本点，定义国家利益仍然有着关键的理论意义，离开了国家谈世

① 引自李英桃：《社会性别理论在中国国际关系研究领域的发展现状与国内同行的评价》，载上海外国语大学国际关系与外交事务研究院：《“社会性别与国际关系”论文集》，2006年11月19日，第3页。

界是不现实的。既然曾经有“妇女无祖国”的国际主义，为何就不会有“妇女回归祖国”的爱国主义或民族主义呢？马克思主义国际关系理论的发展轨迹是否对于女权主义有所启示呢？[①] 第三，奥德勒等主流建构主义学者呼吁进行科学化的建构主义研究，这已是不争的事实。一个女权主义国际关系理论的阵营中已有少部分学者正在尝试实证的研究，但是，仅仅简单的、以叙事为主的个案研究是不够。第四，建构主义比较成功地渡过了中国化的初级阶段。这固然与建构主义本身较为宽广的研究视域、中国社会本身的文化道德主义基础有关，也与中国建构主义研究者较早地意识到其中国化的任务有关。从 2001 年中国研究建构主义的第一部专著出版起，中国学者们就在自己的著作中明确地提出它的中国化任务，也就是说，正是由于中国学者研究国外的建构主义时，一开始就在译介与本土化两个方向同时推进的，因而能够迅速地向理论创新、政策研究方面转化，形成了国内学界的建构主义热潮。

3. 建构主义中国化的不足应引起女权主义者的警惕

建构主义在中国国际关系理论界取得一席之地，有着多方面的原因，除了学界的努力之外，根本的原因是冷战结束以来国际社会问题增多，出现了原有理论范式不能合理解释的重大政治现象，同时大国成长中的理想主义冲动有了国际合法性研究的需求，从国际关系民主化到和平发展、和谐世界，为建构主义研究提供了实践背景。然而，学术研究需要保持清醒的反思精神，在一阵热浪之后，也许到了理性反思建构主义的时

① 关于马克思主义国际主义的发展轨迹与国际关系理论发展的关系，可参考郭树勇：《从国际主义到新国际主义》，时事出版社，2006 年版。

候了。

建构主义中国化或者本土化过程中出现了若干值得认真注意的问题。第一，自我封闭。建构主义本来像女权主义一样是一个开放的学问，是批判理论、语言哲学、后现代主义等诸种理论合成的结果，到了主流建构主义那里，特别是到了中国之后，逐渐变成了一个封闭的体系，不能以更加开放的胸怀将自身融入到更为宏大的理论中去。虽然不少学者为之做出了很大努力，希望将它与现实主义、自由主义不断相互借鉴与融合，超越自己，但是收效不大。第二，知识重复。建构主义的基本知识体系发展到温特那里，应该说基本系统化了，国内对建构主义的梳理也基本完成了。然而，不少有关建构主义的阐述文章仍然在重复过去的言说，甚至造成了概念的混乱。第三，概念洋化。建构主义是舶来品，受到西学形而上学的影响，比较富有哲理，在国内一段时间内沿用原有的知识体系是可以理解的，但是，如果假以时日，仍然不能将之与本土语言进行结合，恐怕其影响力不能持久，即使持久也不能深入到纯理论之外的国际问题研究领域。比如，“建构主义”这个用语本身就需要进一步中国化。主流建构主义在中国化的过程中，如果对这些问题有所注意，不去与已经中国化了的学说或理论进一步结合，不去研究一些深入中国外交中的战略性问题，就有可能面临被庸俗化或被历史淡漠的危险。

女权主义在中国发展的目前条件可能暂不及主流建构主义，可能未及孤芳自赏之境界，但是它无疑有着光明的前途，改革开放的发展、社会转型的加快，以及国际公共领域在民间外交方面的拓展，都为中国女权主义提供了实践的机遇，但是，女权主义中国化的方向是什么？它在中国土壤能够扎多深的根？

它是否愿意不断超越自我？它在概念体系上如何重建？它与中国伟大外交实践如何结合？这都需要认真考虑。

（三）女权主义的前途与国际政治社会学

女权主义固然与主流建构主义有着诸多的不同，与其他激进建构主义也不完全一致。其中一个显著的方面是，女权主义与社会性和社会学有着紧密的联系。女权主义之所以令人瞩目，也与国际社会的变迁有着直接的联系。这种与国际社会的本质联系，某种程度上决定了它的广泛的发展前景。

1. 女权主义研究领域本质上是社会生成的

无论是女权主义，女性主义，还是社会性别差异研究，本源上是社会问题研究。首先，如上文所言，女权主义坚持一种社会实践本体论，把国际政治认为是社会建构的结果。女权主义的一位代表人物也承认，几乎所有的女权主义国际关系学者都是在社会建构主义的意义上使用社会性别概念的。[①] 这就从根本上决定了女权主义者不可能像现实主义者那样以研究硬实力为突出特征，也不可能像新自由主义那样重视经济学因素与物质交换关系在国际关系中的作用，而不能不把社会结构及其变异作为一种基本的研究对象。其次，女性压迫的最初来源是父权统治以及社会分工。父权统治是家庭生活的中心话题，而家庭正是社会的细胞，在中国研究社会学不能离开对于家族与家

---

① J. Ann Tickner, "You Just Don't Understand: Troubled Engagements between Feminist and IR Theorists," *International Studies Quarterly*, Vol. 41, 1997, p. 620. 转引自胡传荣：《冲突、张力与有关合作的期待——女性主义与国际关系学三大主流学说》，载上海外国语大学国际关系与外交事务研究院：《"社会性别与国际关系"论文集》，2006 年 11 月 19 日，第 29 页。

庭的研究，它是中国化的传统共同体的主要模式之一；而近代的性别压迫也源于中世纪甚至更早的男女自然分工的异化。女权主义研究社会分工的异化及其路径依赖所造成的后果，就不能不研究阶段压迫以及社会变迁，因而对政治的社会学研究就是题中应有之义了。再次，在国际关系领域研究女权主义，不会研究物质力量的对立，而是把国际社会互动作为主要对象，因为正是国际社会互动，才能突破国家主义的控制，才能彰显女权在国际交往领域的优长，才能突出国际道德与规范等文化因素的作用。因此，正如一位男性学者所言，“女权主义者像多数理想主义者一样，更多地是基于社会互动而非获得权力和运用权力来观察世界的。”① 最后，女权主义理论与实践的未来系于全球民间社会的拓展与强大。全球民间社会，又称全球市民社会，是指相对独立于由国家控制的国际组织之外的、由各国民间社会外溢而形成的国际联合，这属于国际政治中的低级政治领域，与战争、安全、外交等高级政治领域相对。全球民间社会主要涉及卫生、福利、环境保护、教育科学文化等领域，是女权主义能够发挥重要影响的领域。只有全球民间社会的日益强大，才有女权主义者的光明未来。正如18、19世纪欧洲皇家宫廷和贵妇人沙龙中的文学批评形成了最初的公共领域一样，② 20、21世纪的国际公共批评领域进一步向国际层面上的扩展，也或许会催生国际民间社会的更强劲成长，并随着国际社会相互依赖的发展，全球性危机的增多，世界妇女大会等国际非政府组织对于政府间国际组织的挑战，以及女政治家群体

---

① John T. Rourke, *International Politics on the World Stage*, fourth edition, The Dushkin Publishing Group, Inc., 1993, p. 152.

② ［德］哈贝马斯：《公共领域的转型》，学林出版社，1999年版。

与女批评家群体的相互呼应，而有可能推动国际公共领域的结构性转型和全球民间社会的实质发展，它将对于全球化时代的女权主义具有革命性意义。

2. 女权主义的兴盛源于社会理论与社会领域的变化

女权主义本质上是一种社会运动的说法，虽然并不全面，却也抓住了它的本质，即女权主义是世界性的社会转型过程中弱势群体追求政治民主与社会公正的全球行动的一部分，其目的是实现长期被压抑了的性别平等要求与自我解放的价值，它在国际关系领域的兴盛，很大程度上源于社会理论与社会领域的变化。法兰克福学派的批判社会理论以及其他的社会主义或马克思主义理论，都曾经是现在也是部分女权主义者挑战政治现实主义和新现实主义的重要理论工具，也就是说，在“批判风暴”的时代，女权主义与批判社会理论有着密切的联系。国际社会领域的变化，也为女权主义的兴起提供了三个方面的基本背景：第一，全球化的发展，推动了国际政治社会化的持续深入全面进行，国际社会基本价值和政治文化从欧洲美洲，向亚洲非洲和拉丁美洲扩展，女权主义最初赖以成长的社会环境也从发达国家向发展中国家扩张，这使得女权主义成为一种世界性的思潮。第二，全球化对原有政治经济社会结构持续摧毁，要求重估一切价值，世界妇女大会等全球民间社会的生成则是全球化条件下推翻社会性别压迫的基本组织依托。第三，国际社会公有领域与私有领域的分离日益模糊化，政府间国际组织与非政府间国际组织在维护世界和平与发展方面的功能出现了相互依赖的局面，国际政治中的基本关注点从高级政治向低级政治转化，国际安全的基本关注点从传统安全向非传统安全转化，以平等、公正、合理为基本追求的世界秩序和国际合法性重建，都赋予了女权主义以历史发展的机遇。女权主义正是抓住20世纪七八十年代的国际公共性猛烈增生的历史机遇，利用冷战结束以后国际政治研究的社会学转向对于国际道德、文化、认同与伦理的青睐，在社会沟通、国际公关、民间外交、文化扩展甚至政治参与诸方面，不仅从女权主义理论上，而且从实践上贯彻性别平等的各种政治主张。换言之，批判社会理论是女权主义理论的主要理论源泉，国际社会的变化是女权主义兴盛的主要现实源泉。

3. 女权主义与国际政治社会学的理论互动

女权主义的中国化与建构主义的中国化一样，需要逐渐结束其“长袖善舞、飘忽不定”的西学东渐阶段，进而落实到一种相对非西方文本化的理论框架上来。这是一个狭隘学术自主性失落的过程，也是获得新型学术自主性的过程，它无疑是困难和痛苦的，却是有意义的。由于女权主义与社会建构主义总体上都用社会学方法来研究国际政治，拥有社会实践本体论的基本立场，其目的都是实现国际政治的合法性与人类的社会解放，因此，国际政治社会学似乎是它们共同的前途。

女权主义实际上以多种方式推动国际政治社会学的发展，女权主义在发展初期从社会建构主义的意义上对政治现实主义所做的批判，丰富了国际政治社会学的本体论知识；女权主义对环境保护、国际公共卫生等领域的关注，丰富了国际政治社会学关于全球民间社会的知识；最重要的是，女权主义关注社会分工的歧视性，把性别压迫作为国际社会不公正的基本方面，它至少从两个方面对国际政治社会学研究有较大的启示：一方面，国际政治社会学研究国际政治与国际社会的互动关系，社会不公正对于世界政治发展不平衡的影响应是其研究的基本点；

另一方面，国际范围的政治解放与社会解放的关系属于国际政治社会学的研究范畴，因为从世界历史上讲，人类自身解放运动从宗教解放、阶级解放、民族解放，又一次转向社会解放，而性别压迫的改变是社会解放的最后的内容。

国际政治社会学研究的发展，同样对于女权主义的发展有推动作用。女权主义的元理论方面有着先天的缺陷（这方面与建构主义特别是激进建构主义的其他学派相类似），国际政治社会学通过吸纳实证主义的有益成果来补充其认识论和方法论的不足。女权主义提出的社会性别平等的伦理主张，也可以纳入国际政治社会学的核心概念——国际政治文化中去，后者则是国际社会化的基本价值主体。国际政治社会学在注重国际社会对于国际政治作用的同时，强调国际政治对于国际社会的反作用，主张合法性权力对于国际平等的正面推动意义，这样可以纠正女权主义对于权力或政治过分批判的“单向度”认识。国际政治社会学的研究领域不仅包括社会性别领域的冲突与合作，还涉及国际社会相对平衡发展与不平衡发展及其矛盾运动，国际阶级斗争与合作、民族斗争与融合、种族斗争与发展等矛盾范畴和大国关系、国际政治格局、世界秩序之间的矛盾运动，国际权力型公共领域与国际民间社会型公共领域之间的矛盾运动，等等，这些研究领域可能会拓展女权主义研究的眼光，为其在今后的知识体系构建与发展定位，提供有益的理论参考。

第四章 国际政治社会学视野中的战争与合作

一、战争合法性与新军国主义

战争合法性应是当代战争研究和国际社会研究的基本问题之一，通过它能够透视出各有关国家的国际战略选择与价值取向。正义性是人类社会的千古主题，合法性基本上却是一种现代性。所谓合法性，就国际政治层面而言，至少要符合四个方面的原则：一是要遵循联合国法律准则；二是要符合正义原则；三是权力使用要适当；四是要适时反映国际意志的新变化。因此，战争合法性，是指战争在多大程度上和什么情形下符合国际法授权，多大程度上能够体现人类正义，战争权如何加以自我限制，以及国际形势的新变化对战争及其规范的新要求，等等。从历史的长河来看，战争无论作为现象、政策、制度，抑或观念，总体上均愈来愈体现出合法性递减的规律。世界文明史就是一幅战争之兽不断驯化的理性历史。在“一切人反对一切人”的原始社会里，任何个体之间处于纯粹的“战争状态”（霍布斯语），战争和杀人放火一样是天经地义的合法行为。到了现代之初，只有自卫战争、收复财产的战争以及用于惩罚的战争，才算得上合法性战争（格劳秀斯语）。长达400年的现代国际关系史上，战争成了历史进步的杠杆，没有暴力，就没有民族国家（吉登斯语）：由于国际社会的无政府状态，各主权国家只有自保才能获得国家安全。但是，这种合法性是有限度的。1928年的“非战公约”姑且不论，单是联合国就通过以下种种规定，对战争行为加以限制：（1）禁止向主权国家宣战，（2）对战争方式加以限制，（3）战争规模的限制及对中立国的保护，（4）战争应当有正义的理由。国际社会已经达成共识，核、毒气、生化武器的使用是非人道的，禁止生产和使用此类武器；核实验、核扩散以及导弹技术的扩散都被认为是非法的。因此，目前国际社会把禁止大规模杀伤性武器作为一项重要的国际制度。

超级大国是世界秩序的主要建构力量，其战争动员的合法性大小多寡，不仅影响到其世界霸权地位的稳固与否，而且对人类文明的发展进程举足轻重。在合法性资源十分稀缺的条件下咨意而战，会造成国际社会的进一步分裂。我们可以作简单的历史比较。冷战结束之后的短短10年间，美国政府竟然发动了4场战争，其频率远远高于冷战期间甚至历史上的所有10年，而且值得注意的是，这些战争的合法性程度总体上处于递减的趋势。1990年的海湾战争是一场具备了完整意义上的合法性战争，它获得了联合国的正式授权和 39 个国家的支持，对践踏科威特主权的伊拉克进行了军事惩罚，美国也通过这场合法性战争建构并确立了各国认可的世界政治秩序。到了 1999 年情况就起了很大的变化，美国发动的科索沃战争是一场基本上不合法的战争，其合法性仅占 20%—40%，这是因为虽然美国所秉持的人权原则（反对种族清洗）得到了国际社会的部分认同，而且北约这个仅次于联合国的国际组织也支持美国及盟国的行动，但是这场多边战争的非法性在于，美国及北约盟国侵犯了南联盟的主权，战争未得到联合国授权。2001 年阿富汗战争的情况略好一些，布什政府充分利用“9·11”事件后国际社会在反对恐怖主义问题上的广泛国际认同，适时发动了一场进一步整合世界秩序的合法性战争。反恐是国际社会最近生成的新规范，阿富汗战争间接地得到了联合国的允许。但是美国政府在阿富汗战争之后很快又陷入了“单干”的怪圈，眼下正在进行的伊拉克战争不仅没有联合国的授权，而且没有西方传统盟国法德的支持，更未能有效地利用美国在反恐斗争所建立起来的世界秩序，可能是美国历史上最不具合法性的国际战争。

2003 年美国发动伊拉克战争一个最基本的理由，也是认定伊拉克生产和储存了这类武器。可以这么说，套在战争之马头上的笼头越来越紧，现代战争的合法性空间越来越少。虽然人类在反对民族分离主义、反霸权主义战争以及反对恐怖主义战争也与此同时获得了合法性，但是每一个文明国家意欲发动一场战争，不但要面对国际相互依赖和经济全球化带来的种种巨额成本制约，而且要思考核时代战争不可控条件下战争有可能成为“政治的终结”而不再是“政治的继续”的严峻局面，应付“现代工业化世界中大战已经过时”（约翰·穆勒语）的国际民众战争观念转变的认同大势，并且力争获得联合国的授权，以免落个冒天下之大不韪的下场。

伊拉克战争的发动者，不符合上文提及的合法性战争的四个条件：一是它没有遵循联合国法律准则，完全践踏了国际法体系的核心原则主权原则；二是不符合正义原则，发动者的主要借口是伊拉克不履行其对于不生产和储存大规模杀伤性武器的承诺，而国际社会和联合国有关机构没有发现伊拉克有推翻承诺的证据；三是战争权力使用失之确当，具体地讲，在各大国反对、多数盟国不赞成的情况下，没有得到联合国授权就诉诸一战，无疑是对战争权的滥用；四是未能与国际意志的新变化有机地结合起来，反对恐怖主义是一项最新的国际认同模式，但这次战争的道义基础里没有反对恐怖主义的内容，布什总统虽然在战争动员的后期意识到了这一点，但没有足够的证据表明伊拉克与恐怖主义有明显的联系。可以说，美国发动的这场战争陷入了合法性危机。

伊拉克战争的合法性危机，对国际关系产生了很大的后果：第一，美国本是对国际合作负特殊责任的超级大国，对联合国发挥作用起着关键作用，这次单边主义行动大大削弱了联合国的权威，它不仅损害了国际关系民主化进程，对国际社会文明标志的“集体安全”理念也是一个打击。第二，它造成了国际社会的进一步分裂，特别是美欧关系的分裂。伊拉克战争是二次大战以来美欧关系史上为数不多的“撕破脸皮对着干”的场合，这场战争不仅使得美国与伊斯兰世界的分裂加深了，而且它与欧洲等盟国的“特殊关系”也开始出现裂痕，国内外学者已经从“希伯莱精神”与“希腊精神”的区别，来重新认识美国与西方盟友在文化上的差异。第三，美国的战略文化可能会发生某种过分的转向，先前的“人权外交”、“胡萝卜加大棒”、“实力加伙伴、谈判”等较注重非物质性力量的战略思潮，有可能被一种新面目的军国主义所代替，军国主义竟然于人类文明高度发达的21世纪再度在美国出现，从某种意义上说明，美国的战略哲学已经走到了尽头。

最发达的国家也可能出现新军国主义，这是人类发展的悖论之一。20世纪人类自我反思的一个成果是，现代性出了问题，这可以从全世界儿童都耳熟能详的“奥特曼”故事中略窥一斑。故事的开头是这么写的：人类达到高度文明的程度，但人类的灵魂也开始变得非常肮脏，肮脏的心灵会产生怪兽，怪兽想毁灭人类，奥特曼希望拯救人类，最后联合人类打败了怪兽。故事说明了一个道理：即使文明进步到很高的阶段，都有可能在文明的先进部分产生出怪异的东西。向人类贡献过康德、黑格尔和马克思等哲学宗师和魏玛共和国的德意志国家，在20世纪30年代产生了差点儿毁灭人类文明的法西斯怪兽；以世界上最健全民主机制和法制精神为自豪的美利坚合众国，在20世纪50年代出现了以人人自危的逮捕和传讯为特征的麦卡锡主义。我们有理由小心预设：目前在世界政治、经济、科技处于领先地位的美国，倘若内外监督机制进一步失灵，也会出现更加狂热的军国主义。

新军国主义不一定由国内社会的畸形发展导致，我们有理由将视角转向国际社会。有一种误解，认为军国主义与政治专制主义有着必然的联系。诚然，军国主义是一种军事至上主义，它曾经集中出现在前现代社会或有着封建残余的现代社会里。游牧民族政权依靠掠夺财富和草地，往往奉行军国主义，“只识弯弓射大雕”的成吉思汗就是依靠这种军国主义建立了大帝国；

奴隶主国家要依靠大量的外来战俘充当劳动力，所以也得常常问津战事，无论亚里士多德，还是考茨基都大量论述了这种现象；而天皇统治下的封建资本主义国家日本，在战略资源匮乏的压力之下，自然地走上了穷兵黩武的扩张主义道路。但是军国主义与政体没有必然的联系。同样是希腊民主国家，雅典与斯巴达就不一样，后者把武力置于对外政策的首位；同样东亚封建国家，中国主要奉行了一种“修德来远”的理想主义对外政策，而日本则执行了一种以“武士道”精神为核心的现实主义扩张政策。奉行社会主义制度的国家（如苏联）违背了和平的国际原则，转而采取军事干预和扩张主义。

摩根索等国际政治学者的定义，为我们思考历史上和当代美国的军国主义均提供了有益的思路。摩根索认为，“军国主义是一种观念，它认为军事力量是国家力量的主要甚至是惟一来源，这种观念尤其从数量上计算军事力量。”[①] 所以，奉行军国主义政策的国家总是希望建立最强大的陆军、最强大的海军、最强大且快速机动的空军，只要这些力量在数量上居于前列，国家就能够成为世界强国了。不同的国家奉行不同特色的军国主义。也就是说，具有最强大的军事力量并不等于奉行军国主义，而因信仰“军事决定论”或“武力至上论”而不懈地追求军事力量优势，才是军国主义的根本特征，这就涉及到战争文化与国际政治观念的问题。所以，与其说军国主义与专制体制有天然的联系，不如说它与过分的现实主义政治理念有着内在的联系。关于军国主义主要是一种战争文化或观念认同，美国

---

① Hans J. Morgenthau, *Politics Among Nations: The Struggle for Power and Peace*, Alfred. A. Knof, 1978, p. 168.

学者 R. H. 托尼早在20世纪20年代就有一段经典的论述：

“军国主义不是军队的特征，而是社会的特征。它实质上远非具体战备的质量和规模，而是一种观念形态，它集中关注社会生活中的某一特定因素，并把这种因素抬升到决定所有其他因素的最高地位。军国主义忘记了军事力量的存在目的，只是认为武力有权利独立存在并不需要任何合法性。武力只是不尽完美的社会中的必需工具，却被当作迷信的崇拜对象。在军国主义看来，世界若无武力，似乎就会变成枯燥可怜的存在。按照军国主义的逻辑，政治制度与社会机构以及学术、道德、宗教，统统碾压到仅能与某种单一活动相匹配的模具中去。这么一种活动在健全的社会里，只是一种从属性的活动，……但在军国主义国家，却成为社会本身的一个神秘缩影。军国主义……是偶像崇拜。人们将灵魂拜倒在偶像之下，并且牺牲自己的躯体以取悦偶像。”① 托尼从典型意义上把军国主义这种文化现象作了入木三分的解析，当然，在许多非典型国家（如美国）军国主义无疑在特征上要大大弱于托尼的军国主义概念。以美国所诞生的军国主义的国际社会环境以及军国主义所依附的合法性战争类型，都令这种新军国主义在天使与恶魔之间行走，它往往高举新的国际价值观念大旗，并为维护地区和平和国际稳定方面有所贡献，但也造成了一定的国际动荡。并过多地透支其合法性。它能在追求和平与发展的时代条件，在战争合法性限制日益加强的制度之网中屡试不爽。

---

① R. H. Tawney, *The Acquisitive Society*, New York: Harcout, Brace and Company, 1920, p. 44, quoted in Hans J. Morgenthau, *Politics Among Nations: The Struggle for Power and Peace*, Alfred. A. Knof, 1978, p. 168.

（二）美国军国主义的历史源流

新军国主义的典型代表就是美国军国主义。关于美国军国主义，国际政治学大师摩根索等人有过深入的研究，而正式用“美国军国主义”这个词，则是最负声望的中国问题观察家和历史学家费正清的杰作。[①] 美国军国主义不是一种持续的思潮，在其社会生活和政治生活中也不常占据主导地位，这是美国独特的社会制度与政治体制所决定的。从世界历史的视野来看，美国军国主义可能是受制度约束最大且外显性最小的军国主义。所以称之“新”，是将它与欧亚大陆上昔日与权力政治及封建专制主义结合得较紧密的军国主义相比有较大不同。但它的每一次外露都强烈地震撼了地区稳定与世界和平。大致上讲，美国历史上的军国主义主要有四个时期。

1. 英美战争至西进运动时期（19 世纪前期和中期）的美国军国主义

多数学者喜欢把美西战争前后以马汉理论为代表的重视武力的思潮作为研究美国军国主义的起点，这无疑是正确的，因为它在典型的意义上阐述了军国主义的主要特征。但我们要全面了解美国军国主义的背景，就不能不了解 1812 年前后约 40 年里的美国历史。这个时期的军国主义，与美国建国初期的总统亚当斯关于“美国命里注定将扩及北半球的整个西部”的“天定命运”思想，以及 19 世纪 20 年代美国总统门罗提出的“美洲是美洲人的美洲”的门罗主义观念有关，在实现这种命运和观念精神的过程中，美国陆军扮演了极为重要的作用，成为

① 费正清：《观察中国》，北京，世界知识出版社，2002 年版，第 76—86 页。

领土扩张与西进运动过程中的急先锋。[①] 美英战争、西进运动、美墨战争，在不到40年里，把美国由一个松散的北美东海岸小国，扩张成为了一个地跨两大洋的庞大帝国。所以，把“天定命运”说和“门罗主义”作为美国军国主义的最初来源是有道理的，两个学说的本质在于，美国的意识形态是最优越和最正确的，代表了人类发展的新方向，其他民族和种族一定要臣服，否则美国有理由使用武力来实现美国意志和文化在全球的一统天下，这是美国式的普世主义。同时，我们也不能忽略一点：自始至今，美国军国主义与其他历史类型的军国主义不同点之一是，美国总是设法强化其扩张的合法性，克雷托认为，门罗主义是国际法领域的法西斯主义，其实质就是使“美帝国主义的扩张在国际上需要有法可依”。[②]

2. 美西战争前后时期（19世纪末期20世纪初）的军国主义

这个时期军国主义的基础是前美国海军学院院长马汉的海权论，它追求的战略目标是确保美国海上运输线的安全，强调海军超乎寻常的战略地位。马汉的海权论是门罗主义在军事战略理论上的直接继承与发展，他认为，“门罗主义在逻辑上的必然结果就是美国拥有一支强大的海军力量。对此，那些希望不付出代价就能保住和平的人也许会哀叹不已。但是，只有对战争做好准备才能确保和平。”[③] 美国国家利益在于控制太平洋这个欧洲世界与东方相会之会，即控制加勒比海地区和巴拿马运

---

① Allan R. Millett, Peter Maslowsk, *For the Common Defense: A Military History of the United States of America*, the Free Press, 1984, pp. 117、130.

② 帕维尔·济明：“美国的‘政治神学’”，（俄）晨报，2002年10月9日。

③ 马汉：《海权论》，萧伟中、梅然译，中国言实出版社，1997年版，第433页。

河地区。马汉并不情愿被人指控为军国主义理论家，他辩解道："无论在英国还是美国，'军国主义'都不是一种主导观念……在为军国主义精神所浸润的国家，普遍的认识是一项政策应以武力为倚靠"，不过他也承认"说这两个国家缺乏对于荣誉方面损益的敏感可就冤枉它们了"。[1] 对于美国这种为了海军荣誉而战的精神，摩根索认为就是美国军国主义的表现形式，[2] 而1922年以《限制海军军备条约》为重要内容的华盛顿国际体系的最终确立，标志着美国海军成为世界公认的一流军队。

3. 二战结束初期（20世纪中期）的军国主义思想

这个时期美国军国主义所以产生，是因为美国领导取得了太平洋战争和世界反法西斯战争的胜利，成了世界上惟一的核武器拥有国，从而一跃成为世界第一军事强国，相当数量的美国民众及军人产生了核武器崇拜和武力崇拜，美国政府继承了30年前主张"民主和平论"的威尔逊主义（美国式普世主义的一种历史类型），推行全球霸权战略，奉行一种武力扩张政策和冷战政策，在世界各战略要地都驻有重兵，推行一种咄咄逼人的大规模报复战略。总之，核武器崇拜是该时期军国主义的主要表现形式，而麦克阿瑟成了这个时期美国军国主义者的最典型化身。著名的中国问题专家费正清教授把麦克阿瑟与美国军国主义等量齐观，是有道理的。这位二战期间美军太平洋战场上的最高指挥官，在其军人作风上有几个突出特点：宣扬核武器的威力，以自我为中心，过分追求军事上的胜利而不顾政治影响，在军事占领的情况下以"独裁的手段"主持日本的民主

---

① 马汉：《海权论》，萧伟中、梅然译，中国言实出版社，1997年版，第403页。

② Hans J. Morgenthau, *Politics Among Nations: The Struggle for Power and Peace*, Alfred. A. Knof, 1978, p. 168.

化改革，等等。应该说，麦克阿瑟以独特的个性，把美国军国主义推至一个高度。“人们为保卫自由而发动正义战争的冲动，以及不惜一切取得胜利的荣耀，似乎已不再能满足我们的需要。但就在不久以前，麦克阿瑟用这些例造了历史。”[①] 值得庆幸的是，美国军国主义思潮在国内政治制度的约束和国际政治格局的制衡下，随着麦克阿瑟在与杜鲁门斗争中失利而日渐式微，到了艾森豪威尔（杜勒斯）—肯尼迪时代末期又遇越战困境，遂进入了近40年的潜伏期。

4. 冷战结束后（20、21世纪之交）的美国军国主义

苏联解体后，两极格局崩溃，美国成为世界上惟一的超级大国，实现了美国历史上梦寐以求的霸权理想。美国凭借卓尔不群的科技实力和综合国力，率先发动了新军事革命，在信息战建设和新式武器更新研制方面远远走在世界前列，同时也产生了前所未有的武器崇拜和新殖民主义野心。虽然在老布什政府和克林顿政府期间这种军国主义思潮已明显有抬头之势，为了价值观念和战略资源而燃起的战火遍及海湾、巴拿马、巴尔干、索马里、海地等地，但目前的伊拉克战争以及小布什政府的“先发制人”战略，称得上是当代美国军国主义的集中体现。

美国政府在伊拉克战争中所体现出的当代美国军国主义，有两个以往历次军国主义所不能比拟的特征：一是战争合法性降至历史上的最低点。美国军国主义向来注重武力使用的合法性，无论是门罗主义也好，威尔逊主义也好，杜鲁门主义也好，都是力图获得相当多数国家（主要大国、新兴大国或正在独立的民族国家）的同情或认可，在联合国至少也在北约的框架内

① 费正清，前引书，第85页。

进行军事行动。而这次伊拉克战争可谓是历史上美国进行的最不得人心、与盟国分歧最大、最有损大国形象的一次战争。二是军国主义的思想表露回归到前文明时代的水平。当代美国军国主义的思想表露，有两个直接的版本，一是小布什的“先发制人”战略，二是美国著名国际政治学家米尔夏默的“攻势现实主义”理论。至于“先发制人”战略的野蛮性，已多有论述，此文不愿多讲，而“攻势现实主义”值得一提。米尔夏默主张美国应该为了国家权力的最大化而不断地强化武力在对外政策中的作用，目前应该维护在海外驻军，并有意识地遏制中国等国家的崛起，这是因为“国际政治一直是一项粗暴而危险的事务，将来仍将如此，虽然竞争的激烈程度不一，但是大国总是互相疑惧，一直为权力而争夺不止……大国很少会满足现存的权力根本状况，它们总是按照对自己最有利的方式改变现状。它们一直寻求改变现状，如果认为合理的话，他们会诉诸武力来改变均势”。[①] 以攻势掠地为主旨的传统扩张主义，本是西进运动时的罪恶勾当，在威尔逊时代就已成了被美国主流话语所鄙夷的陈年旧话，不料被米尔夏默于新世纪初拾起来，用摩根索、华尔兹和温特的词汇略加拼凑后，竟成了现实主义的又一杆大旗，实在令人可叹。伊拉克战争说明，国际关系理论终结了，国际政治现实还在重演。

（二）美国军国主义再度兴起的政治社会学分析

冷战后美国军国主义的兴起，有着多方面的原因，有恒常

① John Mearsheimer, *The Tragedy of Great Powers*, New York: W. W. Norton & Company, 2001, p. 2.

性的，也有现实性的。综合起来，我们认为，有五个因素不容忽视：

1. **制度理性让位于文化宗教非理性**

军国主义归根到底是社会的产物，而文化是社会的灵魂。美国文化既有多元性的一面，又有单质性一面。在美国外交事务的讨论与决策上，美国文化的单质性似乎更具影响力。我们在上文已经提及，美国国际政治文化中有一种独特的美国式普世主义，即不惜使用武力等一切手段实现美国价值观和意识形态在全球的实现，只不过美国在执行这种普世主义时总是受到国内自由民主制度的制约也表现出温和、理性、节制的特点。美国这种普世主义国际政治文化，施密特称之为“专制和霸道的政治神学”，它部分地源自美国宗教中的神学“二元论”思想。美国学者认为，神学二元论（通过摩尼教、新教的教义）在美国很有市场，它强调善与恶的绝对分立，上帝与撒旦、光明与黑暗、正义与邪恶会进行永无休止的斗争，这种“非友即敌”、“抗拒邪恶”、“通力救赎”的思想已经内化为美国新教徒的文化认同中去，[①] 建国之初大陆会议在《独立宣言》中针对英王的“暴君”说，冷战发端时凯南在“八千字电报”中针对苏联的“邪恶势力”说，上个世纪80年代里根总统针对勃列日涅夫治下的苏联的“邪恶帝国”说，以及最近小布什针对伊拉克、朝鲜等国的“邪恶轴心”说，无不渗透着美国宗教文化底蕴中为“伸张正义”而积极扩张为特质的基督教普世主义。制度是理性的，但文化常常显现出非理性。自由民主制度对这种美国文化的制约是有力的，但又

① 威廉·帕夫：“美国与欧洲的根本文化分歧”，（日）《世界日报》，2002年12月7日号。

是有限的，尤其容易在美国“趾高气扬”的时代败下阵来。冷战结束后，特别是近几年来，由于其他因素的影响，美国的制度理性让位于文化非理性，军国主义思潮再度泛起。

2. 军事工业利益集团的持续推动

从马克思主义国际政治学的角度来看，军国主义与资本主义有着内在的联系，暴力根本上是为资本扩张服务的，20世纪初著名学者索姆巴特教授在论及美国军国主义时，说过一句至今令人回味的话：“我们很容易表明，‘自由之声’的种种音符响彻美国社会生活的许多角落，但是我们也同样容易表明，使得这些声音得以浑厚有力的是炮声、枪声和刺刀声……”[①] 这句话似乎非常适合于解释小布什的战争政策。目前，最能推动布什政府对外政策的，莫过于军事工业联合体。早在布什当选总统时，代表这些集团的主要新闻媒体《华尔街日报》，就在社论中指出，布什政府不会在对外谋求海外利益方面心慈手软，自缚手脚，并呼吁政府尽快废除反弹道导弹条约，建立国家导弹防御体系。[②] 从近三年的美国对外政策实践情况看，华尔街的要求小布什基本上一一满足。被美国史密斯研究所（Smithsonian Institute）誉为“20世纪最有影响的女人”的美国著名反战活动家卡尔迪克特（Helen Caldicott）博士认为，目前人类历史正在处于转折点上，美国的军工集团正在推动政府的核战略和军事扩张政策，特别是“9·11”事件之后，包括洛克希德公司在内的许多军工企业，成功地游说了国会和政府重新考虑国家安全，将削减下来的5000枚核弹头拟定贮存而非销毁，加大新型武器

① Karl Liebknecht, *Militarism*, New York: B. W. Huebsch, 1917, chapter 4, section 11.

② Patrick Martin, "Bush Prepare A Government of Reaction and Militarism", *World Socialist Web Site*, Dec. 18, 2000.

系统特别是与空间战有关的 NMD 建设力度，并拨专款 3 亿美元加强核武器安全，等等，这显然为已有的国际军事危机火上加油。[①] 由此可见，伊拉克战争与美国武器交易商的活动不无联系，而 1961 年艾森豪威尔总统在告别演说中告诫美国人民力主规避的军工利益集团，已经成为新一轮美国军国主义的幕后力量。

3. 悲观主义与新保守主义思潮的影响

悲观主义、现实主义与军国主义各有不同，但往往密切联系在一起。古典现实主义与悲观主义有着天然的联系，因为从其哲学渊源上都是反对理性主义的。修昔底德、马基雅弗利、霍布斯，莫不如此。霍布斯几个世纪之前的话很像对布什现政策的预言，“由于人们这样互相疑惧，于是自保之道最合理的就是先发制人，也就是用武力或欺诈来控制一切他所能控制的人，直到他看到没有其他力量足以危害他为止。”[②] 自霍布斯时代起，现实主义就批判理性主义的空想，把人性之冲突作为现实主义出发点，并持悲观主义态度。美国现实主义国际关系理论史上第一位大师级人物，是基督教现实主义代表人物莱因霍尔德·尼布尔，他在 1936 年指出，现实主义神学较自由主义神学更正确性在于，现实主义者找到了人们生活中各种冲突的根源，认识到人之生存具有不可避免的悲剧性，发现人的行为具有无可挽救的非理性特征，进而判析出人类历史具有迂回曲折、错综复杂的性质。[③] 冷战结束之后，虽然一批自由派人物如［历史的

① Hellen Caldicott, *The New Nuclear Danger*: *George Bush's Military-Industrial Complex*, The New Press, 2003.

② 霍布斯：《利维坦》，商务印书馆，1985 年版，第 93 页。

③ 尼布尔：《自由主义的盲目性》，转引自涂纪亮：《美国哲学史》，第二卷，河北教育出版社，2000 年版，第 520 页。

终结］作者福山等人欢呼“自由民主制度的一统天下”，但悲观主义和保守主义学者在战略学界更有市场，卡普兰、亨廷顿、米尔夏默等人发表了多篇有影响的文章，充满了“美国文化将会在不远的将来被非盎格鲁—撒克逊文化超越”、“西方衰落”之类的忧患意识和悲观情绪。这种意识外化成为过分的不安全感，促成了美国加紧“寻找”和建构潜在战略对手和战略威胁，一度出现了“日本威胁论”、“中国威胁论”、“文明冲突论”等等。“9·11”事件进一步加深美国的不安全感，本土安全自南北内战以来第一次纳入紧急防御议程，悲观主义和保守主义思潮极度膨胀，军国主义迅速聚积起必要的社会基础。

4. 准单极格局的便利条件

美国军国主义提供了绝好的国际环境。从历史上看，美国军国主义的兴衰也有规律性，其周期大致是50年，这与国际格局变迁规律大致符合。而且每当美国国力上升幅度比较大，国际环境相比十分有利于美国发挥世界（或地区）警察作用时，美国的军国主义就容易“发作”。西进运动前后，欧洲大陆陷入了无休止的强权政治与殖民战争之中，英法普俄等国无暇顾及北美洲迅速崛起的美国，美国假“门罗主义”加紧对外扩张，军国主义上升为重要的国内思潮；美西战争时期的美国实际上已上升为世界上仅次于英国的超级大国，在亚太地区急欲攫取霸主地位，军国主义随着老罗斯福的“高声断喝”和“大棒政策”而来；经过二战的洗礼，美国在20世纪50年代成为名符其实的世界性霸权国家，加上核垄断的特有荣誉，为美国军国主义的生成创造了条件。进入21世纪，美国坐上了唯一超级大国和最强大军事强国的交椅，国家自豪感和自我崇拜意识陡然上升，为了满足其实现最大化霸权和世界秩序的要求，容易推行单边主义政策，伺机用武力来解决其“管理世界”中出现的难题。

5. **对军事技术与武器优势的自我迷恋**

历史上，美国就极度重视乃至迷恋高技术兵器在军事决胜方面的重要作用。这方面，美国与历史上的俄国、日本均有不同。俄国单纯强调军队人数，日本在精神上渲染军国主义。摩根索就明确地指出了这一点，“在美国，一种影响广泛的倾向是过分强调战备的技术方面，如飞机的速度和航程和核武器的独特性。……军国主义的错误不可避免地导致将国家权力与物质力量等同起来。”我国学者结合摩根索关于军国主义的研究成果分析认为，过分强调高技术武器装备，已经成为当代美国军国主义的重要特点。[①] 近20年来，新军事革命首先在美国兴起，随后在全世界风起云涌，美国无论就研究成果上，还是成果的军事转换上都远远领先于其他军事强国，更不必说中小国家了。这种高新武器迷恋，导致美国军界及其利益集团总是希望在世界上寻找“兵器试验场”。

总之，美国军国主义所代表的新军国主义，是面对国际社会新形势在维持战争合法性资源的框架下对军事力量解决国际问题的迷恋或过分依赖理念。它是国内社会和国际社会综合因素影响之下发生的。如果不重视战争合法性，它就成了旧军国主义；如果珍惜战争合法性资源，它就不会导致如此多的国际干预。它是和平主义的敌人，国际社会的隐患。

---

① 许嘉：《美国战略思维研究》，北京，军事科学出版社，2003年版，第128—129页。

二、多边国际战争及其对世界秩序的建构

有一种合法性战争格外引人注目，它在20世纪90年代以海湾战争和科索沃战争的形式出现，进入21世纪以来又披上了国际反恐怖主义的外衣，这种战争我们暂且称之为多边国际战争。它是国际社会多数大国在外交解决某国际问题无望的情况下，征得国际组织“授权”后，向单一的“违规国家”发动的“合法性”战争。本部分从国际关系史和世界战争史的角度，试图对这一战争现象作初步研究，并结合21世纪初国际政治的现实，重点探讨它对于世界秩序的建构意义。

（一）多边战争的定义及其规律分析

1. 多边战争的定义

多边战争，又称多边国际战争，是人类进入现代之后国际关系舞台出现的一种独特的战争类型，它不同于世界历史上大量存在的由一个国家发动的、针对个别国家的单边战争，如英阿马岛战争；也不是由国家联盟对其他某些国家的战争，如同盟国体系与协约国之间爆发的第一次世界大战，而主要指主权国家体系内三个或三个以上的主要国家（多边主导国）动员多个国家（多边国家）参加的多国部队，以“合法”名义旨在打败有违“国际游戏规则”或“国际社会整体利益”的个别国家（落单国家）的国际战争，带有明显的集体性、社会性和“合法性”。可见，多边战争是人类社会进入民族国家体系时代国际社会形成的历史背景下才可能出现的国家间有组织的暴力活动，它类似于西方著名学者赫德利·布尔所说的“从国际社会角度

认识的战争”。①

表5 17—20世纪的体系性多边战争

序列	战争	爆发时间	多边国	主导国	落单国	备注
1	奥格斯堡战争	1779年	英、荷、西、奥、瑞、普	英、荷	法国	维持威斯特伐利亚秩序
2	西班牙王位继承战争	1701年	英、荷、奥、普	英	法国	
3	波兰王位继承战争	1733年	俄、奥、普	俄	法国	
4	第一次反法同盟战争	1793年	英、荷、俄、普、奥	英	法国	
5	波兰战争	1794年	俄、普、奥	俄	波兰	
6	第二次反法同盟战争	1799年	英、俄、奥、西	英	法国	
7	第三次反法同盟战争	1804年	英、俄、奥等	英	法国	
8	第四次反法同盟战争	1806年	英、俄、普、瑞典	英	法国	
9	民族大战	1813年	英、俄、普、奥、西、葡	英	法国	
10	第六次反法同盟战争	1815年	英、俄、普、奥、西	英	法国	造就维也纳秩序

① 布尔认为，与作为单一国家推行外交政策的战争不同，战争在国际社会中还发挥了维持国际社会世界秩序存在的功能，即维持大国之间的均势，防止某一个国家过于强大威胁其他国家的存在；另外，还有人认为，由于国际社会中不存在和平变迁的机制，战争就充当了这种机制，不但可以维护国际法秩序和均势秩序，还可以实现合乎正义的体制变迁和格局转换。Hedley Bull, *The Anarchical Society*, Columbia University Press, 1977, pp. 188 - 189.

续表

序列	战争	爆发时间	多边国	主导国	落单国	备注
11	反土战争	1827 年	俄、英、法	俄	土耳其	
12	克里米亚战争	1854 年	英、法、普、奥等	英	俄国	
13	庚子战争	1900 年	英、法、俄、美等	英	中国	清朝向八国宣战
14	协约国干涉苏俄战争	1918 年	英、德、美、日等	英	苏俄	凡尔赛秩序前奏
15	太平洋战争	1941 年	中、美、英	美	日本	
16	国际反法西斯战争	1942 年初	中、苏、美、英等 26 国	美	德国	根据《联合国家宣言》
17	朝鲜战争	1950 年	美、英、法等 16 国	美	朝鲜	
18	海湾战争	1991 年	美、英、法等 39 国	美	伊拉克	冷战结束后的第一场战争
19	科索沃战争	1999 年	美、英、法、德等	美	南联盟	

具体来讲，多边战争主要满足至少三个条件：一是有国际体系或次体系内三个以上的主要大国参加，即在特定的历史时期内在世界舞台上或地区舞台上综合国力或影响力居有前列的大国，如 1991 年由安理会五个常任理事国中的三个即美英法参加的、对伊拉克的海湾战争，第四次中东战争中只有埃及、叙利亚两个国家对付以色列，还不能称为区域性的多边战争；二是战争的另一方往往是在国际社会上非常孤立的个别国家，主要是一个兴起中的大国或有影响的地区强国，而不是强强联合

的国家联盟，如第一次世界大战中协约国对同盟国的战争就称不上多边战争；三是由于多边战争是多数强国对个别国家或强国的战争，战争往往披上“合法性外衣”，有明确的“国际道义”支持或某种为多数国家所接受的意识形态或原则旗帜，海湾战争多国战争的合法性就在于多国部队有联合国的授权，并高举维护科威特国家主权和领土完整的大旗。根据主要大国是区域层次上还是体系层次上，多边战争可分为体系性多边国际战争和区域性多边国际战争两种。

据不完全统计，自威斯特伐利亚和会至20世纪末近四个世纪的国际关系史上，共发生了大约19场体系性多边战争和7场区域性多边战争。由于区域性多边战争数量相对较少，下面我们着重研究体系性多边战争，如不标明一般把多边战争指代体系性多边战争。

2. 17—20世纪多边战争的发生规律

我们以世纪作分析的时间单位，对（体系性）多边战争的数目、多边国与落单国数量、战争持续时间以及多边主导国数目等多个变量作简单的统计分析，可以发现在这些战争中存在着至少四个规律：

一是多边战争呈现出数量日益递增的趋势。17世纪有1场，18世纪有5场，19世纪有6场，20世纪有7场，这表明在国际战争诸多类型中，多边战争日益成为国际社会处理全球问题和地区冲突的战争模式，它不但成本低，而且后果也较明显，往往打着某种道义的旗帜，比起单边战争来，更容易为国际社会所接受，到20世纪里多边战争达到7场，显然与国际体系的不断扩大、大国间互动的增多，以及“集体安全理念”不断增强有着一定的联系。

二是多边国与落单国的数量均呈现出不断增加的规律。18世纪一次战争中多边国数目一般维持在5、6个，最多不超过10个，所有战争的落单国数目只有2个；到20世纪一次战争有八九个多边国是常有的事，最多的时候达三四十个，落单国的总体数目也达到了7个，说明大国需要协调的领域不断扩大，挑战世界秩序的行为体日趋多样化，而国际社会越来越意识到集体安全的重要性，民族国家越来越把参与多边战争当作实现现实与长远国家利益的重要手段。

三是每场多边战争的平均持续时间不断缩短。17世纪为9年，18世纪为4年，19世纪为2年左右，20世纪不到1年，这是由于军事领域自身变革与发展规律所决定的，武器装备、作战样式、编制体制、指挥组织等方面都随着军事技术革命的发展而不断发展，战争的时间总体上大为缩短。

四是多边主导国家的数目基本维持在2个，呈现出高度的稳定性。17世纪那场多边战争的倡导者和组织者是威廉宗王，他先是在荷兰执政，后经过“光荣革命”当了英国国王，18、19、20世纪的多边主导国数目均为2个，分别是英国（主导了4次多边战争）和俄国（主导了1次多边战争）、英国（主导了5次多边战争）和俄国（主导了1次多边战争）、英国（主导了2次多边战争）和美国（主导了5次多边战争），这表明，一个世纪内世界秩序基本上是稳定的，国际体系的转换有一定的惰性，占有主导地位的世界大国的兴起和衰落要经历相当长的周期演变。

（二）国际政治社会学关于世界秩序的理论诠释

1. 现实主义与新自由主义对世界秩序的观念

世界秩序是国际政治中最基本、最古老、最有争议的概念之一。从最高的层次上讲，从“三十年战争”至今四百年的世界秩序，可以统称为“威斯特伐利亚”秩序，这是因为主权民族国家体制并未发生改变，这一点没有人提出异议。但对于具体的世界秩序是什么，至今学界对它也没有统一的认识，学者们从不同的学术流派、文化背景和国家立场出发，对“世界”和“秩序”以及国际关系的实质做出了不同的理解。受（新）现实主义思想影响很深的学者认为，世界秩序就是大国间的权力分配状态，大国数目和实力对比情况支配了世界秩序的内容，世界秩序可分为霸权秩序（单极秩序）、两极秩序、三极秩序、多极秩序（均势秩序）等等，在这种意义上讲，世界秩序就是国际格局或国际物质结构的同义语。亨利·基辛格和肯尼斯·华尔兹主张这种世界秩序观。新自由制度主义对（新）现实主义的观点进行了修正，认为世界秩序不仅是大国权力相对稳定的分配结果，也指代一种形成国际关系结构的复杂过程，研究世界秩序尤其要关注国际关系中的经济因素和制度因素，不能简单地以传统的一种模式来描述和规划世界秩序，冷战后最符合国际和平、世界现状和未来发展趋势的世界秩序模式就是，维持霸权秩序下的多层次相互依赖格局，并充分关注依靠多边主义和制度合作来维持一种改善了的霸权秩序。罗伯特·基欧汉的《霸权之后》和约瑟夫·奈的《理解国际冲突》，均持这种世界秩序观。

2. 国际政治社会学关于世界秩序的观念

与现实主义和新自由制度主义不同，国际政治社会学（建构主义是其中一支）从另外的角度研究世界秩序。美国的社会建构主义国际关系理论认为，世界秩序不仅是大国间的物质结构，更是大国间的文化结构和认同结构，不同的观念体系和意识形态体系之间形成了特定的世界秩序，如以霍布斯式的“一切人反对一切人的战争”的眼光和以洛克式“独立平等”的眼光看待世界，世界秩序的含义是不同的。冷战秩序在现实主义看来是两个超级大国之间必然形成的两极秩序，而在建构主义看来则是持不同意识形态信仰的大国由于持续的话语实践和外交上的恶性互动形成的相互对立的观念秩序，冷战秩序的瓦解主要不是苏联经济不支和国力下降的结果，而是苏联领导集团和国家认同体系发生趋同于西方认同体系的演变运动所致。[①]

国际政治社会学学者重新界定世界秩序。1965 年全球性的世界秩序研究会议召开，以雷蒙·阿隆为代表的多数学者主张世界秩序是“国际社会成员国相互和平共存的最低条件”。[②] 赫德利·布尔在其 70 年代出版的名著《无政府社会》中也明确指出，“世界秩序是人类社会整体为实现社会生活的基本或首要目标而采取的人类行为模式或倾向”，以及“为维护人类社会合作、稳定与和平所做的一种合理安排。”[③] 阿隆的学生斯坦利·霍夫曼将前人的观点加以综合，认为世界秩序是一个多层面的复杂概念，它至少包括三个缺一不可的方面：一是实现国家和

① 郭树勇：《建构主义与国际政治》，长征出版社，2001 年版，第 1—7 页。

② 倪世雄等：《当代西方国际关系理论》，复旦大学出版社，2001 年版，第 457—461 页。

③ Hedley Bull, *The Anarchical Society*, Columbia University Press, 1977, p. 20.

睦关系的理想模式；二是确保国家间友好共处的重要条件和行为准则；三是合理解决国际争端、促进国际合作、推动共同发展的有效手段和有序状态。[①]

秩序是权力、制度和认同全面互动的结果和安排。没有大国间的权力分配和利益角逐，世界秩序就只能是一句空话，无论是威斯特伐利亚秩序，还是雅尔塔秩序，都是大国间诉诸战争和外交实践实现本国国家利益的结果。同时，世界秩序往往又是一种制度安排，是各大国和国际社会对于未来国际秩序的一种理性设计，凡尔赛—华盛顿秩序中的“集体安全原则”和国际联盟，以及雅尔塔秩序中的“大国一致原则”和联合国都是这种设计的典型例子。另外，处于大国权力斗争和制度设计背后的则是大国间的观念认同和意识形态，它往往起潜在的作用，但又无时不在地体现在各国决策者思维、各国外交辞令以及国际法准则之中，如18世纪休谟所言，由于“均势思维已经深深地扎根于各国人们的思维之中”，维持均势成为国际政治的基本政治认同。大国间认同不仅像列宁所说的那样“不但反映世界，而且创造世界”，而且给多边战争和世界秩序披上“合法性”的外衣。战争“合法性”的要义在于，多边战争能够为多数大国所认同，能够举起一定的反映国际社会“意志”的旗帜，能够代表一种正在兴起的或占主导地位但不一定符合人类社会发展方向的国际政治文化。

---

① Stanley Hoffmann, *Primacy or World Order: American Foreign Policy Since the Cold War*, New York: McGraw-Hill Book Company, 1978, p. 109.

（三）奥格斯堡战争以来的多边战争对世界秩序的建构

战争往往是历史发展的杠杆，是旧秩序的护驾兵，是新秩序的助产婆。从客观描述和分析的角度看，近代以降的多边战争，本身充满了罪恶和残酷，却比其他战争更直接地推动了世界秩序的创设和建构。“战争是政治的继续”，在当代国际政治中可以表述为，多边战争是世界政治的继续，世界政治（秩序）是多边战争的建构。

1. 奥格斯堡战争对17世纪后期世界秩序的建构

近（现）代国际关系史是以结束“三十年战争”（1618—1648年）的威斯特伐利亚和会为开始标志的。三十年战争之后的半个世纪里，只发生了一场多边战争，就是八九十年代以英国、荷兰、西班牙、奥地利、瑞典、勃兰登堡（普鲁士前身）等国参加的、反对法国路易十四追求欧洲霸权的奥格斯堡战争。这场战争从三个方面建构了世界秩序。从权力角度讲，恢复了战争之前欧洲大陆的均势状态，一定程度上遏制了法国追求霸权的战略意图，进一步确立了英国的海上霸主地位。从制度角度讲，确立了以《里斯维克和约》为主要内容的新制度体系，以条约和法律的形式认可了战争后关于领土划分和补偿的基本安排。从认同角度讲，基本上维护了西欧诸国在30多年前建立的“主权国家平等”、“条约必须遵守”等认同体系为核心的威斯特伐利亚秩序，从此之后，任何改变领土现状特别是大陆均势和主权国家地位的企图，都要付出比“三十年战争”前更大的代价。

2. 西班牙王位继承战争等5场战争对18世纪世界秩序的建构

18世纪共有5场多边战争，分别是1701年—1713年英国、荷兰、奥地利、葡萄牙等国反对法王路易十四及其孙子的西班牙王位继承战争；1733年—1735年俄国、奥地利、普鲁士等国主要针对法国的波兰王位继承战争；1793年开始的英国、荷兰、俄国、普鲁士、奥地利等国干涉法国大革命的战争；1794年俄国、普鲁士和奥地利对波兰的战争；1799年至1802年英国、俄国、奥地利、西班牙等国与拿破仑的战争。这些多边战争是18世纪世界秩序形成和体现的重要方面，这可以从三个方面加以理解。从权力维度讲，英国是全球范围内的海上霸主，法国不断追求在欧洲大陆的霸权地位，多边战争有4场是直接针对法国的，西班牙、荷兰从大国行列中退出来为日益崛起的俄国和普鲁士所代替，欧洲大陆呈现出一种动态的力量均衡状态。从认同维度讲，“主权平等”、“条约必须遵守”、“均势就是和平”、“大国对和平具有重大责任”、“势力范围”、“国家合法化需要外交承认”等观念已经内化到各主要大国的外交思维和实践中去，并且逐渐制度化和机制化，有几场战争，例如，西班牙王位继承战争就是因“条约不被遵守”的借口而引起的。从制度维度讲，各大国在5场多边战争中依靠强制力建立了一系列和约体系，最著名的是《乌得勒支和约》体系，它以制度的形式确定了未来一个世纪西欧国际关系的活动框架：即西班牙不能与任何大国合并；英国进入地中海，成为欧洲海上霸权国；勃兰登堡的腓特烈被承认为普鲁士国王。任何一个欧洲大国特别是法国要想突破这种制度体系，就必须付出超出寻常的牺牲。因此，从某种程度上讲，后来拿破仑追求霸权的制度成本实在太大，英法争夺必然从欧陆转移到海外。世界秩序面临着新的挑战，而秩序的生产和再生产又必须依靠持续不断的多边战争。

3. **反法多边战争等对19世纪世界秩序的建构**

19世纪里欧洲各大国共发动了6场多边战争，先后是1804年英国、俄国、奥地利等国反对拿破仑的战争；1806年英国、俄国、普鲁士、萨克森、瑞典等反对拿破仑的战争；1813年英国、俄国、普鲁士、西班牙、瑞典、葡萄牙等国反对拿破仑的"民族大战"；1815年，英国、俄国、普鲁士、奥地利等国反对拿破仑"百日帝国"的战争；1827年俄国、英国、法国等对土耳其的战争；1854年英国、法国、普鲁士、奥地利、土耳其等反对俄国的克里米亚战争。不难看出，反对拿破仑法国是这个世纪多边战争的主题，也正是在组织反法同盟和参与反法战争的过程中，世界秩序才得以形成：英国维持着世界霸主地位，欧洲进入了"不列颠治下"的"百年和平"（1814—1914年）。从权力维度上讲，世界秩序表现为欧洲大陆的势力均衡的多极国际体系，为了维护这种权力秩序，英国导演了4次多边战争，主要是解决世纪前叶的英法矛盾和世纪中叶的英俄矛盾，由于俾斯麦成功的大陆同盟体系政策，反对德国的多边战争迟迟未能在19世纪后期打起来。从认同维度上讲，这个时期的世界秩序主要体现在维也纳体系的三个主要原则上，即正统原则、现状原则和补偿原则。"反革命"（反对法国大革命）一时成为欧陆主要大国的集体认同，因此，这个世纪的世界秩序呈现出某种反动性。当然一些新的认同已经从法国大革命的对外口号和一些国家的具体政策中体现出来，比如"人民外交"、"公开外交"、"民族自决"、"中立原则"、"公海自由航行"等等，但这时尚未形成制度化，未成为国际社会的主流，只是到了20世纪初期才为多数大国所公认。从制度维度上讲，世界秩序制度化出现了较大发展，形成了一系列规范国际关系的制度原则，集中地体现在维也纳制度体系中。它包括《维也纳最后议定书》、《神圣同盟条约》、《四国同盟条约》和“大国会议外交制度”。其中，《维也纳最后议定书》以法律的形式重新划分了拿破仑战争后欧洲各国的疆域，出台了三个重要制度：一是于1815年2月8日由英国、俄国、奥地利、普鲁士、法国等8国共同声明废除罪恶的奴隶贸易制度；二是制定了国际河流航行管理的“开放”制度；三是规定了外交人员的位次以及法语为外交公用语文的制度。《四国同盟条约》规定大国定期开会，由各国君王亲自主持或大臣各自任主席，商讨有关共同利益的问题，从而创立了现代国际关系史和外交史上的有名的“欧洲协调”制度和大国协调会议制度。因此，人们甚至把欧洲协调作为对19世纪世界秩序的最好描述。

4. 20世纪多边战争的复杂性以及世界秩序的建构方向

20世纪的多边战争共有7场，分别是1900年英国、德国、俄国、美国、日本、意大利、法国、奥地利等8国的侵华战争；1918年英国、德国、美国、日本等国武装干涉苏俄的战争；1941年正式开始的中国、美国、英国与日本之间的太平洋战争；1942年中国、美国、英国、苏联等26国的反对希特勒的国际反法西斯战争①；1950年美国、法国、英国等16个国家以“联合国军”名义对朝鲜半岛发动的战争；1991年美国、英国、

① 由于苏联尚未对日作战，在苏联的要求下，1942年初发表的《联合国家宣言》中只提到战争的目的是“战胜希特勒主义”，即把法西斯德国作为共同敌人。

法国、意大利等39个国家组成的多国部队向伊拉克发动的海湾战争；1999年美国、英国、德国、法国、意大利等北约国家对南斯拉夫军队发动的代号为“联盟力量”的科索沃战争。这些多边战争呈现出复杂性，一是既有非正义战争（如侵华战争和朝鲜战争），又有正义战争（如国际反法西斯战争和海湾战争），也有正义性不甚明确的战争；二是多边战争的参与国由昔日的欧洲大国为主，向非欧洲大国（美国、中国、苏俄）与欧洲大国同时参与转变；三是多边战争落单国多元化、战争发生区域不定化、战争参与国数目不稳定性。因此，多边战争所建构的世界秩序也处于不断的变动之中。20世纪的世界秩序，从权力维度讲，经历了由多极秩序（1919—1945年）向两极秩序（1945—1991年）又向多极秩序（1991— ）转化的发展轨迹。

但从某种程度上讲，多边战争所建构的世界秩序又有明显的发展方向。可以说，20世纪美国一以贯之的全球战略就是建立霸权体系：一战结束后的世界秩序是美英法日意排斥苏德的凡尔赛—华盛顿秩序；二战后的世界秩序是以“美苏合作、五大国一致、分裂德国”为主要内容的雅尔塔秩序；冷战结束后，美国成为唯一的超级大国，世界秩序呈现出某些单极的特征。在上述世界秩序的形成过程中，多边战争扮演了重要的角色。例如，90年代的两场多边战争则直接是为追求和巩固冷战后美国的霸权地位服务的，海湾战争进一步巩固了美国在中东地位的霸权地位，强化了其在全球范围内的超级程度，科索沃战争则是美国及盟国在欧亚大陆交合地区为推进其东扩战略，最终实现更大范围内的霸权地位所进行的一项重大军事行动。

由于苏联、中国和美国加入了某些多边战争，20世纪的大国关系和世界秩序有了全球意义和进步意义，集体安全观念、民族自决原则、反对殖民主义、公海自由航行、中立观念、市场经济、民主制度、反对法西斯主义、不结盟主义、全人类利益至上、全球是命运共同体等等逐渐成为大国认同体系的主要内容。但是由于20世纪人类历史进步出现了明显的阶段性，意识形态的发展复杂多变，所以，不同时期大国认同体系也各不相同。在20世纪二三十年代的凡尔赛体系中还有着“反苏俄”的认同内容，正是在这种认同促发了1918年的多边战争，而它又影响了凡尔赛—华盛顿会议的议事日程，某种程度上促使各大国尽快达成了关于在战后世界秩序中排除苏俄影响甚至反对苏俄的制度安排（如国际联盟没有邀请苏俄参加）。1999年的科索沃战争前后，西方大国发展了一种新的北约战略概念，这种战略概念以“人权高于主权”为幌子，这实质上是一种新的西方大国间认同。这种认同虽然目前还未获得国际社会的一致赞许，但有可能在未来被超级大国及其盟国强制制度化，上升为国际法的基本原则。

20世纪的世界秩序基本是国际反法西斯战争的权力斗争结果和集体安全理念的进一步外化，它表现为以美国为主导的一系列国际制度安排，包括以联合国系统（《联合国宪章》）为核心的国际政治、安全、社会、教育、科学、文化、卫生等领域制度体系，以及以国际货币基金组织、世界银行、国际开发协会特别是世界贸易组织为核心的世界经济制度体系。除了全球层次的重要国际制度外，美国还主导设计了许多重要的区域性国际组织，如政治安全方面的北约、美日同盟，经济上的北美自由贸易区、亚太经济组织、西方七国首脑会晤、经合组织等等。通过太平洋战争和国际反法西斯战争，美国将昔日由英法控制的《国际盟约》加以改造和发展，以《联合国家宣言》为基础，建立了《联合国宪章》，成为它实现和巩固世界霸权的有力手段，即使美国的绝对和相对综合国力不断下降，美国还是能够依靠它所设计的制度体系延续其霸权统治。值得注意的是，美国不断利用多边战争，一方面维持其现有的霸权秩序，另一方面如上文所说，适时发动多边战争创设新的国际制度，将最有利于其长远国家利益的大国间认同体系不断制度化。科索沃战争是将“人权高于主权”制度化的一个尝试。

（四）新世纪世界秩序建构的主导战争模式与第二次海湾战争

1. 多边战争可望成为世界秩序创设的主导战争模式

21 世纪的头 10 年，主导性大国利用多边战争护持世界秩序的可能性较以往更大，这主要有五个方面的原因：第一，从四百年国际关系史看，多边战争有逐渐增多的趋势，虽然战争是政治的继续，当外交不能解决秩序问题时，战争必然被派上用场，但时代不同了，合法性战争越来越为多数大国所普遍接受的战争模式，而多边战争是多数大国的集体军事行动，往往以联合国或其他有全球影响的国际组织的授权为旗帜，较其他模式的战争更具“合法性”。因此，21 世纪初会比以往任何时代更具有多边战争的可能性。第二，21 世纪是经济全球化与相互依赖全面发展的时代，随着国际社会整体性发展的深入，大国间核战争、联盟对抗战争甚至局部战争的发动成本越来越大，多边战争的对象往往是一个国家，而且未来往往不是一个主要大国，因此，它不会引起太大的战争烈度，战争持续时间也较短，对世界经济和核安全影响较小，将成为现在和未来国际政治和国际军事中主导性的战争模式。第三，多边战争“决策正确性”比较强。因为多边战争是多国行动且往往有联合国授权，它常常在战争准备上较为充分，在战争手段上较为温厚，在战争发动上更加谨慎和理性，故不会有太大的战争决策方面的失误，更容易为反对大规模高烈度冲突的鸽派人士和国际社会所接受。第四，多边战争是大国间的战争，它可以直接将大国间认同通过战争强力而加以制度化，并为此富有效率地生成出一种较为“合法”的世界秩序，这样可能会大大减少秩序转换过程中的大国间对抗可能性，减弱甚至避免世界格局转换时期权力换位的国际动荡，故越来越为国际战略界人士关注。第五，也是最重要的是，美国比以前更加需要多边战争来建立其主导的世界新秩序。进入21世纪2年多的时间内，美国为贯彻其全球霸权战略，利用与自己有利的合法性资源继续创设大国间认同，使之制度化，为其新的世界秩序服务，并为此已经发动了一场多边战争，即美英俄中分别展开的反对国际恐怖主义的中亚反恐战争，并正在加紧部署组织第二场多边战争，即第二次海湾战争。

2. 中亚反恐战争对于世界秩序建构的意义

“9·11”事件后，美国抓住战略机遇，成功地组织了一场由中俄英等主要大国参加的反对国际恐怖主义的多边战争，由于它主要发生在中亚及周边地区，我们暂称之为中亚反恐战争。这次战争与过去4个世纪的多边战争相比，至少有以下几个不同的特点：第一，战争对象不是一般意义上的落单国家，而是国际恐怖主义势力，这是一种非国家行为体，具有跨国运动的性质。具体地讲，这次多边战争的对象有三股力量：由拉登领导的具有多国背景人员混合而成的“基地”组织，对“基地”组织持同情态度的阿富汗“塔利班”政权，以及散布在中国、俄罗斯和巴基斯坦国等境内与“基地”组织有着密切联系的各恐怖主义势力。第二，战争有三个各不联系的战场，第一个战场阿富汗战场，英美两国军队对阿富汗宗教政权和“基地”组织实施打击；第二个战场是车臣，俄罗斯对渗透到其车臣共和国境内的恐怖主义分子及与之有联系的原有民族分离主义进行军事打击；第三个战场就是包括中国新疆在内的中亚周边地区各国都展开了打击国际恐怖主义的活动，[①] 中国政府也大量搜捕与“基地”组织与密切联系的民族分离主义和恐怖主义分子。第三，由于战争对象散布在各个主权国家，而参战国家专注于各自主权范围内的军事事务，战场各不联接，指挥相互脱离，是一场“政治协调、军事分离”的多边战争。可以预见，随着国际关系的进一步发展，非国家行为体成为多边战争对象的可能性增大，多边战争的形式和内容都会发生进一步的变化。

这场多边战争对于世界秩序的创设无疑有着重要的先导意义。我们知道，目前世界秩序的主导性大国是美国。美国正在从权力、认同和制度化三个维度大力创设以其为主导的新世界秩序。从权力斗争维度讲，美国旨在通过由英国和北约其他大国支持的多边战争，在阿富汗、中东等地区进行战略控制，以此强化其全球惟一超级大国地位。从认同维度上讲，美国政府企图从反恐宣传和一系列的国际社会反对恐怖主义动员活动，来强调和统一大国之间在反恐问题上的立场和观念，力图把反恐塑造成一种新型的国际意识形态，正如19世纪初的“反革命”和20世纪初的“反苏”一样，努力把“反恐”作为21世

① 在中亚周边海区，法国等国家也派出战舰协助美军行动，以抓捕本·拉登、阿尔—凯达组织成员以及塔利班战士。见《支持美军反恐行动 法国数艘舰艇正在前往印度洋途中》，中国日报网，2001年12月9日。

纪初世界新秩序的认同基础。应该说，美国外交在这一点上也是成功的。“9·11”事件后，美国大做反恐文章，特别注意在反恐问题上加强与西方国家的磋商，也注意了与俄罗斯和中国的反恐合作。并以此为基础，将国际反恐行动与加强对中亚地区战略渗透和对中东地区战略控制联系起来。从制度维度讲，美国政府会继续在核不扩散、环境问题、贩毒行动等全球性问题上主导全球性国际制度的创设，但主要会集中精力于两个方面，即一方面把业已形成的“反恐”认同制度化，从“9·11”前的美俄共同反对恐怖主义协定，到“9·11”事件后利用联合国制定国际反对恐怖主义条约，而且近期还在不断利用各种时机完善反恐制度建设，力图形成一个由美国主导的反对国际恐怖主义国际制度体系。另一方面，美国政府还会利用其权力上的超强地位和国际意识形态的话语霸权，不断创设符合西方价值观的各种新规范，很可能把在科索沃战争期间的“人权高于主权”的西方大国间认同进一步制度化，先在西方语境内形成明文制度，后在联合国系统加以推广。事实已经表明，美国政府不会放弃上述两种制度化方向，但在目前现实主义占主导的情况下，会更易于采取前者，且鉴于中俄法等大国与美国在反恐问题上形成了集体认同，因此，说21世纪前15年的世界主导秩序为美国主导下的反恐秩序，其实并不为过。为创设和巩固这种世界秩序，美国最有效的战略选择就是发动有联合国授权或北约国家集体实施的多边战争。

正在建构的新世纪世界秩序是一个庞大的认同与制度体系，反恐是头等大事，人权、核不扩散和环境污染等问题暂时居于次地位，并若有可能就密切地与反恐联系起来。这是因为，反恐具有最强烈的国内认同基础，反恐最容易把中俄英法等大国结合起来，反恐最能够取得世界多数国家的认同。美国实现自身主导的世界秩序必须首先贯彻反恐战略，而不是人权战略或者其他。美国小布什政府主导发动了以阿富汗为主战场的中亚反恐战争获得成功之后，很快就将战争的目标转向伊拉克。这进一步显露美国政府的战略企图：以中亚反恐战争的成果为基础，不失时机地解决“伊拉克问题”，将已经启动的世界反恐秩序进一步稳固化和制度化，为未来解决其他问题（包括朝鲜核问题）奠定更加坚实的秩序基础。第二次海湾战争是美国实施反恐战略和建构世界反恐秩序的第二步。把“反伊倒萨”战争纳入多边反恐战争系列，是小布什政府蓄谋已久的战略设计。其主要手法有两个方面，一是争取联合国安理会支持对伊动武，二是将伊拉克与国际恐怖主义联系起来。早在2001年12月中亚反恐战争期间，就有报道说美国打算将反恐战争扩大到伊拉克，[①] 而当2002年“9·11事件”一周年之际，小布什在联合国大会上发布演讲时，就正式把反恐战略的打击对象由拉登转向伊拉克。他在这次具有标志性意义的讲话中，把打击恐怖主义列为美国的头等大事，并指出“伊拉克政权的所为作为对联合国的权威构成了威胁”，在美国提出的对伊拉克五项具体要求中，其中重要一项涉及恐怖主义：“如果伊拉克政权希望和平，就应按照联合国安理会有关决议对所有国家提出的要求，立即停止一切支持恐怖主义的活动，并采取行动制止恐怖主义。”[②] 为了争取安理会的战争授权，美国多次与中俄法三国进行磋商，终于在2002年11月达成了对伊进行更严格核查的1441号决

① 《安南称将反恐对象瞄伊拉克是“不明智的”》，中国新闻网2001年12月9日。

② 《布什认定萨达姆是第一号公敌》，《纽约时报》9月13日，载引中国日报网9月13日。

议，但这次决议同时也约束了美国的战争行为，美国并未达到自己的目的。2003年2月7日，小布什进一步敦促安理会五大国通过一项授权对伊拉克动武的新决议。这表明，组织一场多边战争符合美国反对恐怖主义这个根本国家利益。2003年2月13日小布什在美国梅波特海军基地发表了重要演讲，对第二次海湾战争作进一步的战争动员。他继续呼吁联合国安理会做出对伊战争的决定，以挽救正在受到威胁的自由与和平。同时大事渲染伊拉克与恐怖主义的联系。他说，“今天，美国和全世界面临的最大威胁，就是这个正在发展核武器和生化武器的‘非法政权’，这个政权将把这些武器用于勒索、恐怖主义以及大规模的屠杀，因此，我们将使用所有能够使用的力量来彻底击败它。”[①] 也就是说，他把有违国际社会和大国认同基本原则的三大罪状全给萨达姆政权盖上了，即践踏人权的政治专制主义、危及世界的核扩散和大规模杀伤性武器发展计划，以及“政治瘟疫”国际恐怖主义。可以说，为了发动这次多边战争，美国已经作了政治学意义上的所有准备。然而，令人遗憾的是，小布什政府最终抛弃了多边主义，采取了单边主义的形式发动了伊拉克战争，这样就背离了国际社会关于战争与和平问题的理性轨道。

三、权力与共识交互影响下的区域一体化道路

在经济全球化与反全球化斗争激烈，国际社会化与反社会

---

① 《布什在军事基地作战争动员，称将全力击败萨达姆》，中国产业新闻，2003年2月14日。

化日益突出，单边主义外交与多边主义外交互有攻守的情势下，国际政治、经济与社会的区域化发展成为一体化、全球化发展的重要步骤与时代体现，似乎就成为一种必要与必然了。① 地区主义及其实践成为国际关系研究与大国政治研究的前沿领域，完全符合理论进步的逻辑。本节主要以东亚地区化的“强多边协商，弱制度主义”② 的总体实践现状为背景，以历史上全球共识的制度化经验以及欧洲制度建设为借鉴，重点探讨地区共识如何与权力相结合，向制度化转换的途径及其面临的困难与希望，从而试图从国际政治社会学角度为国际区域合作提供一个借鉴。

（一）区域共识的国际制度化及其条件

区域共识的国际制度化，就是以区域内的某种权威中心为依托，将一种区域内的国际共识或集体认同上升为制度或者组织安排，它往往体现为国际制度创新和新型区域多边国际组织的成立。笔者认为，虽然国际制度的建立不乏双边之间的机制建设，但本文含义中的国际制度化专指多边主义外交研究的领域，无论全球层面还是地区层面的国际制度化，均指多个国家

---

① 国内关于近年来研究地区主义的国际关系理论著作，可参见陈乐民：《“欧洲”观念的历史哲学》，东方出版社，1988 年版；陈玉刚：《国家与超国家——欧洲一体化理论比较研究》，上海人民出版社，2001 年版；耿协峰：《新地区主义与亚太地区结构变动》，北京大学出版社，2003 年版；肖欢容：《地区主义：理论的历史演进》，北京广播学院出版社，2003 年版。

② 一般将为种模式称之为“东盟模式”，关于这种模式的论述，参见 Purificacion V. Quiumbing and Benjamin B. Domino eds. , *EEC and ASEAN: Two Regional Community Perspectives*, Mania: The Foreign Service Institute and University of the Philipines Law Center, 1983, p. 130 转引自：［加拿大］阿米塔·阿查亚：《建构安全共同体：东盟与地区秩序》，王正毅、冯怀信译，王正毅校，上海人民出版社，2004 年版，第 18 页。

参与的、能够体现一定国际共识的制度创新。制度创新不是一般意义上的制度变迁，而是制度的发展，它至少包括制度合理性增强、合法性提高、稳定性增加以及功能强化等几个方面的含义。① 而我们所说的国际制度化主要旨在更加符合有关各国的民族国家利益以及国际共同利益，更加体现国际社会的基本政治认同与价值观念，更加促进地区稳定与世界和平，更加有利于解决一些地区与全球的公共领域的问题或者危机。

从区域共识到它的国际制度化，其实就是区域社会化与制度化的过程。一定的社会化是制度化的基础，而制度化的成功实施又是高度社会化的推动因素。制度化固然与制度创新的利润预期以及优势权力的积极操作有重要的关系，但它与社会学习更是不可分割的。只有一定范围内的国家集体就某一个争议领域形成共识，才有可能设法使之转换成为制度安排，以节约进行合作的交往成本。一旦一种制度形成之后，经过长期的实践检验和优化，磨合成为一种合作惯例，并推动了合作国家之间的信任与相互依赖感，就有可能形成一种“认知的共同体”，实现更高程度的社会化，形成高度相互依赖的国际社会或者国际共同体。关于制度变迁与社会学习的关系，诺斯曾说：“我们需要对社会的积累知识了解得更多。学习过程似乎是下列两个因素的函数：（1）特定信仰结构过滤经验信息的方式；（2）在不同时期个人和社会面临的不同经历。”② 他又说，“假定规则知识是全社会共享的，在这个意义上，这些规则是社会中的普遍知识，那么一些参与者相信他们能够合理准确地表述其他经

① 邹吉忠：《自由与秩序》，北京师范大学出版社，2003 年 10 月版，第 130—131 页。

② 阿兰·斯密德：《制度与行为经济学》，刘璨、吴水荣译，刘璨、陈国昌校，中国人民大学出版社，2004 年 12 月版，第 74 至 75 页。

济参与者将做什么的必要信仰。……为了解释经济变化，我们需要关注这些规则的内容方面的变化”。[①] 诺斯总结说，制度的“变迁过程源于事实上的持续不断的变化，持续不断的变化源于认知的变化……政治和经济人物的认知变化反映组织之间随着相对价格的变化普遍存在的竞争，其他新信息引导这些人士改良或改变制度以提高他们的竞争能力、改变现有的框架强加给他们的信仰和限制。结果是改变经济系统的‘事实’，反过来导致改变系统的认知和信念，反过来导致进一步的制度变迁，这是无休止的社会变化过程。”[②]

从区域社会化到区域制度化的进程，必须具备一些基本条件。拥有了一定的区域共识或者文化，并不等于必然会产生一个新的区域组织或者制度。区域共识从理想到现实的转化过程，往往是一个长期的观念传播、经济合作以及权力斗争的国际互动过程。这个过程中，必须具备一些基本的条件，一是区域制度创新的需求猛增，二是区域制度创新具有明显的正面预期，三是在地区层面甚至全球层面上有大国的支持，四是区域共识有了一定时期或者形态的实践或者试验，积累了能够改善的经验与教训。这一点，我们在下文中将重点展开。

从较为具体的操作层面上讲，区域观念转化成制度一般要过三个基本步骤。德国欧盟研究专家贝娅特·科勒·科赫教授以欧共体制度创新的历史为例，总结出了欧洲共识制度化的三种基本途径，即预先规定、各方介入以及提出建议。需要强调的是，这三种制度化途径只是可能性的，而不是必然性。另外

---

① 阿兰·斯密德：《制度与行为经济学》，刘璨、吴水荣译，刘璨、陈国昌校，中国人民大学出版社，2004 年 12 月版，第 75 页。

② 同上书，第 374 页。

这种制度化研究还必须有两个假定，一是假定外生性变化对于各种制度中不同要素的影响有差异，二是假定外部影响具有多样性，变化也是多样的。第一个途径的预先规定，就是将文化的观念变成加以提倡的原则和政策，比如就能源政策提出了竞争优于预防的原则，又比如就各成员国的权限分配的变动做出安排，并且形成一定的议事程序。这个步骤其实就是哈耶克所谓的“建构主义理性”和笛卡尔所谓的“人类有意识的演绎过程”。[①] 在第二个途径则是要将新的思想与原则化为有关各方特别是政治行为者的自觉实践以及社会学习之中。以欧盟内部的制度创新为例，最初欧盟委员会只是挑选出几个计划将“伙伴关系”原则纳入其中，而后才一步一步地扩展到其他政策领域，并通过指令和条约的形式加以肯定。这种方法的实践形式是，次国家行动者、社会利益集团、非政府组织均会有目的地进行互动，而“欧盟委员会公开宣布期待着这种互动过程能形成新的方向，从长远看则能促成制度改革”。第三个途径则是沟通与劝说活动。这种活动是德国语言学派或者公共沟通学派所极力主张的，他们相信哈贝马斯的沟通理论能够在制度创新方面大有助益。“欧盟委员会在过去的20年中一直试图通过‘精神上的领导’去推行其政策。无论是在统一大市场计划的推广方面，还是在落实欧盟科研促进或者欧盟发展援助政策的调整方面，它都相信说理的力量并一再取得成功。”[②]

一个区域在外交实践中形成了一项共识，都有着制度化的

① 弗农·史密斯：《经济学中的建构主义和生态理性》，载吴敬琏主编：《比较》第十一辑，中信出版社，2004年3月版，第36页。

② ［德］贝娅特·科勒·科赫、托马斯·康策尔曼、米歇勒·克诺特：《欧洲一体化与欧盟治理》，顾俊礼等译，刘立群校，中国社会科学出版社，2004年3月版，第185、186页。

冲动。从欧洲、非洲和美洲一些区域组织的经验包括联合国等全球性制度形成的经验看，观念的制度化大致要有五个基本条件。

表 6　对制度变化的归纳

方式	程序	涉及范围
预先规定	修改宪法： （1）条约的变更 （2）政府间或机构间的正式约定	正式的政治组织 （1）权利与管辖权的分配 （2）决定程序的确定 （3）代表机制的选择
各方介入	建立并介入到政治网络中，在政治计划中确立行动原则	互动结构 （1）参与机会和关系结构 （2）熟悉的常规做法
提出建议	积极宣传所希望的那些秩序原则	秩序政策的主导思想 共同体政策的合理性标准 恰当解决问题的标准

转引自［德］贝娅特·科勒·科赫、托马斯·康策尔曼、米歇勒·克诺特：《欧洲一体化与欧盟治理》，顾俊礼等译，刘立群校，中国社会科学出版社，2004 年 3 月版，第 187 页。

首先，区域认同要上升为强势权力的持续意志。区域文化或者共有观念实现制度化，最为关键的一点是要实现观念与权力的结合，由权力为观念做开路先锋。国际政治领域中，文化或者集体认同不是体现在一般的民众之中，而是要体现在掌握权力的各国政治家群体中，不是仅仅有广大中小国家认同，还要由决定国际议事日程的世界主要大国认同。这样的认同才会成为制度的侯选者。我们以欧共体的成立为例。欧共体的成立是二战后国际制度发展史上的一件大事。虽然对它的形成有着多重的解释，但中外学者认为最根本的还是欧洲长期的统一的历史哲学。[①] 这种欧洲的统一观念一直存在，但在二战结束后的初期，它恰巧出现了一种观念与权力的绝妙结合，实际上上升为了政治家群体的集体意志。正是这些政治家们的持续以及共同的努力，使得欧洲共同体成为一种有别于过去的国际联盟等新的制度安排，这种安排成为真正“使战争成为可能的”。我们从欧洲共同体的成立之初不难看到，上述政治家们不仅是欧洲统一观念的继承者，也是最得力的传播者和最有力的实践者，观念或者政治文化若不与权力有力而持续地结合，欧共体就成立不起来。以丘吉尔为例，这位二战中西欧最为名气的英雄和最有影响的政治家曾经发表以下一段话，这段话被乌尔文等欧洲历史学家认为是丘吉尔最重要的评论之一，对于欧洲共同体的建立发挥了决定性作用：“怎样救治这种主权国家？就是重新建造欧洲的大家庭……国联的失败不是因为它的原则或概念。它的失败是因为这些原则被那些创立了这些原则的国家所遗弃。它的失败在于那些国家的政府害怕面对事实，害怕在时机还允许的时候采取行动。不能再重复这种灾祸……使欧洲大家庭康复的第一步必须是法国和德国建立一种伙伴关系……如果我们真正想建立欧罗巴合众国，它的结构应当使某一个国家在物质上的强大变得不那么重要。……在那样的世界观念之下和之中，我们必须在一种地区性的结构中重新建立可能被称为欧罗巴合

① 中国学者陈乐民：《“欧洲观念”的历史哲学》，东方出版社，1998 年版；西方学者魏登费尔德、韦塞尔斯的《欧洲一体化概览》，德里克·乌尔文的《西欧政治史》，转引自［德］贝娅特·科勒·科赫、托马斯·康策尔曼、米歇勒·克诺特：《欧洲一体化与欧盟治理》，顾俊礼等译，刘立群校，中国社会科学出版社，2004 年 3 月版，第 19 页。

众国的欧洲大家庭。第一步就是成立一个欧洲委员会……”[①] 欧共体的成立是欧洲统一理念的胜利，它对于民族国家体系产生了重大影响，后来的发展表明，它不仅是一项重大国际制度，而且对于国际关系中最根本的主权制度也构成了挑战。欧共体在战后的形成，说明了只是到了这个时候，欧洲统一的文化理念强烈地融入了权力操作层面，只要国际格局条件允可，制度化即可实现。

表7　文化认同与强势权力的结合：政治家群体对一体化话语的推动力

国别	政治家	权力	一体化思想或者倡议
英国	丘吉尔	首相	1946 年发表欧洲大家庭的演说，建议成立欧洲委员会
法国	舒曼	外长	倡议成立欧洲煤钢共同体
法国	普列文	总理	“普列文计划”提议建立欧洲军团
法国	莫内	总理	邀请德国加入，培养欧洲自信
德国	阿登纳	总理	排斥艾哈德的错误，主张法德合作

第二，区域理念的制度化要经过预期收益/成本比较。制度化往往是社会学、政治学与经济学的交集。一项区域理念的政治社会化即制度化，若成为一项坚实的现实政策，必须产生收益与成本强烈比较的阶段，使区域有关各国产生巨大的共同收益预期。建立世界性的自由贸易体制曾经是自由资本主义上升时期政治思想家和经济学家们的一种理想，这种思想在18—19

① ［德］贝娅特·科勒·科赫、托马斯·康策尔曼、米歇勒·克诺特：《欧洲一体化与欧盟治理》，顾俊礼等译，刘立群校，中国社会科学出版社，2004年3月版，第19页。

世纪拥有比较优势的英国有着广阔的市场，亚当—斯密的《国富论》、大卫·李嘉图的《政治经济学赋税原则》是这种思想的卓越代表。但是要建立一种自由贸易体制并非容易的事情：(1) 是一项多边协定；(2) 必须是全球性的国际组织；(3) 必须能够给绝大多数成员国相对于成本带来巨大的收益。1946年，联合国决定接受美国的倡议，召开关于贸易和就业问题的国际会议并成立国际贸易组织。并于1947年11月至1948年3月在哈瓦那召开了国际会议并通过了章程，又称哈瓦那宪章。联合国成立了国际贸易组织临时委员会作为该项国际原则的执行与协商机构。1947年10月30日23个发起国签署了《关税及贸易总协定》，这项文件取代了之前的《哈瓦那宪章》，成为规范与裁定战后国际贸易规则的唯一国际文件。到了1993年12月关贸共有正式成员114个，非正式成员近30个，实际上形成了国际社会广泛认同的重要的多国贸易机制。1995年在“关贸总协定”的基础上，成立了世界贸易组织。从哈瓦那宪章到关贸总协定，“关贸”由小到大，从“关贸”到世界贸易组织，在国际贸易制度的持续创新过程中，自由贸易理念之所以能够实现制度化，除了美国等西方大国的推动之外，最主要的是世界大多数国家从这项多边贸易机制中得到了预期的大于成本的收益，其次是这些收益要落实为制度，就必须进行多边谈判，关贸先后举行了8轮重要的多边贸易谈判，其中“乌拉圭回合”谈判历时7年，克服了不同国家的矛盾与冲突，无非是争取各国的共同收益，尽可能地减少“入世”成本，1993年4月15日117个国家与地区终于在摩洛哥马拉喀什达成了《最后协议》，并宣告了世界贸易组织的成立。《最后协议》将使国际贸易额每年增加7550亿美元，使全世界在2000年前净增加2350

亿美元的福利费用。[①] 正是这种巨大的共同收益以及艰苦的谈判才促使自由多边贸易理念最终得以制度化。

第三，一种国际理念的制度化要经过一定时期的成功实践或者试错阶段。国际共有观念本是从实践中来的，具有一定的国际社会基础，但要成为一种国际法或者国际制度安排，必须经过多次试验或者试错，取得可操作性的经验，为制度化奠定新的基础。这其实相当于毛泽东所说的认识从实践中来，到实践中去，并经过多次反复的论断的模式。[②] 换言之，一种准备制度化的文化，也要经过从实践中来，到实践中去，如此反复的若干过程，最后形成制度。值得指出的是，这种实践活动本身就是认同社会化与内化的过程，通过它的成功向国际社会宣传这种理念的可行性与可操作性，最终完成这种理念的内化，并将之置国际社会制度创新的议事日程。关于这种制度化渠道，我们以联合国维持和平机制的创新加以说明。预防性外交观念是联合国维持和平理念的核心，这种理念并无明文规定，但可以从联合国宪章的一些相关条款中找到。[③] 因此，可以认为，在维持和平行动之前，就已经形成了若干联合国预防性外交的思想。但是这种思想要实现制度化，经过了实践与试错的阶段，

① 李铁城：《联合国五十年》，中国书籍出版社，1996 年版，第 107 页。

② 毛泽东：《实践论》，《毛泽东选集》第一卷，人民出版社，1991 年 6 月第二版，第 296—297 页。

③ 周启朋教授认为，联合国宪章第 1 条、第 34 条以及第 99 条构成了“预防性外交的基本思想”；而学术界一般的看法是，“从法律的观点看，可以认为联合国的维持和平行动是以宪章第 40 条为依据的”，因为该条规定，在诉诸第 41 条（使用诸如经济和外交等非武力的制裁措施）或第 42 条（使用武力的制裁措施）规定的行为之前，安理会可以采取“临时办法”，防止冲突局势的恶化，同时它“并不妨碍关系当事之权利、要求或立场”。前者见周启朋：《关于联合国预防性外交的几点分析》，载袁士槟、钱文荣主编：《联合国机制与改革》，北京语言学院出版社，1995 年 10 月版，第 135 页；后者见李铁城：《联合国五十年》，中国书籍出版社，1996 年版，第 241 页。

这就是维持和平的早期活动。在联合国早期维和行动中，以1956年11月至1967年6月组建的第一支联合国紧急部队为最富有创新意义，它开辟了以紧急维和部队代替武装的观察员的道路，成功地把苏伊士危机双方隔离开来，受到了哈马舍尔德的积极支持。1956年7月26日，苏伊士运河战争爆发，埃及向安理会控诉英国、法国和以色列。安理会做出了多次停火议案，但英国与法国运用手中的安理会否决权使停火决议无法生效。南斯拉夫见状根据“联合维持和平决议”要求召开第一次紧急特别联大。在这次特别会议上，加拿大外长皮尔逊为防止美国与苏联急于填补中东“政治真空”而发生“迎头相撞”，提出了派遣“联合国紧急部队”遏制冲突升级的建议。建议得到采纳，秘书长奉命拟定具体方案，11月巴西等10国组成的“联合国紧急部队”开始抵达埃及后不久，英法军队和以色列军队撤出运河区和埃及管辖的领土，维持和平行动取得了巨大的成功。维持和平行动接二连三的成功，极大鼓舞了哈马舍尔德，推动着他将联合国宪章中所隐含的预防外交思想进行总结和提升，[①] 并为建立一种联合国维持机制而努力。1960年9月，哈马舍尔德基于维持和平的实践，提出了完整的预防外交概念，并在此制度观念的指导下，联合国逐渐形成了一套维持和平机制，即遇到地区性的重要冲突，有关方面可以向安理会提交提案，安理会责成秘书长组织有针对性的维持和平行动，维持和平行动要本着自愿、中立、轻武器以及大国不参与原则。1960年至1979年，联合国又组织了8起维持和平行动，这表明维持

① 宫少朋：《哈马舍尔德和他的“预防预防外交”》，载谢启美等：《走向21世纪的联合国》，世界知识出版社1996年8月，第30页。

和平机制已经初步建立起来了。在经历了1979—1987年的10年衰败之后，联合国维持和平机制又重新获得了生机与活力。1988—1995年的8年里，联合国组织了13项维和行动，加利秘书长于1992年6月27日提出了《和平纲领：预防性外交建立和平与维持和平》，体现了第二代维持和平行动的一些新理念。正是从理念到实践，从实践回到理念的多次反复，推动了联合国维持和平机制的不断创新。

第四，要经过持续的、有组织的国际沟通与国际谈判，形成紧迫的制度化意识与现实的制度安排。一种国际文化本身是长期实践或者观念互动的产物，但它的最终制度化还往往要经过再度的社会化与国际谈判。再度社会化是指它的主旨为更多的国家行为体接受并更加形成更加紧迫的制度化意识，国际谈判是在各有关国家具有紧迫的制度化意识之后，进行了利益博弈与政治妥协的操作层面。这一切作法必须是持续的，而且是有组织的。国际社会的特点是无政府性，因此在国际政治中的制度化组织行动要么依靠霸权国家，要么要依靠国际会议或者现有的国际组织。在当前时代，美国作为近似意义的霸权国家，组织了多项国际制度创新，包括上文中我们谈及的国际货币基金制度、联合国托管制度、北约等等。就国际组织而言，由于联合国是全球最有影响的国际组织，由于五大国特别是美国在联合国事务中拥有着举足轻重的地位，因此，由联合国来创设国际制度不仅有着强烈的大国认同基础，也有着权力支持的背景，而且在国际合法性方面也最有说服力，虽然它不免效率上的迟钝性，但却是反映国际实践需求的国际政治文化理念实现制度化的最主要机制。因此，一个常常有趣的国际现象是，即使是美国主持组织的制度化谈判，在具体的实施过程也是由联合国操办的。比如，在缔结反对国际恐怖主义的一系列国际条约与制度安排时，美国与联合国积极配合，从其多边主义的行动中实现了其国家利益，当然也为国际公共利益贡献了一份力量。这里我们举另外一个例子，即核不扩散机制的形成。在这个例子中，联合国作为一个国际舞台和国际沟通的组织者，实现了反核扩散理念的持续社会化，形成了紧迫的制度化意识，并通过国际谈判落实为现实的制度安排。

第五，国际文化理念的成功制度化，往往要经由一个制度化临界点。这个临界点从时间上多数是由战争、国际危机或国际重大事件构成的，空间上是观念与权力、实践组成了三位一体的维度。前者往往为后者扮演催化剂的作用。核不扩散制度的建立，至少源于三件大事：即欧洲的柏林危机导致了爱尔兰等国的首倡，而古巴导弹危机使得拉丁美洲国家紧急联合起来，为了建立拉丁美洲无核区而斗争，真正使美苏两大国充分意识到不扩散核武器原则的重要性与紧迫性，则是 1964 年中国成功地进行了核试验，打破了第三世界不可能拥有核武器的神话。这些危机或者大事，使得核不扩散理念到达了一个制度化临界点。反对国际恐怖主义在冷战时期就引起了美国的重视，但反恐进入国际社会的实质性制度化阶段则是冷战结束之后的事情，而临界点则是“9·11”事件，绝大多数国际反恐体制都是这个时期建立起来的。战争往往是新秩序的助产婆，战争之后往往是新制度创新的高峰时期。战争特别是多边国际战争，往往能起到大国认同体系的社会化与制度化，[①] 因此，三十年战争之后

① 郭树勇：《多边国际战争与世界秩序》，载中国科学院/清华大学国情研究中心《国情报告》2003 年第 79 期。

的威斯特伐利亚条约体系，拿破仑战争之后的维也纳条约体系，第一次世界大战之后的凡尔赛—华盛顿条约体系，以及包括人类历史上最伟大的国际体制之一的联合国条约体系，创造了国际关系史上最重要的主权制度、欧洲协调体制、国际联盟体制、联合国集体安全体制。在东亚合作的历史上，越南入侵柬埔寨这一重大事件曾经极大地促进了东盟多边协商制度的建设；东南亚金融危机曾经使东亚各国团结一致，密切了中国与东盟的关系；刚刚过去不久的海啸大灾难，也提高了亚洲各国共同抵抗危机的意识与能力。这些事件某种程度上都具有扮演制度化临界点的潜在角色与功能。

（三）当前东亚共识及其制度化中的困难及解决办法

1. 当前东亚共识需要进一步的建构

地区主义的最终目标是建立一个地区共同体，而地区共同体的形成，既需要地区国际机制的形成以及持续创新，也需要共有观念的形成和集体认同的建构。在大部分情况下，共有观念是制度化的基础，但制度并不能代替观念。对于地区合作的前景，东亚地区主义作为一种意识形态必须长期独立地存在，这种意识形态需要不断地建构出来，成为维系东亚各国进行合作的信念力量。目前东亚有没有共识？多数学者认为是有的，只不过东亚共同的知识空间不够广阔，共有文化的强度还较薄弱罢了。“东亚观念”是不是达到了整齐划一的程度？不是的，目前“东亚观念”的一致性程度以及内化程度，远远不及“欧洲观念”在欧洲的情况。首先，东亚的主要国际力量对于何为“东亚观念”，有着较大的差别。东盟的东亚观念主要强调多元的力量中心以及比较团结一致的集体行动；日本的东亚观念总是与海上运输线安全共同体、大东亚共同繁荣以及日本在亚洲经济圈中的核心地位联系在一起；韩国的东亚观念可能与东北亚中心主义以及东亚平等合作观念有很大的关系；而中国的东亚观念可能一时摆脱不了华夏中心主义的影响，把东亚观念与儒家文化的现代化前景、全球华人的地区联合、东方文明与西方文明的抗衡联系起来。而其他一些国家的东亚观念总是与第三世界的进一步兴起、东西方文明的太平洋融合、发展中国家的团结合作进步之道联系起来。东亚观念的差距，从根本上反映了两点：一是各民族国家的文化传统与历史经验的不平衡性与差异性；二是在全球化条件下各主权国家对于自身国家利益的不同解读。

不仅东亚地区主要力量中心对于东亚观念存在着较大的界定差距，而且对于一些共同领域的问题也远没有达成一致：东亚合作需要核心国家吗？东亚如何对待本地区的失败国家？东亚是否要形成一种共同的政治文化？东亚危机管理方面的共识如何达成？东亚国际制度化的前进方向是一个还是几个？如何在东亚合作进程中启动“去美国化”进程？东亚国际社会是否需要尽快磨合出一种成熟的应对中国崛起与日本崛起的共同行动逻辑？东亚国际合作过程中如何坚持封闭性与开放性，既如何对待美国因素、欧洲因素以及印度因素？

不管东亚的学术界与政治经济界对于东亚观念存在多大的差距，但有一点是观点一致，即东亚地区必须进一步扩大地区集体认同的领域与范围。在经济相互依赖的时代，地区性公共问题层出不穷，地区部分或者全体国家共同面临的而且往往单个国家甚至少数几个国家不能解决的问题，如环境污染、反对国际恐怖主义、国际贩毒、核武器扩散、艾滋病控制等等，正是地区集体认同形成的潜在领域。集体认同的形成大致要经过相互依赖、共同命运、同质化、自我克制等4个方面的要素外加持续的社会互动，这是一个艰难的过程。我们可以从国际环境保护制度一个侧面了解集体认同形成的情况及难度。

从表8和表9中可以看出，集体认同的形成需要问题意识与组织启蒙，而启蒙的过程其实就联系到各个民族国家的国家利益与国际利益的冲突，这种冲突过程也是观念冲突的过程，在观念冲突中主导认同或者核心国家的认同往往对于集体认同的形成有着巨大的领导作用和示范作用。虽然全球环境保护集体认同不能说完全形成，但从表4可以看出，联合国在全球启蒙以及主流认同的示范过程中起了巨大的推动作用，这种作用导致了越来越多的国家以及国际社会代表形成了共识。具体到东亚地区来看，东亚集体认同领域的拓展，既需要问题意识的强化，比如要动员跨国的知识精英为东亚观念与东亚文化的持续建构准备更加广大的知识空间，发掘越来越多的国际合作潜在问题与领域，也需要现有的东亚合作机制如ARF、东盟、“10+3”包括一些NGO在东亚集体认同中发挥强有力的组织功能，实施有影响的启蒙。当然，政治精英在区域共识启蒙方面的作用更为明显，如果像欧洲那样涌现出舒曼、阿登那的有东亚共同体的政治精英群体，是最好不过的了。可喜的是，东亚地区目前也有这样的政治家在活动，马来西亚的马哈蒂尔、新加坡的李光耀就是其中的杰出代表。

表8 从问题意识到集体认同

集体认同的形成过程	集体认同的形成因素	事件与案例	备注
"问题意识"发端	相互依赖观念	1962年卡逊女士发表《寂静的春天》，1972年罗马俱乐部发表《增长的极限》，1970年美国的"地球日"活动	问题意识首先出现在发达国家
全球"环境启蒙"	共同命运观与同质化	《人类环境宣言》、《里约宣言》、《世界自然宪章》、《21世纪议程》、《约翰内斯堡可持续发展声明》、《可持续发展问题世界首脑会议执行计划》	联合国是启蒙的领导者
观念的冲突与整合	自我克制的进程	《京都议定书》、《生物多样性公约》、《气候变化框架公约》中的成功与失败	发达与发展中国家之间存在分歧
集体认同形塑中的组织因素	主流认同的示范	联合国采取了一系列重大措施：1972年斯德哥尔摩联合国人类环境会议；1992年联合国环境与发展大会；2002年可持续发展世界首脑会议；成立可持续发展委员会等机构；实施与NGO的全球契约行动	美国、日本等大国不接受《行动计划》中的109条、33条等建议

资料来源：王曦主编：《国际环境法资料选编》，民主与建设出版社，1999年版；郭树勇：《建构主义与国际政治》，长征出版社，2001年版；等。

表9 环境保护集体认同的量化增长

时间	主要全球性环境保护会议名称	国家数目	代表数量
1972年	斯德哥尔摩联合国人类环境会议	114	1200
1992年	里约热内卢联合国环境与发展大会	172	8000
2002年	约翰内斯堡可持续发展世界首脑会议	192	17000

资料来源：陈东晓等著：《联合国：新议程和新挑战》，时事出版社2005年版。

2. 克服东亚观念制度化过程中的种种不利因素

东亚共识的制度化所以贫困，固然有着东亚共识的缺乏方面的原因，也有着东亚各国普遍的制度文化薄弱这个因素。除此之外，还有一些较世界其他地区经验稍逊一筹的方面，如轴心力量的缺乏，文化共质性的薄弱，美国对于东亚事务的干预等等。要克服这些不利因素，显然是一个长期的过程。这里，仅谈一谈几个最近应引起重视的问题。

一是要采取欧洲经验，实行一定程度的政经分离的原则，在保持美国在政治军事领域的东亚存在的条件下，努力建立东亚人的经济共同体。从历史与现实看，美国在东亚的军事存在与政治存在具有一定的必然性和必要性，国际稳定与地区和平也离不开这一点，但是，东亚观念或者东亚共识的发展，必须以美国因素的弱化为前提和条件。过去，欧洲人很聪明，他们一度想完全脱离美国的影响，包括建立了欧洲军团和西欧的军事联盟，但是最后发现没有美国不仅美国不会接受，而且对于现行的世界秩序与欧洲秩序也没有多大的好处，在保留北约的作用的同时，全力建立欧洲经济共同体以及最后的欧洲联盟，结果开辟了欧洲一体化的道路。亚洲的情况与欧洲不同，但在“一超多强”的世界秩序下，对于美国来说，亚洲具有欧洲几乎同样重要的价值，美国不会轻易退出亚洲，但美国人执意阻挠东亚经济共同体的做法是没有历史眼光的，东亚诸国完全可以通过共同的努力挫败美国的战略企图。当然，如果东亚不能团结起来，美国则可以实现美国的战略企图，这种企图不仅对于美国有利，甚至对于整个西方世界有利，如果东亚经济上不能独立，亚洲经济圈不能建立起来，世界的资源就仍然保持在欧美的手中。因此，东亚各国必须有一种共同命运的紧迫意识，不断弱化和消除美国在东亚经济体制化进程中的作用。

二是中日两国必须尽快建立一种合作轴心，这是权力基础。从历史与现实看，这种设想有很大的难度，但从未来看，这步棋非走不可，否则，中日两国都不会真正地实现大国的崛起这个共同的战略目标。中国与日本的成长失败，对于美国最有利，对于欧洲也很有利，但对于东亚则是一种灾难。我们认为，历史在进入了一个大国依托地区崛起的时代，没有一个强大的地区发展前景，则该地区内不可能有一个强大国家的出现。反之亦然，没有一种轴心力量的出现，地区崛起就无从谈起。北美地区一体化的轴心力量是美国；欧盟的建设中的轴心力量则是法国与德国；南美洲则是巴西与阿根廷。东亚的近代史表明，东亚的一体化最终要依靠东亚人自己来完成，但是中国与日本必须建立一种经济合作轴心。建立这么一种合作轴心，可能要经过一些中间环节，如以中日韩的三边合作来促进中日关系；以朝鲜半岛的统一来扶持韩国的崛起，推动东亚国际关系的多极化与国际社会的良性发展；东盟应该在改善中日关系中发挥更大的作用等等。

三是在东亚各国建设一种融合于地区主流国际政治文化的外交文化。制度化的基础是社会化，而东亚地区的国际社会化进程，是培育东亚地区国际政治文化的过程。一个外交文化是一个民族文化中与国际文化对接的部分，它包含两个方面，一是大众对外国政治经济文化的根本态度与进行沟通学习的方式，二是政府精英对外交往的模式。外交文化与政治文化息息相关，前者实际上是后者的一部分，并受到后者的巨大影响。根据阿尔蒙德的政治文化理论，政治文化可分为蒙昧型、半参与型与参与型。我们不妨也可以说，外交文化也可以分蒙昧型、半开放型与开放型。蒙昧型的外交文化往往表现出排外主义，具体特征有时与民族主义、闭关自守的民族心理相联系，参与型的外交文化则是重视国际沟通，采取一种积极的对外交流，半参与型则是其中间形态。三种类型中参与型的外交文化比较适宜于国际政治社会化，由于社会化往往是制度化的伴奏，因此，东亚各国建设一种融合于国际主流政治文化的文化环境，少不了参与型的外交文化。只有这种参与型的外交文化，才能更好地认识到主权、自由民主、基本人权、人道主义、反对国际恐怖主义、反对核不扩散、切实保护环境不受污染等国际政治文化对于国际政治的重要性，促进东亚各国生成并不断融入到这些国际制度创新的增长领域中去。

第五章 中国外交的国际政治社会学解析

一、“建构主义革命”对于当代中国外交研究的若干意义

（一）“建构主义革命”的核心在于张扬国际政治社会学意识

国际关系理论发展语境中的建构主义兴起无疑具有多方面的含义，它对于新现实主义之物质结构霸权话语的反叛，对于制度自由主义之本体论不彻底革命的批评，对于后现代主义与女性主义之解放旨趣的附合与节制，对于西方马克思主义批判意识与文化霸权学说的认同与分歧，总之它对于国际关系理论的多元发展有着深刻而多维的积极意义。然而，从学科发展的角度看，建构主义的革命性发展实际上

彰显了学界的国际政治社会学意识。[1] 正如法学对于神学的突围，经济学对于法学的革命一样，从经济学转向社会学，不论对于经济学本身或社会学本身，还是那些以经济学方法论为基本方法的学科研究而言，都是一场认识论方法论剧变。从政治经济学到政治社会学如此，从国际政治经济学（IPE）到国际政治社会学也是如此。前者赋予了研究者更为宽广的学术视野，把合法性、社会基础、政治文化纳入以往的以国家、市场、理性等为代表的概念体系之中；后者则将关注点越出国际贸易、国际金融、经济一体化、跨国公司、经济制度变迁等非常重要但过于理性主义的领域，去侧目国际政治文化、国际关系伦理、人类解放旨趣、全球治理可能、国际合法性，以及国际政治本体存在等大量狭义理性主义以外的意义世界。当意义世界的重要性被提升到了前所未有的程度时，一个自然的结果便是国际关系行动主体必须认真对待话语互辩、观念互动、行为互应、文化互观、意义互赋诸方面对其对外行动的符号系统之社会互动所具有的至为关键性。显然，文化、认同与规范对于国家行为具有本体论意义上的意义，是国际政治社会学的基本关注面之一。意识形态、民族文化、文明对话等因素对国际政治与外交行动的影响，也是国际政治社会学题中应有之义。[2] 总之，建构主义革命的核心，在于张扬了国际研究与外交研究中的国际政治社会学意识。

---

① 关于建构主义对于国际政治社会学的意义，笔者已在拙作《建构主义与国际政治》的后三章详细论述。参见郭树勇：《建构主义与国际政治》，长征出版社，2001 年版。

② 除了美国当下的社会建构主义学派之外，20 世纪 50 年代以来的法国的阿隆学派、英国的国际社会学派、德国的法兰克福学派，甚至包括近年来的俄罗斯国际关系社会学学派也都强调国家行动研究中的国际政治社会学意识，参见［俄］茨冈科夫：《国际关系社会学》，刘再起译，武汉大学出版社，2007 年版，第 3、203、204 页。

在民族国家体系阶段，民族国家的对外行为根本上受制于主权原则，主权原则与民族国家的关系有魂与体的关系之说。国家的对外行为要受到以主权原则为代表的各种国际社会规范与互动框架的限制。主权这个人类通过社会实践而建构出来的卓越规范，是绝对和相对的统一。如果说对内主权还从其本源观念中充满了绝对主义的优势的话，那么，对外主权的绝对性也许从一开始就打有折扣，它充其量不过是相互对等之上的承认权罢了。而且，随着国际社会性的增强，民族国家与国际社会的相互依存量的增强，其对外主权原则实际上也是在不断地变化与调整之中。[①] 第二次世界大战之后的中国大国成长正值经济相互依赖度猛增、国际社会开始复合整体性发展的新阶段，中国改革开放的三十年正是全球化席卷寰宇、全球性问题频出、全球网络渐显、全球意识递增、全球文化初现的时代，这种国际政治社会化深入发展的新时代，既是社会建构主义登上国际关系理论大雅之堂的绝佳时机，也是认真研究中国当代外交与全球治理的不争的现实背景。因此，一定的国际政治社会学意识不仅应成为社会建构主义学者们进一步探索理论创新的必备条件，也是依托国际关系理论进行当代中国外交研究的学者们不可或缺的思想装备。

在我们自信地迎接以建构主义为基本点的国际政治社会学之兴起的时候，不可轻判国际政治社会学为美国建构主义的翻版或拓展版，其实在中国的语境里谈论 IPS，自然就有了中国传统文化延伸与马克思主义中国化的双重解读背景。即使 IPS 有不争的普世性，其民族性也是存在的。我们认为，中国语境下

---

① 肖佳灵著：《国家主权论》，时事出版社，2003 年版，第 236 页。

的 IPS 是中国古代礼治主义国际关系思想的当代复活，是马克思社会实践本体论（真正意义上的历史唯物主义）在中国大国成长时期国际关系理念上的当代转化。当然，我们不能过高估计建构主义兴起所萌动的国际政治社会学意识对于当代中国外交研究的方法论意义，IPS 视角必须与 IPE、政治学、历史学等各种视角相结合，始能有较为完整意义上的学术钻研。IPS 能够也只有在以下条件下和研究领域才有可能对于当代中国外交研究有所裨益。第一，轻视国际规范、国际观念、国际政治义化作用的倾向应当有较大的改观。过去强调的更多的是国际政治权力与硬实力对中国外交的影响，虽把国际规范和领导人外交心理等作为研究因素但未置于重要的一面，这部分与国内学界受苏联版本的机械唯物主义哲学理论影响有关。第二，对于国内政治与国际政治在观念层面上的互动关注不够。这种互动内涵中的权力、利益甚至制度方面被解释得比较充足或足够，但是观念方面处于某些原因被大量忽略了。第三，在中国传统外交文化与当代世界政治文化对接研究方面缺乏深入的研究，尤其是中国传统外交文化融入国际社会过程中的转变路径或程度实际上在很多研究中不是被轻描淡写就是被一带而过。第四，以社会建构主义为基本点的国际政治社会学强调主体间性与社会同构性，这对于研究内政与外交的交互、政府外交与民间外交的联动、中国外交转型以及中央政府与地方政府在外交外事方面的共存博弈等等，都有着一定的积极意义。第五，在全球化与信息化时代，民族国家内部的群众政治抗争或自发性民间外交所形成的直接或间接政治外交影响，与国际民间社会的发育发展有着耦合性与同步性，并以某种特殊的形式推动了全球社会与世界政治文明的进步。由于进入世界体系历史不长与自身政治社会发展迟缓等缘故，中国国内社会发育恰巧与全球民间社会发育近似同步，这种周期性同相发展对于国内政治与国际政治的意义何在？也值得 IPS 学者们投身求索。诸如此类，不一而足。

然而，即使在上述几个领域的研究中，历史数据的收集，政治规律的遵循、经济基础的基本含义、科学方法的秉持，都要求 IPS 研究不能停留在一般性的理论研讨上，而要保持足够的“方法论警醒”。因此，建构主义研究学者应该在维持自身学术理念的同时，对于学界的批评保持足够的反思与虚心，况且这种批评从根本上反映了大国成长的主体性精神诉求与文化自觉意识。

（二）当代中国外交研究中的建构主义视角探讨

如上所述，建构主义视角在解释生动丰富的当代中国外交实践上有其严格的限制条件，然而却能够提醒我们去研究当代中国外交中的一些相对被轻视或忽视的领域或问题。

1. 当代中国外交中法律、道义与身份认同的地位探讨

长期以来，国内外学者对于新中国外交的研究中，较为强调毛泽东的以“武装共处”为代表的革命现实主义思想以及邓小平的以国家利益至上原则为代表的现实主义思想，对于 60 年来中国外交中道义、道德、理想、国际法、身份认同等因素的作用未给予充分的肯定。实际上除却某些极端的时段之外，当代中国外交受到了中国外交文化传统等因素潜移默化的影响，较为重视法律道义认同在对外交往中的作用：第一，我们较为熟知的情况是，毛泽东比较强烈的国际主义情怀中包含了革命理想主义的外交思想，在诸如波兹南、匈牙利事件之类的国际

变化中这些理想主义的成份建构了他关于国家安全威胁的认知以及国家利益的判断。从某种意义上讲，来自东欧修正主义阵营的意识形态威胁并非国际政治的客观现实，而是国内政治与国际政治的社会互动而主观建构起来的观念运动，这种观念运动一旦渗入军事安全考虑等新诠释，就造就了较大的战略问题与安全威胁。第二，道义与法律等概念在新中国外交中也有其实在的地位。如1956年，周恩来在会见巴基斯坦总理时提出了依靠无形的软实力“在国际上建立和平共处互相监督的主张”：一是要依靠国际法的力量，即“除了在联合国宪章外，国与国之间还可签订互不侵犯条约，或者扩大为集体和平公约”；二是要依靠道义上的约束，即“各国通过彼此来往，可以发表声明、签订协议、发表演说，强调反对侵略和反对殖民主义，以形成国际道义上的约束，并可作为对国内人民进行教育的内容，使以后世世代代都和平共处，共同发展”。[①] 周恩来虽未言及道义约束的具体内容，但其方向无疑指国际社会的共同意志。第三，毛泽东等领导人在指导中国外交过程中十分注重中国的国际身份，甚至把国际身份作为外交路线的决定性因素。新中国建国前后，我国的“一边倒”政策主要基于中国的“东方社会主义大国”的国际身份，而对美外交、印支政策、对苏东国家外交、日内瓦会议、对欧外交，都大多契合了这一国际身份。中苏交恶之后，中国的国际身份从“东方社会主义大国”向“第三世界大国”转化，并长期视之为国际战略的出发点。1961年是中法建交的前夜，虽然两国有着共同反霸的深厚战略基础和国际

① 宋恩繁、黎家松主编：《中华人民共和国外交大事记》第一卷，世界知识出版社，1997年版，第293页、294页。

政治联合的紧迫现实需要，中国政府从第三世界大国的国际身份出发，拒绝了法国希望中国首先停止支持阿尔及利亚独立斗争的要求，并相反提出法国需要先解决阿尔及利亚问题后而才能与华建交的鲜明立场，从而推动法国1962年与阿签署《埃维昂协议》结束战争状态，维护了中国在第三世界国家中的基本利益与身份。[①] 1971年中国重新加入联合国之后的几十年里，中国在联合国与第三世界国家互相配合，出台了一系列冲破超级大国霸权意愿控制的决议，推动了国际关系民主论与反对霸权主义事业，坚定地站在了第三世界国家一边，故邓小平说，“联合国安全理事会常任理事国，中国算一个，中国这一票是第三世界的，是名符其实地属于第三世界而不是发达国家的”。“（中国）永远站在第三世界一边。”[②] 进入新世纪以来，中国外交更加强调国际法、和平发展、世界政治文明、和谐世界等理念以及中国的“发展中大国”的国际身份的基础性作用，这里就不一一阐述了。

2. 当代中国外交的历史谱系学思考

国际政治社会学有一个基本的假定，外交都是一定历史阶段的实践产物，在相近的历史时代与历史环境的外交行动具有相近的特点。它要求外交研究上要适当采取历史唯物主义和历史谱系学的方法，从外交的历史联系中寻找其当代特征。既然新中国成立前后在大的时代上有着较大的相近性，而且历史是不能被轻易割断的，那么，就不能简单地就当代中国外交而谈当代中国外交。当代中国外交的研究起点是1949年，其对象是

① 《当代中国》丛书编辑委员会：《当代中国外交》，中国社会科学出版社，1990年版，第188页。

② 邓小平：《邓小平文选》第三卷，1993年版，第56、94页。

中国的世纪性崛起，而研究中国崛起的逻辑起点是否一定为1949年，或更早的1912年，或者更早一些时候的百日维新，也可能存在学术讨论的空间。[①] 我们在相当长的一段时期，很少全面地研究晚清外交甚至民国外交的历史地位，对民国外交与新中国外交的联系亦鲜有述及，这不仅不符合马克思主义普遍联系的基本原则，也不符合中国加入国际社会的这个世纪性的“中国问题”。晚清以来，中国采取了一系列被动或主动的制度措施融入国际社会，使中国外交就显然具备了现代性和当代性的某些特点。无论是北洋政府，还是后来的国民党政府，其外交任务有其一致性的一面，即如何在现代性的框架内，迅速实现中国综合国力的恢复，为中国的重新崛起和提升在国际社会的地位而努力。当然，由于两类政府国内合法性的根本性缺陷，导致它们“跪在地上办外交”，其国际合法性也不可能真正得到实现。1945年冷战展开之后，国际格局出现了两极格局的特征，意识形态斗争与经济相互依赖交互作用，这成为晚期民国外交和新中国30年外交的国际政治结构与国际社会进程的双重背景。因而面对一个时间连续体的民族国家外交进行整体性研究时，我们无法离开这些外交实践所依赖的国内社会与国际社会环境的基本面。不难看出，从民国初期的“修约外交”，到国民党政府的“关税谈判”，到新中国外交中的“另起炉灶”，其中既有本质上的区别，也有非本质上的联系。如果有人追问，当代中国外交有没有近代外交在本质上的某种继续？笔者显然

① 有学者把洋务运动总理衙门的设置作为中国近代外交体制转型的开始，把中国对世界博览会的参与作为走向世界的尝试，而把1912至1928年视为近代中国外交转型的基本完成，在这个近80年的历史过程中，争取国际社会的承认，追求独立自主以及积极参与国际社会构成了近代外交的重要内容。显然，当代中国外交与它们的联系是历史的必然。参见：李兆详：《近代中国的外交转型研究》，中国社会科学出版社，2008年版，第3—9页。

无力给出肯定的答案。即便如此，20世纪20年代末的“革命外交”与20世纪60年代末的“革命外交”存有的些许异曲同工之外，似乎昭示谱系学的解释力。

另有一个较典型的例子是当代中国外交中的“搁置争议，共同开发”外交思想及其历史渊源。邓小平同志大胆实践这种外交思想，为我国解决和平发展时代的领土争议提供了务实的途径，备受学界称颂和政界赞誉。邓小平同志对此引以为豪，但从来没有自称为外交创新，因为“搁置外交”曾是中国近代外交中一个较为惯常的、也不时获得成功的做法。① 当然，中国近代外交的“搁置外交”与当代中国外交中的“搁置争议，共同开发”，已有了本质性差异：首先是外交对象不同，前者的对象主要是强大的列强，后者对象则是与我国有领土争议的弱小的邻国；二是中国的国际地位不一样，前者处于十分虚弱的战争时期，内忧外患，几近崩溃，后者已是一个强大的社会主义国家，联合国常任理事国之一，仅有的几个核大国之一；三是外交姿态与主动性不同，前者是被动地接受强大的现实，而后者则是为体现国际合作与和平发展的诚意，主动地做出了高的外交姿态。然而，外交主体的变更、中外力量对比的变化、政策内容的改变，并不能因此低估了外交文化传统、国际社会规

① 石源华教授认为，“在近代中国，由于列强包围着中国，在敌强我弱的形势下，中国在与周边国家的边境冲突和边地争端中往往处于不利的地位。中国历代统治者迫于帝国主义和殖民主义强权，虽然难以取得理想的交涉结果，但一般也不轻易让步；通过妥协与抗争，与列强诸国周旋，使这些争端成为悬案，以待有利时机的来临。一有合适时机，必再提旧事，重新进行交涉，力争较好的交涉结果。‘搁置外交’是弱势中国在处理边疆危机时常常使用的方法。”他认为，北京政府在中英西藏问题交涉中不承认“西姆拉条约”以搁置西藏问题，以及南京国民政府处理30年代中期新疆“半独立”状态的做法，都是搁置外交的成功案例。参见石源华等：《近代中国周边外交史论》，上海辞书出版社，2006年版，第17、18页。

范以及外交实践延续性的影响，实际上恰恰是这些影响构成了当代中国外交研究的重要内容。

3. "外交是内政的延伸"多大程度上正确?

全球化条件下外交与内政的关联问题，是外交的重要问题。如果我们从发展的眼光看待迅速变化的世界，那么，外交与内政的复杂关系，并不是一句"外交是内政的延伸"或者"内政决定外交"所能涵盖的了的。① 如果"内政决定外交"的论断向为常识，但实际上内政与外交本是一体，在国际社会性越来越增强的时代里，国内政治与国际政治已难以厘清，简单地讲"内政决定外交"已经不能解释多种历史案例，② 而且与"统筹国内国际两个大局"政治话语下的外交现实和国际政治社会学的理论发展也似有悖论。下面仅以建构主义和 IPS 的角度观之，希望为"外交是内政的延伸"论断之正确性，做补充性的学术脚注。

首先，单位的行动由体系决定的。单位的本质是由体系（社会）决定的，个体的行为要受其所处社会环境决定。主权民族国家（是拟人化的个体）虽然有其天然的独立性（主权独立），但它的行为也要受到国际社会环境的制约和影响，在国际体系不甚发达，国际政治的社会性不很强大的时代，国家的自主性较为突出，国际社会化的程度比较低。但是，一旦这个国家进入了世界体系之后，这个国家的国际行为的决定就基本上要受到国际环境与国际体系的左右了，[16] 因此，外交部常常是

① 当代中国外交的一段时期出现了所谓"外交影响内政"，确实给中国外交带来了不应有的后果，但对于一个初涉新型国际体系的国家来说，可能也是一个常态。

② 关于国际政治的社会性，以及国际政治社会性增强对于国家成长和国家国际行动的决定性作用，参见拙著《大国成长的逻辑：西方大国崛起的国际政治社会学分析》，北京大学出版社，2006 年版。

进入融入国际社会的正常国家的第一部（美国甚至就把外交部作为国务院）。奉行市场经济模式的国家办外交，虽然把国家利益、民族利益和阶级利益作为外交政策的出发点和归宿，但是决定外交策略的并不是目标本身，而是国际形势、国际格局以及国家实力与国际互动的状况。如果这个国家与国际社会的经济相互依赖度超过了50%，尽管这个国家出于意识形态考虑还是要宣传国内需求是外交的第一目标，但在实施处理内政与外交的关系上，特别是在其任期等因素的影响下，外交上的考虑往往是其施政的第一要务了。国际合法性资源成为全球化条件下推动国内合法性增生的主战场之一。

其次，国际形势往往是主权国家意图外的结果，外交越来越受国际社会互动情境的制约，导致越来越刚性的“将在外君命有所不授”现象，从而从实践上否定了内政对于外交的绝对支配作用。一方面，建构主义与自由制度主义或现实主义的一个侧重点不同在于，前者研究社会行动的意图外后果，而后者则以研究社会中的因果规律为重点。人类社会与自然界的根本不同在于，后果受因果律支配，而前者受构成律支配。不论是个人，还是民族，还是国家，其他社会行动的结果由于社会互动的原因，常常在恩格斯所说的“力的平等四边形”的作用下，[①] 出现了意图外或战略外或计划外的后果，因此，即使内政为外交准备好了一套作法，也不能够绝对决定外交的结果。另一方面，尽管内政为外交准备了基本的政策目标，但由于外交手段的国际化与社会化，以及外交实践的情境化，“君命有所不

① 恩格斯：《恩格斯致约·布洛赫（1890年9月21—22日）》，《马克思恩格斯选集》第4卷，人民出版社，1995年版，第697页。

授”现象愈益普遍，内政决定外交手段与内容方面越来越力不从心。全球化与相互依赖条件下的现代国家，从目标与目的上讲，固然“内政决定外交”，因为政府为选民服务的，国家利益是外交的基本点；从手段、内容与结果上看，往往是“外交影响内政”，因为国际制约、国际条件以及内外力量对比决定了一届政府能够做什么事、做多大的事、能否做好这些事。

最后，内政与外交的关系本质上受制于互相建构的逻辑。从制度化的角度看，内政与外交可以经由不同的职能部门来管理，并统一于国家的最高领导；但从逻辑上看，内政与外交是互构、一体、共时的关系。所谓互构，是指内政与外交本来就是一个事物的两种称谓，两者之间是相互建构的，内政的意义由外交来赋予，外交的意义由内政来赋予，无内即无外，无外即无内。内外有别是人类社会发展到一定时期，社会分工的结果。在人类社会实期，外交事务由内政部门掌握，外交部门也管理国内的许多事务。[①] 人类进入现代社会之后，形成了专事外交的外交部。但是，由于内政外交是分不开的，因而政府职能分工方面就面临着许多制度协调方面的困境。目前随着全球性问题的出现[②]，全球治理进入了后现代时期，国家政府职能分工的局限性也日益突出，如何实现内政与外交的融合已成为一个现实的课题，因此，简单地强调“内政决定外交”，似乎只是封闭社会或者早期现代社会的语调。互相建构的关系，意味着一对共时的关系。它是指国际化开放条件下的国家治理在时间上

① 黎虎：《汉唐外交制度史》，兰州大学出版社，1997 年版，第 15、16 页。

② 全球性问题的出现是当代中国外交的一个基本国际社会场景，关于全球性问题的提法，见中国国际关系学会主编：《国际关系史》第十二卷（1990—1999），世界知识出版社，2006 年版，第 648 页。

是分先后的。作为单位的国家与作为环境的国际系统，飞速地进行着信息反馈、社会互动与经济交往，否则就会丧失功能，系统瓦解，窒息而亡。政府绩效时时刻刻地受到国际社会与国内社会的同时评价，贸易交往与金融市场一刻不能停止下来，老百姓与政府的收益与国际形势密切相关。

（三）“革命之后”的外交研究：深刻反思与革命性探索

“建构主义革命”是一场学理变革，虽然在当代国际关系理论史上起着里程碑式的作用，但是对于中国国际关系理论以及当代中国外交研究而言，如果不能正确地摆定位置，加以积极的引导并采取综合的支持，恐怕也难以为继。本文以“建构主义革命”为视角谈论外交，旨在利用这场学理变革带来的本体论与方法论激荡，推动外交研究本身的深刻反思与革命性探索。笔者认为，这种反思与探索似乎无法忽略以下方面：

1. 国际关系理论与外交研究中的“本土化急躁”情绪

中国国际关系理论借鉴已经走到了较高的程度，进入关键时刻的大国成长需要中国拥有自己的理论话语权，灵活生动和富有创意的外交实践已经远远走到了外交理论的前头，中国特色社会主义理论体系要求建立中国特色社会主义外交理论，凡此种种，无不呼唤着中国化或本土化的中国外交理论。[①] 趋势与目标固然是明确的，过程中的困难也不可低估。举着中国化和

---

① 反映此种学界共识的文章不胜枚举，2008 年的文献包括朱威烈：《理解与尊重：关于构建我国对中东研究话语体系的思考》，《中国外交》2008 年第 3 期；秦亚青：《关于构建中国特色外交理论的若干思考》，《中国外交》2008 年第 5 期；王逸舟：《中国外交十特色——兼对外交研究的启示》，《中国外交》2008 年第 8 期；肖佳灵：《当代中国外交研究“中国化”：问题与思考》《国际观察》2008 年第 2 期；郭树勇：《国际关系：呼唤中国理论》，天津人民出版社，2005 年版。

本土化的旗帜去发掘本土的优秀传统文化，除去外来理论中的糟粕或真正不适合中国土壤的所谓普世价值，做到文化的民族性与世界性的高度统一，无疑是一件十分艰巨的理论工作，可能需要几代人甚至十几代人的努力始能成就大业，即使中国有朝一日成为了经济强国也不一定能够在文化方面领世界之先。我们一方面不能因其任务艰巨就驻足不前，另一方面也不能不对中国理论创新的国情与社会科学大理论建设的规律保持清醒的头脑（包括笔者在内的相当一部分学者可能都持有一定的理论创新的使命感和“本土化急躁”情绪），否则就有可能割裂理论借鉴与理论自主之间的辩证关系，更为甚者，也有可能急促之间“创新”出貌似符合民族精神与国家需要而实际上与之本性和原意差之较远的理论来，反而不利于民族复兴与大国成长事业。因此，从我国当前的情况看，改革开放、解放思想不仅仅是政治术语，也具有学术指涉意义，只有在不断的改革开放与学术借鉴中才能人建立起自主的政治之城与学术之塔。

2. 外交研究视野中的政治格局与政治进程

要全面而深刻地研究当代中国外交，必须综合掌握政治学、政治经济学、政治社会学和国内视野化了的国际政治学等理论工具。外交从来不是国际关系的专属区，而是国内政治与国际关系的交叉区。了解当代中国外交，要有针对性地研究当代中国的政治格局与政治进程，央地（中央与地方）关系当然是一个重要的切入点。央地外交博弈关系在一个绝对主权时代是不可能的。但 IPE 和 IPS 均把国家视为国内集团博弈和社会互动的结果，因此，外交也存在着多方博弈的问题。中国本身是一个超大型的多民族国家，加之中国在大国成长关键时期对外经济政治依赖度日益加大，中国地方政府与中央政府的国际利益与海外利益不平衡发展，央地外交并行发展以及冲突本身不可避免，完全收起地方权力包括外事外交权必然窒息经济活力与地方政府积极性，但任之放之也会滋生新的动乱和中央权威的削弱。有学者已经开展了对于中央与地方外交关系的研究。[①] 然而，60 年中国外交中央与地方关系可以描述出什么样的轨迹？30 年成功的改革开放中中央与地方外交共赢关系究竟起到了何种作用？未来能否形成中央主抓高级政治与传统安全领域的外交而地方政府主要关注经济文化等低级政治与非传统安全领域的大致分工模式？这些方面均需要从当代中国外交史和开放性的国际关系中进行必要的经验分析和历史研究。

从国内政治学的视野反观当代中国外交研究，除了央地博弈关系之外，还有一些相对更加隐蔽但是对于中国大国成长与政治发展可能也同等重要的研究领域。其中一个重要的切入点就是党政军对外关系协同机制研究。由于中国大国成长与国内政治的现实条件是党政军合作关系，而党政军实际上都以其自己的独特的方式进行外交外事活动，随着外交关系透明的增强，特别是党政分开、政军关系明晰等形势的发展，对党政军对外关系互动与博弈的机制研究愈发有意义。另外一个也许同等重要的切入点是国家与社会关系，从国际关系与外交学的术语是政府外交与民间外交的关系。[②] IPS 的关注点除了国际社会与国际政治的关系之外，还包括国内社会与国际政治的互动关系，以及国际社会与国内政治的互动关系，而这些多层互动的基础

---

① 陈志敏：《次国家政府与对外事务》，长征出版社，2001 年版；杨勇：《中国外交中的地方因素》，《国际观察》2007 年第 4 期。

② 其中较有代表性的成果包括郝雨凡、林甦主编：《中国外交决策——开放与多元社会的社会因素分析》，社会科学文献出版社，2007 年版。

环节还是近代法学或政治学的基本视野即国家与社会的关系。中国目前的情况也许有点特殊，国际社会发育与国内社会发育有强烈的一致性和同步性，这使得当代中国外交研究中就必须关注民间外交的政府扶持问题。

3. 后“革命外交”时代的国际主义问题

历史与逻辑均昭示，大国的外交不能没有国际主义，当代中国外交也不例外。60 年的当代中国外交可分为前后 30 年，前 30 年基本上可概括为“革命外交”。[①] 后 30 年基本可概括为“融入外交”。国际主义在前后 30 年中是否也大致可以归纳为表现形态，即“革命外交”时代的传统国际主义，以及“融入外交”时代的新国际主义。[②] 用较为宏观的线条来描绘当代中国外交史的话，60 年不妨可以形成这样的图形。如果国际社会算作一条过圆点的 45 度等分线 K 的话，那么当代中国外交的路线则是一条负抛物线 U，50 年代末开始的向世界输出无产阶级革命的“革命外交”使得曲线不断远离 K，60 年代末走向了谷底，70 年代初的尼克松访华和中美关系正常化使得曲线走出谷底，向上扬起，至 1979 年邓小平访问美国并正式抛弃以意识形态划线的外交方针，高举国家利益至上的大旗而掀起的“外交革命”，U 线不断趋向 K，并最终在 80 年代中期达到一个顶点。之后的三十年里，革命外交基本上从中国政治话语中消失了，只是偶尔才以民族主义等名义改头换面地浮现出来。“后革命外交”时代的国际主义基本的内容是什么？它是否仅仅表现为国

---

① 张植荣教授认为，中国在国际关系中平等地位的实现最终是通过革命实现的，革命赋予了以毛泽东为代表的新中国领导人一种强烈的革命救国的反叛意识。反映在外交思想上就是在道德上同资产阶级的“反动国际理论”和国际体系彻底决裂。见张植荣：《中国对外关系新论》，励志出版社，2008 年版，第 30 页。

② 郭树勇著：《从国际主义到新国际主义》，时事出版社，2006 年版。

际责任？国际主义与民族主义的矛盾关系如何？国际主义对于中国现代身份与国家构建有何作用？国际主义如何与中国古代的圈序认同相结合？这些都是需要认真研究的问题。

4. 运用观念与制度变革化解当代中国外交的历史性矛盾

正如人是社会造就的人一样，行为体的实践受到叠加的各种结构与进程的影响，研究结构性矛盾与进程性矛盾，不仅是现实主义与马克思主义的重要内容，也是以社会冲突研究为重要内容的IPS题中应有之义。尽管中国致力于和平发展和建设和谐世界，但是中国的大国成长决不是和平牧歌式的。当代中国外交研究不能不关注外交的历史性矛盾研究。以矛盾为线或许会在发现真相与本质的道路上多有收获。那么，当代中国外交的历史性矛盾有哪些呢？笔者不敢妄下断语，然而在目前的语境中，有四对矛盾应当引起我们的重视：一是中国日益全球方位扩展的国家利益与较窄视野、较低姿态与较慢反应的外交实现之间的矛盾；二是迅速增长的军事经济等硬实力水平与相对薄弱的政治文化社会等软实力匹配能力之间的矛盾；三是不断加大的全球治理需求与外交主体相对单一化和国际公共物品提供相对落后之间的矛盾；四是内政外交一体化趋势与相对传统的内外有别、先内后外、重内轻外的政治实践之间的矛盾。上述四对矛盾，说到底大多与相对薄弱的软实力、相对封闭的外交文化、相对谨慎的外交路线有密切的关系，需要进行观念和制度上的变革。“建构主义革命”之潮终究要消退，但它作为方法论和本体论的革命，对于解放思想变革观念和制度仍然有着现实意义。

二、“圈序认同”思维对于中国外交理论的影响①

（一）要研究“圈序认同”？

1. 从当代中国外交变化谈起

进入21世纪，中国外交出现了不少政策上的变化，中国不再提或很少提“第三世界”了，转而提“睦邻外交”、“周边外交”以及“大周边外交”；中国很少提“友好关系”、“战略同盟关系”而大提“战略伙伴关系”、“全面伙伴关系”、“面向21世纪的建设性伙伴关系”、“战略互惠关系”等；中国很少提世界新秩序，而是提建设和谐周边、和谐亚太、和谐世界。凡此种种，多少显出中国外交中的一种由近及远、认同递减、文化外推的精神现象。这种现象，我们不妨称之为“圈序认同”或“圈层思维”或“圈层意识”。它是古代以来的中国人观察世界的一种潜意识，构成了几千年的中国交往文化。

由于中国近几十年的持续迅速发展及目前国际格局的显著变迁，世界越来越有兴趣观察与关注中国，了解中国向何处走，何以能够和平地发展。过去，我们从中国的和平主义文化来向国际社会解释，这对于化解“中国威胁论”，争取国际友好人士的同情与支持功莫大焉。现在，某些西方学者已不满足于和平主义文化的解释，它们希望从新的角度来寻找中国外交战略的

① 本部分内容改写为《中国传统文化中的圈序认同》，曾在台湾中山大学政治学研究所等机构于2009年3月11日举办的“民主化国际关系：新世纪的新思维、新实践与新愿景”国际研讨会上用英文宣读，感谢主办单位和有关与会专家的批评与贡献。感谢《世界经济与政治》匿名评审专家的修改意见和建议。

文化基础[①]。东方和平主义主要源于儒家思想，而儒家思想如果还能够对中国当代外交发挥作用的话，那么洞察儒家思想与东方和平主义之间的桥梁是什么？对于国际合作和国际义务等方面的问题，中国人是以什么样的思维来处理与外部世界的关系呢？西方人可能正在卓有成效地研究这些问题，而中国学者也应拿出自己的大胆想法来。本文希望以圈序认同这个概念作为一种分析工具和假定方法，来重读古代中国外交的思维模式。

中国崛起其实是亚洲崛起的一个缩影。无论是中国崛起，还是亚洲崛起，都可视为东方文明的世纪性崛起。研究当代中国外交时需要研究中国人世界观中的圈序认同成分，研究东亚对外关系时也需要研究作为整体的东亚在世界观方面的圈序认同现象。从日本首先提出所谓的“大东亚共荣圈”开始，东亚先后提出了“东亚经济圈”、“大中华经济圈”、“亚洲经济圈”，等等。而西方则常常提“经济共同体”、“经济区”等。受到儒家思想影响的东亚人[②]惯于以圈层思维来扩大自己的交往范围，并希望在这差序结构中实现自身的安全感、经济繁荣与政治抱负。笔者这里冒昧提出一个假设，即目前东亚经济一体化的水平为何落后于欧洲与美国，原因之一可能是，由于近代以来东亚政治、文化诸方面的崩裂与混乱，迄今为止既未整合出一个类似于古代东方国际体系的文化差序结构，也未形成类似于欧美的完全同质性化的文化结构，而习惯于圈序认同的东亚人既建立不起来古代东亚的经济一体化，也建立不起来欧盟模式的经济一体化。东方人是否在忙于从事一项不服水土的事业？其

---

① Alastair Iain Johnston, *Cultural Realism: Strategic Culture and Grand Strategy in Chinese History*, New Jersey: Princeton University Press, 1995, pp. 22－27.

② 并不是所有的东亚国家在外交文化上都接受以儒学为主体的中国文明的影响。

经济基础与文化结构是否冲突？

2. “圈序认同”是中国的特质吗？

在民族国家体系的大时代里，任何民族都以自我利益为国际行为的基本出发点，都把本民族国家利益置于观察世界的中心，从这个意义上讲，每一个民族的外交文化中都有着圈序认同的成份。这是外交文化研究中的普遍性问题。然而，中国的圈层意识或圈序认同似乎更加独特。对此，国学大师梁启超曾有过一段精辟的阐述：“人类莫不有同类意识，然此‘意识圈’以吾身为中心点，随其环距之近远以为强弱浓淡。故爱类观念，必先发生于其所最亲习，吾家族则爱之，非吾家族则不爱，同国之人则不忍，异国人则忍。由所爱以‘及其所不爱’，由所不忍以‘达于其所忍。’是谓同类意识之扩大。”[①] 梁启超认为中国人的圈层意识是不断扩大的同类意识的一种形式，是仁与爱的波浪式外延的过程，它不同于西方社会中以利益为中心、以民族间竞争为重要内容的同类意识。

那么何以形成中国特色的“圈序认同”呢？这里有很多的原因。除却梁启超先生从中国社会的伦理本位和仁爱外推的角度加以阐述的因素外，一个更加基础性和物质性的原因是，古代中国独特的国际交往体系与民族间关系大不一样。古代中国较其他民族更加自成一体，其组织的国际体系更加封闭，其文明历史更加悠久且连续，其中农业文明基础上的礼治文化更加发达。[②] 另外一个原因是东西方世界的外交实践情况迥异。以中

① 梁启超：《先秦政治思想史》，北京：东方出版社，1996年版，第86页。

② 李云泉认为，地理环境的相对封闭、缺少与其他发达文明之间的对待交流，增强了华夏人的文化优越感，华夏中心意识成为一种普遍的社会心理。这种观点与美国汉学家费正清的观点是一致的。见李云泉：《朝贡制度史论》，北京：新华出版社，2004年版，第190页。

国为核心的东亚外交圈不像西方外交圈那样曾经多次转移中心，而是几千年来呈现出一元性的特点，“始终稳定地以中国的中原皇朝为中心”。[①] 因此，综合上述三个方面的原因，中国传统外交文化中的圈序认同更加明显，其对当代中国外交的影响也更大一些。本文就中国外交文化中的特殊性进行较为详细的阐述，以起到抛砖引玉的作用。

3.“圈序认同”的基本含义

笔者提出“圈序认同”一词，并非想达到什么标新立异的学术目的，而是用它指代中国古代国际关系思想中一种挥之不去的现象，即中国人处理外部世界的关系时，倾向于以一种自我意识为中心的、又有等级层次的、有序有礼外扩的认同序列来定义交往身份，确定活动范围与力度，并试图通过这种圈式交往的无限演进终致天下一统。这种思维模式或多或少存在于每个中国人、每个家族、每个王朝之中。

对于这种现象的阐述，古已有之。早在周朝时代，中国人就习惯于这种圈序认同：“夫先王之制：邦内甸服，邦外侯服，侯卫宾服，蛮夷要服，戎狄荒服。”[②] 这种圈层的核心是道德或宗族的一致性：“同姓则同德，同德则同心，同心则同志。”[③] 近代中国与世界体系碰撞之后，随着中国自衰落后又重新崛起的步伐加快，西方学者特别是美国学者加强了对中国社会及中

---

① 黎虎认为，古代世界形成了两个最主要的外交圈，即在帕米尔高原和喜马拉雅高原以东的东亚外交圈与在其以西的西方外交圈。西方外交圈由于古代航海技术的发达与贸易的盛行，其中心不断转移，形成了多中心的特征，如汉唐时期，西方出现了以安息帝国等为代表的西亚北非外交中心，以孔雀王朝等为代表的南亚中心以及罗马帝国为中心的欧洲外交中心，而且各个中心内部也不断转换主导国家。东亚则不同，中国始终是东亚世界的中心。参见黎虎：《汉唐外交制度史》，兰州：兰州大学出版社，1997 年版，第 6、7 页。

② 《国语·周语》。

③ 《国语·晋语四》。

国人的世界观的研究，美国著名汉学家费正清认为，“中国人倾向于将对外关系想象为中国国内社会与政治秩序原则的外化，中国的对外关系也就相应具有等级，如同中国社会自身一样。随着历史的发展，在中国形成一种对外制度，大体相当于欧洲形成的国际秩序”。[①] 中国的这种世界秩序的认同基础，其实就是五服制度所包含的以中国为中心的、有等级的、由内及外的国际认同模式。当代美国学者孙隆基较为明显地指出了中国人的圈层意识：“中国这个‘大圈’，在处理外面世界里，总是以自己为中心，按亲疏远近的关系来将它划分为‘层次’的，而这种层次又常常变成一种等级序列。”[②]

可见，古代中国人的圈序认同，至少有以下几个方面的含义：第一，认同的出发点是观察者的价值和利益（上升至民族层次上，就是优越的中国文化），以此来确定观察者与世界的关系，它是所有圈的中心；第二，这个圈式体系是由多个圈组成的，各个圈之间都贯彻和落实一以贯之的文化认同；第三，在圈层体系中，主体对于客体的认同度是由近及远不断递减的，亦即身份也越来越有差异；第四，中国人不是固化这种差序，而是通过这种差异的形式来推己及人，不断地把自己的先进文化渐次向外界扩人，最终达到大卜归仁的境界。

① J. F. Fairbank, ed., *The Chinese World Order: Traditional Chin's Foreign Relations*, Cambridge: Harward University Press, 1968, p. 2.

② ［美］孙隆基：《中国文化的深层结构》，桂林：广西师范大学出版社，2004 年版，第 367 页。

（二）两种不同的认同思维：东方的圈序认同与西方的二元认同

圈序认同并不是中国人世界观的全部，中国人也有二元认同（如华夷之辨等），然而，圈序认同的文化本源、制度保障及实现形式都有其系统的表达，因此它能够成为中国古代交往文化中的主流思维模式之一。反观西方，虽亦有多种认同类型，但地位突出的还是二元认同。即便是二元认同，东西方也有明显的不同，东方强调里与外、有与无、现象与实质的“将无同”，侧重讲“二元相成”，与基督教的二元相背与二元对立有很大的不同。[①] 实际上，这种“二元相成”由于强调本质一致而形式不一，而包含了“圈序认同”的成分，我们宁愿把“二元相成”所体现的“本质的现象连续体”纳入圈序认同的范畴。

1. 西方观察世界的二元认同

西方观察世界以二元对立和二元相抗为主要思维旨趣。这种模式强调我与非我、敌人与朋友、光明与黑暗、教友与异教徒、民主与专制、科学与愚昧，等等。它的哲学基础是二元论，它的宗教哲学是基督教文化，其思想的来源可能与古代两河流域的文明有关。关于后者，许倬云先生曾经进行过深入的研究，认为两河流域的泥版文字及其反映的内容“呈现对立的二元，彼此互斥而不能相容。二元论的思维，在两河思想体系，例如在波斯发展的祆教及后来的摩尼教，都是善恶两分的思维模式，

① ［美］许倬云：《许倬云观世变》，桂林：广西师范大学出版社版，2008 年，第 154、155 页。李泽厚先生也指出过古代中国更强调对立面之后的互相补充与互相渗透而不是波斯哲学中的光暗排斥和希腊哲学强调的斗争成毁。参见李泽厚：《中国思想史论》（上），合肥：安徽文艺出版社，1999 年版，第 38 页。

颇继承了古代两河神话中神魔相争的传统”。两河文字中其中不乏救回春天与生命的英雄的故事，“凡此种种救赎与复活的主题，不仅在后世基督教教义中具有重要意义，也是许多启示性宗教的特色。”① 而西方外交思维中由于承载了基督教传统中的上述二元认同思维，因此无论是战争与和平，还是发展与合作，都大致摆脱不了对立的逻辑。

西方的二元认同思维强调国内政治与国际政治的根本差异。西方著名的认同理论研究者、美国建构主义代表人物亚历山大·温特把认同分为实体认同、类型认同、角色认同与集体认同四种，前两种都是以肯定自我、排斥他者为本质规定的。角色认同中区分了朋友、对手、敌人三种认同，但在分析过程中突出的还是朋友与敌人。集体认同是指把他人当做自己人、一家人的感觉。目前，这种认同模式只有在欧盟等少数几个安全共同体中程度不同地存在，集体认同形成的一个基本条件是存在一个共同的敌人，且尚不构成目前认同政治的主体。可见，西方认同理论一般有一个二元对立的思维预设。

要形象地了解东方与西方在认同思维上的区分，一个很好的比喻是费孝通先生 60 年前关于西洋社会与中国乡土中国的对比。他讲得很形象：“西洋的社会有些像我们在田里捆柴，几根稻草束成一把，几把束成一扎，几把束成一捆，几捆束成一挑。每一根柴在整个挑里都属于一定的捆、扎、把。每一根柴也都可以找到同把、同扎、同捆的柴，分扎得清楚不会乱的。在社会，这些单位就是团体。我说西洋社会组织像捆柴就是想指明：

---

① ［美］许倬云：《历史大脉络》，桂林：广西师范大学出版社，2009 年版，第 24、25 页。

他们常常由若干人组成一个个的团体。团体是有一定界限的，谁是团体里的人，谁是团体外的人，不能模糊，一定分得清楚。”“我们的社会结构本身和西洋的格局是不相同的，我们的格局不是一捆一捆的柴，而是好象把一块石头丢在水面上所发生的一圈圈推出去的波纹。每个人都是他社会影响所推出去的圈子的中心。被圈子的波纹所推及的就发生联系。每个人在某一时间某一地点所动用的圈子是不一定相同的。”[①] 费先生把西方社会的关系格局称之为团体格局，把中国社会的关系格局描述为差序格局。如果我们从社会心理学的角度来看，西方社会的团体格局之思维基面的特征，可谓二元认同，在这种认同模式下，团体内部是平等而团结的，团体向外有清晰不二的边界性，这种边界性意味着对于重视正义与非正义的分辨性，正与反的对立性。而中国社会的思维基础则呈现出明显的圈子化的特点，“圈序认同”一词虽不尽准确，但可能比较形象。一方面，中国人都以自己为圆心，形成大小不一的圈子；另一方面，每个人都不断地伸缩自己的圈子，尽量把圈外的人吸纳进自己的体系中来。前一方面重点在“圈子”，后一方面重点在“化”。这个“化”，在孔孟二圣那里，主要理解为“推”，即推己及人，“善推而已”。这样，圈序认同之下的中国人就不能像二元认同的西方人那样泾渭分明地自待世界，对于西方人眼中的边界、社会、国家之间的关系，都持有一种模糊、变动的观点。相对而言，中国人的圈序融通思维长于求善（德性），而西方人的二元对立思维则长于求真（知性）。中国人的这种文化心理结构在其势力可以达到的区域固然可以造就一个近似和谐的

① 费孝通：《乡土中国》，上海：上海人民出版社，2006 年版，第 21 页。

社会，但是对外交而言，由于缺乏工业文明支持的情况，虽有天下的眼光，但只能偏安于东亚一偶。而西方人则由于在探索知性方面的优势，最终开出了一个繁荣的科学发达的局面，并造就了以主权制度为核心的国际制度体系。

2. "圈序认同"与二元认同之间的相异点

圈序认同与二元认同是中国人和欧美人观察世界的两种重要认同模式，它们都以本民族、本国家为观察的中心，都以文化优越作为潜意识，都致力于强大的国际制度和世界体系来实现自身的世界主义理想。然而，两种认同模式之间仍然有着许多重大的区别。

首先，圈序认同更加体现伦理本位，而二元认同与宗教本位息息相关：[①] 文化是社会的灵魂，中国社会文化从本质上是一种伦理本位的，"人生且将始终在与人相关系中而生活……此种种关系，即是种种伦理。伦者，伦偶；正指人们彼此之相与。相与之间，关系遂生"。[②] 因此了解中国人观察世界的圈序认同不能离开对于人心的洞察。圈序认同实际上就是讲"心"的认同，以心与心之间的距离来定下亲疏关系，定下对外交往的认同感觉。由于在中国人看来，社会关系是由父子、兄弟、夫妇、朋友等由近及远的各种人伦关系组成的，而且整个世界也是由这种伦理关系拟人的，因此，圈序认同其实就是社会伦理关系的归结与抽象而已。然而，西方社会则不同，其本质上是宗教本位，欧美社会主要是基督教社会，基督教文明的核心是希伯

---

① 在这一点上，二元认同的思维模式近似于赵汀阳所说的文化的异端模式。赵认为中西文化模式之分可归纳为天下模式与异端模式，而异端模式在表达他者问题时以宗教分歧为底色。赵汀阳：《没有世界的世界》，桂林：广西师范大学出版社，2005 年版，第 86 页。

② 梁漱溟：《中国文化要义》，北京：学林出版社，1987 年版，第 79 页。

莱文化，而希伯莱文化是强调二元对立的，强调正义战胜邪恶，自由战胜专制，光明战胜黑暗，企图依靠强力来实现一种观念的胜利。小布什对伊拉克的战争就有着希伯莱文化中的二元认同的影子。

其次，圈序认同拥有丰富的进程导向，而二元认同暗含明显的结构导向：在中国外交文化中，各圈的内容与序列不是长久不变的，相反则是内外融通的。虽然孔子在《春秋》中提出过“内其国而外诸夏，内诸夏而外夷狄”，把周天子作为圈序认同的最内一层，把鲁作为第二层，把诸夏作为第三层，把夷狄作为第四层，但并不以周礼而否定夷礼，常常随着时间地点的变化而夷夏移位，故韩愈有评论说：“孔子之作《春秋》也，诸侯用夷礼则夷之，进至中国则中国之。”[①] 这从最初的意义上看，圈序认同完全是以一种变化和辩证的文化视角来划分世界的。梁漱溟也谈及圈序认同中的人并不是等级森严，互不来往的，而是“它由近以及远，更引远而入近；泯忘彼此，尚何有于界划？”[②] 受到圈序认同的影响，中国人总是以发展的、辩证的眼光来处理外部事务，这种变动中的圈序认同模式影响了儒家文化圈的诸国。它们在处理多边主义的过程中，往往呈现出与西方国家不同的进程取向的多边主义，其核心是“交感而化”，即“通过交往互动而导致利益和身份的渐进变化”，[③] 而西方国家则较多地从固化的结构出发，从二元对立的结构出发，或者从结构化了的制度设计出发来处理各种关系。

---

① 韩愈：《原道》。

② 梁漱溟：《中国文化要义》，第80页。

③ 秦亚青、魏玲：《结构、进程与权力的社会化——中国与东亚地区合作》，载《世界经济与政治》，2007年第3期，第7、8页。

最后，圈序认同的潜在政治哲学理念是天下一统、远近相宜，而二元认同的潜在政治哲学理念则是国家至上、对抗思维：儒家思想影响下的圈序认同，表面上由近及远的远近亲疏，实质上是要在远近亲疏中达到一种仁与礼的最终一体，把近的亲与善主要通过感化和礼治的方式推向远方，最后达到圆满，形成仁治或礼治的天下（而二元对抗思维则主要通过优胜劣汰甚至武力征服的方式统治对方）。无论是孟子关于仁的递次外推学说，还是与这对应的荀子关于礼的递次节制学说，都从一个侧面发展了孔子的仁礼思想，形成了“克己复礼，天下归仁”的境界。[①] 反观西方世界的二元认同，则强化国家与民族的竞争兴废。正如梁启超先生评论的，若明乎中国人的“同类意识”之“举斯心加诸彼”（孟子语），“则知儒家之政治思想，与今世欧美最流行之数种思想，乃全异其出发点。彼辈奖厉人情之析类而相嫉，吾侪利导人性之合类而相亲。彼辈所谓国家主义者，以极偏狭的爱国心为神圣，异国则视为异类，虽竭吾力以蹙之于死亡，无所谓‘不忍’者存……（而）同类意识，只有日求扩大，而断不容奖厉此意识之隔断及缩小以为吉祥善事”。[②] 简言之，若从民族文化与政治哲学背景看，圈序认同强调了天下的渐次礼治与圆融和谐，而二元认同强调了国家的新陈代谢与强权政治。

当然，正如文初所言，圈序认同与二元认同均不能代表中国与西方认同思维的全部，中国历史中的某些时段不乏对立性二元认同的影子（汉武帝的对匈奴战争），而西方历史中的某些

---

① 关于孔子、孟子和荀子关于仁之外推与礼之克制的探讨，参见刘家和：《古代中国与世界——一个古代研究者的思考》，武汉：武汉大学出版社，1995 年版，第 387—398 页。

② 梁启超：《先秦政治思想史》，北京：东方出版社，1996 年版，第 86—87 页。

大国的外交行为中也偶有圈序思维的成分（如俾斯麦、邱吉尔的同盟体系或三环外交，尽管与中国的圈序思维仍有差别）。然而，圈序思维与二元思维毕竟分别构成了中国与西方思维模式的主流。它的确影响了传统中国对于国际体系和外交战略的建构，并仍对今天的中国和平发展道路产生作用。

（三）“圈序认同”及其在中国外交上的历史显象

较全面地理解圈序认同，除了与西方人擅长的二元认同相比较之外，还要认识它在中国生成的基础与背景，以及在中国历史上的显象。

1. “圈序认同”的基础与背景

（1）圈序认同的物质基础是地缘与安全因素。在中华民族结束氏族公社阶段向中世纪过渡的历史时期，由于中原文明的基轴是大河农业文明，这种文明较海洋文明更加受制于血缘宗族、[①] 地缘经济与地缘政治的因素，因此，地缘中心意识与个体安全感的结合成为古代中国人观察世界时的圈序认同的一个重要基点。安全感是圈序认同的一个出发点。个人由于不能依靠自身获得安全感，因此，必须有一个集体的安全感，但是，这个集体不是平等组织起来的集团，而是根据圈序认同建立起来的集体。正如孙隆基指出的，“事实上，中国文化本身就排除了将其他的‘人’当做同等人类看待的可能性。因为，在中国文化中没有人，每一个‘个体’都必须借‘自己人’这个圈圈来

---

① 有研究认为，周之前，华夷之防有一定的血缘标准，但在西周、春秋时期，夷夏的区别主要建立在礼的不同上，血统的区别被文化的区分所代替。参见刘家和：《古代中国与世界——一个古代研究者的思考》，第493—494页。

支撑起自己。他们即使在同胞之间也在划小圈圈，因此在面对‘非我族类’时，就会划出一个‘大圈’。唯有如此地躲在自己人的圈中，中国人才会感到安全”。[①] 中国人的这种圈层意识是有物质基础的，这个物质基础就是地缘经济因素。中原是大河农业文明，经济较为发达，周边多为游牧民族，经济较为落后，因此出现了以经济文明为基础的差序结构，从而治理上也出现了“五服”、“九服”等以王畿为中心向周边层层扩散的天下治理结构，经济文明较为发达的中原人居于天下的中心，而经济文明落后的边疆人则居于天下的边缘。对于中原人而言，中原人是自己人，由近及远地形成了亲疏关系和差序的认同。由于经济发展中心是在变化的，而且王朝也是兴衰更替的，国家的安全重心也随着政治中心的变化而变化，因此，圈序认同的物质基础也不断变化，并不构成圈序认同的恒常因素。

（2）圈序认同的核心是文化中心意识与礼治序列。中国人讲究圈序认同，除了地缘方便、血缘亲疏和原始安全感等初始性因素之外，文化上的优越感是一个突出的甚至是根本的因素。中原地区既是统治中心和物质发达地区，也是开化较早、文化程度较高的“文明”地区，比起周边茹毛饮血的野蛮民族而言，自然有一种文化优越感，而千年以降则形成了费正清所谓的文化最优的华夏中心主义。有中心，就有半中心、边缘、半边缘，随着文明与文化程度的递减，中国人倾向于把文化同质性最强的民族或地区视为自家人，把文化同质性次之的视为近邻，再次则是可以归化为自家人的外人，最后是蛮夷。可以说，圈序认同的核心是文化差序。但是，如果仅仅把圈序认同简单地作

① 孙隆基：《中国文化的深层结构》，第386页。

为文化认同，则是不对的。在古代中国的语境里，圈序认同中涉及的文化其实是伦理本位的，与德治或礼治有着内在的联系。或者说，这种圈序认同的文化从精神的角度来说是德，从形式的角度来讲则是礼。德主要对于中央而言，着重讲厚往薄来，以德治天下；礼主要对于臣属而言，着重讲安于名分，履行等级。总之，圈序认同影响下的天下体系，是由“本不相干的方位观、层次观和文化的夷夏观交织而成。天下由诸夏及蛮夷戎狄组成，中国即诸夏，为诗书礼乐之邦，在层次上居内服，在方位上是中心；蛮夷戎狄形同鸟兽，在层次上属外服，在方位上是四夷。方位和层次可以以中国为中心，无限地延伸；诗书礼乐的华夏文化也可以无限地扩张。最后的理想是王者无外，合天下为一家，进世界于大同。”①

（3）制度背景是朝贡国际体制。礼只是圈序认同制度化的一种形式，具体到天下治理上，还有一种更为世俗化和政治化的制度形式，即是我们常说的朝贡体制或封贡体制。在周朝时期，朝贡制度和五服制度、九服制度，其实都是来表明离天子远近的一种统治制度和理念。比如，方圆每隔五百里依次称之为侯服（岁一见，贡祀物）、甸服（二岁一见，贡嫔物）、男服（三岁一见，贡器物）、采服（四岁一见，贡服物）、卫服（五岁一见，贡材物）、要服（六岁一见，贡货物）、蕃国（世一见，贡贵宝）。② 在明清时期，中国皇帝对于各国来朝的次数进行了限制，这种限制也从侧面反映了中国与这些国家的认同关

① 邢义田：《天下一家——中国人的天下观》，《中国文化新论（根源篇）》，台湾联经出版事业公司1983年版，第454至455页，转引自陈廷汀、周鼎：《天下·世界·国家——近代中国对外观念演变史论》，上海：上海三联书店，2008年版，第3页。

② 《周礼·秋官·大行人》。

系。明太祖曾下诏：“古者诸侯之于天子，比年一小聘，三年一大聘，若九州之外蕃邦远国，则惟世见而已……今高丽去中国稍近，人知经史文物礼乐，略似中国，非他邦之比，宜令遵三年一聘之礼或比年一来……占城、安南、西洋琐里、爪哇、渤尼、三佛齐、暹罗斛、真腊等国，新附远邦凡来朝者，亦明告以朕意。”① 从此，朝鲜成为中国圈序认同外国的最内一层，可以一年三贡；尔后便是琉球，两年一贡；第三圈则是安南、占城、暹罗、爪哇、哈烈，三年一贡；撒马儿罕、鲁迷则更次之，为五年一贡；至于日本、真腊、吕宋等国，则几乎为最外圈，要么十年一贡，要么无定期而贡。根据朝贡体制中贡者多获的历史常态，明朝几乎与后者的认同程度递减，深入交往的需求也下降。朝贡国的序列常常发生调整，但总体上未发生根本的变化，这是与中国朝贡体制与国际认同的相对稳定有关。而这种既稳定又不失灵活、集国际认同的开放性与差序性于一体的天下体系，造就了宽泛意义上独树一帜的国际体系模式。

2. “圈序认同”在中国外交上的历史显象

（1）古代中国外交中的圈序认同。

圈序认同作为古代中国人的文化心理结构，其表现是有规律可循的：它往往是潜在地影响行为，对于个体而言有其无意识性；交往愈成体系性愈明显，故在国内交往中一般较国际交往中更易体现；当国力强盛且具有整体的外交大战略时，圈序认同思维更加容易辨认。

中国外交意义上的圈序认同思维，是一个不断发展和递嬗

① 《明太祖实录》卷76，洪武五年十月甲午。转引自李云泉，《朝贡制度史论》，第73页。

的历史进程，这个进程是随着中国历史的进步、人的概念变化特别是中国文化变化而变化，并最终落实在中国人的世界观上。正如有学者认为的，“从殷商的内外服制到战国后期的夷夏之辨，从血缘亲疏到文化异同，经过历史的长期演进，中国人对于世界图式的叙述至此大致确定下来。”[①] 我们认为，在这个“长期演进”的历史过程中，上文所讲圈序认同生成中的地缘安全、礼治文化和朝贡制度三个方面，在各个历史时期发展程度是不一样的。地缘安全方面在先秦早已具备，朝贡体制方面秦汉两代也有实践，但礼治文化与德治天下的盛行则似在唐及之后。唐代，如果一个大的同心圆的核心是唐王朝的话，那么向外的第一圈是安东、安南、安北、单于、安西、北庭六大都护府；向外的第二圈是更具自治性的突厥、回鹘、土蕃、南诏、渤海；第三圈是具有一定依附性的国家，如新罗、林邑；第四圈是仅有朝贡之名的主权国家，如大食、日本。[②] 到了宋代之后，中国出现了几个强大政权并立的局面，宋朝对东南方向的外交也有圈序的特征，但无法形成整体性的朝贡体制。元朝统治较短，礼治天下文化未及内化与体现。明代是朝贡体制盛行的朝代，明太祖的朝贡制度将中国人的圈序认同体现得淋漓尽致，具体原则上文已述。到了清代，中央政府“对招徕海外诸国进贡等方面已无兴趣，但在处理北方、西北、与东北疆域方面则胜过前代”，出现了明显的圈序外交：清本土是满汉两族的内地与东北各省，外围第一圈是藩部，即内外蒙古、新疆、西

---

① 陈廷汀、周鼎：《天下·世界·国家——近代中国对外观念演变史论》，上海：上海三联书店，2008 年版，第 4 页。

② 石源华：《中外关系三百题》，上海：上海古籍出版社，1991 年版，第 8—11 页，转引自肖佳灵：《国家主权论》，北京：时事出版社，2003 年版，第 263 页。

藏；第二圈是属国，包括伊犁将军执行羁縻政策的浩罕、塔什干、布哈拉、博洛尔、巴达赫尚、阿富汗和乾竺特以及东南的朝贡国朝鲜、安南、琉球，还有缅甸、暹罗、南掌、廓尔喀、坎世提和苏禄等；第三圈是仅有“朝贡”虚名的俄、英、法、美、西、葡、荷等国。[①] 值得注意的是，清代的圈序认同如同前朝一样，都如梁启超先生所言，并不僵硬地划清界限，而是根据国际互动的情况而加以调整，其核心还是德治天下和怀柔政策。“东南海外琉球、安南、暹罗、日本诸国，附近浙闽，有慕义投诚纳款者，地方官即为奏达，与朝鲜等国一体优待，用普怀柔。”[②] 晚清之后，中国渐衰，朝贡体制瓦解，中华文化面临危机，近代中国外交充满了屈辱，原本意义上的圈序认同根基动摇，逐渐被二元认同所替换，以夷制夷、依附外交、均势思维等长期成为主导性思维。

（2）现当代中国外交思维中的圈序认同

新中国建国以来，随着国力日盛和国际主义的复归，圈序认同对中国外交的影响也更加明显。到毛泽东提出“三个世界”之时，新中国已经逐步形成了一种较为固定的圈序认同体系，[③] 其核心是毛泽东关于建立最广泛反帝反修国际统一战线的思想。这个认同体系的国际政治基础是处于美苏争霸之间的广大中间地带，特别是以发展中国家或欠发达国家为主要构成的新近独

---

① 石源华：《中外关系三百题》，第8—11页，转引自肖佳灵：《国家主权论》，第263页。

② 《清史录》卷三〇，北京：中华书局，1985年版，第251页。

③ 20世纪50年代的中国外交虽然有着和平共处的旗帜以及“一边倒”的战略方针，但总起来没有形成制度化和理论化，因此，它的圈式认同并不明显。然而，我们还是可以看得出，中苏关系是核心，中国与社会主义阵营国家的关系次之，然后才是民族主义国家的关系，最后是西方发达国家的关系，最外圈是美国。

立的亚非拉国家。它们不满意于美苏的帝国主义和霸权主义政策，希望日益强大的新中国成为它们的战略依托和领导核心，并对于中国的革命与发展模式十分认同。其经济基础是，中国对世界上与自己较为亲近的国家特别是核心圈的社会主义国家和广大亚非国家进行了大量的经济援助。这一点与古代中国的朝贡体系所赖以生存的政治与经济基础虽然在本质上迥异，可在形式上十分相似。它还生动地体现在有关毛泽东丧礼纪录片中外国使节的吊唁顺序：最核心的一圈显然是中国的“自己人”，即阿尔巴尼亚和朝鲜；第二圈是印度支那三国；第三圈是第三世界国家；第四圈是第二世界国家；第五圈是没有国家身份的巴勒斯坦解放阵线，最外部的一圈则是没有邦交的美国。1976 年前后的中国外交身份正处在一种变动之中，其中最难处理的就是苏联与东欧国家，故其使节穿插在各圈之间参加吊唁。

然而，从总体而言，综合“三个世界”的理论以及中国外交的实践，这个时期中国认同体系的内圈（即“立足点”）是第三世界，而在这个内圈中最里面的一层是亚洲特别是东亚国家（包括东北亚和东南亚，但不包括日本），这里面显然也有地缘因素与历史文化传统因素；[①] 其次是非洲，正是亚洲与非洲的朋友最终帮助中国恢复了在联合国的席位。周恩来总理 20 世纪 50 年代参加第一次亚非会议和 60 年代出访非洲 14 国，重点都是亚非国家。第三世界的较外层是拉丁美洲。中国认同体系的中圈是第二世界，它们主要是指以美国的欧洲盟国（德国、英国等）、北美盟国（加拿大）和亚洲盟国（日本）为代表的中

① 当时与中国关系最为密切、多次为中国内政外交搭起秘密桥梁的国家多为东亚国家，即朝鲜、柬埔寨、越南和巴基斯坦。参见中共中央文献研究室编：《周恩来年谱》（1949—1976）下卷，北京：中央文献出版社，1997 年版。

等发达国家。[①] 而最外圈则是超级大国。“三个世界”理论所包含的圈序认同体系虽然不能括及所有的中国对外交往对象，但是总体上涉及最重要的战略力量，反映了两极体系时期中国奉行独立自主外交政策期间对于国际体系建构的努力。当代中国外交的圈序认同实际上很长时间内是以“三个世界”理论为核心的。

自20世纪八九十年代起，由于两极体系的瓦解和中国战略环境的变化，中国政府逐渐放弃了“三个世界”的理论，但由于“三个世界”中的内圈认同是近邻的发展中国家，而中国的国际身份定位仍为发展中国家，因此“三个世界”的思维不会轻易消失。90年代以来，中国抓住战略机遇期，与广大发展中国家以及俄罗斯、法国、英国、美国等构建起程度不一的伙伴关系，就认同度强弱而言依次“睦邻互信伙伴关系”（如东盟）、“基础性伙伴关系”（如广大发展中国家）、“战略协作伙伴关系”（如俄罗斯）、“全面伙伴关系”（如法国）、“建设性伙伴关系”（如英国）、“面向21世纪的建设性伙伴关系”（如美国、日本）等等，当然，中国伙伴体系中最核心的还是后来提得较明确的“好邻居、好朋友、好伙伴、好兄弟”（如巴基斯坦）和“好朋友、好同志、好兄弟”（如古巴），这些伙伴关系虽然与时而变，但大致上构成了当代中国外交的圈序认同底色。

进入新世纪以来，中国政府向世界宣布建设“和谐世界”，这个概念不同于西方人的和谐理念，本身就拥有中国人圈序认

① 谢益显主编：《中国外交史》（1949—1979），郑州：河南人民出版社，1988年版，第443页。

同的特征。在西方人看来，和谐的世界都是所有地区的和谐同时的实现；当某个地区或某个国家“一方有难”时，国际社会应该本着一个共同的文化标准来“八方干预”，因为文化的同质性对于世界的和谐是至关重要的，对于那些文化或文明的异端，应该加以改造或者消灭；为了和谐与和平，应该诉诸于积极的努力甚至暴力与战争。中国人的理解序列是相反的：和谐世界固然是全天下人的共同事业，但它的实现又是从局部到整体而递次渐进实现的，在国际互动与对话中有一个相互不断学习和影响扩展的过程。榜样的力量是无穷的，圆心国如果实施国内和谐进而天下仁政，这样就会有越来越多的国家效仿之并可能成为和谐的国家；对于中国而言，它首先应该把邻居的关系搞和谐，这是和谐周边和谐世界的第一步，其次才是亚太地区的繁荣与和平，最后是世界的和谐，和谐源于一圈一圈地扩大，一层一层地深化，一段一段地实现。

（四）“圈序认同”思维对于国际关系理论与实践的多重影响

圈序认同反映了几千年来中国的世界观与人生观的基础部分，尤其成为中国人观察与处理社会关系和外部世界的集体无意识，也深深地影响着不断走向开放世界的外交文化心理。一方面，它是中华民族文化心理结构的组成部分，体现了远古时代以来中国人的血缘基础、心理原则、人道主义、个体人格以及实践理性，[①] 民族复兴与文化创新的任何努力都不能忽视它的存在；另一方面，它与封建思想、封闭意识和文化中心主义也

① 李泽厚：《中国思想史论》（上），合肥：安徽文艺出版社，1999 年版，第 20 页。

有着一定的联系，若不加以警惕，其消极影响会不利于中华文明与世界政治文明的积极对话。有必要认真看待圈序认同对当代中国外交的影响，发挥其正面作用，使之服务于中国外交软实力建设。

1. “圈序认同”模式研究的潜在警醒

晚清之后，中国文化包括外交文化都几乎被彻底批判，差序结构、圈序认同、家族社会、朝贡体系自然也在其之列。圈序认同多有诟病之处，最为明显的一条是，其包含的内外有别、先内后外、重内轻外之类意识，在内政外交几乎日益难以分清的国际政治大背景下，堪称落后的政治思维。华夏中心主义是圈序认同在国际政治观上的反映，在东方强于西方的条件下尚能勉强支撑，但在中国崛起过程中，却易成为激起国际社会“中国威胁”论调的催化剂。另外，还有至少三个方面也值得研究者们加以关注。

(1) 圈序认同与国际关系民主化的理念相抵牾。圈序认同之下的世界秩序是一种将中国为圆心而卫星国、朝贡国为辅卫的层层隶属的不平等国际体系。在秩序优先的价值取向之下，朝贡秩序及其相联系的圈序认同思维有其天然的合理性。这种等级观念根本上来源于农业经济和封闭经营的生产关系，受地缘政治与血缘政治的深刻影响，从某种意义上支持了或者至少暗合了国际关系的压迫行为和不平等逻辑。在天下大势特别是世界生产力的冲击之下，工业经济与市场经济的全球化瓦解了圈序认同先前赖以存在和支持的经济基础，形成了以主权平等为核心的近代国际体系。随着主权制度的全球化特别是国际关系的民主化，国家间相互尊重和平等互惠等已经成为国际政治文化的基本要素，圈序认同模式对于建设世界政治文明只能有借鉴意义，而不能成为主导文化。中国外交既然也以推进国际关系民主化为要旨，就需谨防圈序认同危及国际关系民主化理念。当然，我们也不能断定圈序认同理念与国际关系民主化格格不入。完全平等的国际关系是个理想的目标，在可以预见的将来难以实现。理想的目标需要现实的手段。在目标的实现过程中，国际关系民主化需要多种多样的实现形式。目标中的平等关系需要某个阶段的不平等或不完善作为现实条件，而全球社会或者地区社会都客观上存在着权威中心的示范作用和目标实现的先后顺序，国际社会客观上总是存在着权威分层的现象。① 从这个意义上讲，在世界大同实现之前，圈序认同也许仍有其合理性。这种合理性主要是以纠正和补充二元认同之缺陷为基础的，但毕竟不能达到人类价值上的完满性。

（2）以积极的国际责任意识弥补圈序认同的自我自利。在古代中国人的交往思维之中，有一个消极的方面，即圈子的利益高于集体的利益。当然，如果圈子本身就是集体，即国家就是皇帝一人的，那么皇帝就讲“天下为公”了。但其本质还是“天下为私”的。由于圈序认同结构中，圈子是不断伸缩的，而且圈子也是有层次的，因此，既定圈子内的行为体对于更大圈子的利益往往不是很关心。与此相关的另外一个更大的消极方面是，为了小圈子的利益而牺牲大圈的利益，对于这一点，费孝通先生曾有精彩的阐述：“孔子的道德系统里绝不肯离开差序格局的中心……我们一旦明白这个能放能收、能伸能缩的社会

① 国际社会分层是国际政治社会学（IPS）一个重要研究领域，其核心是权威分层和价值等级。当代也有学者认为等级结构是国际政治的现实，而更有学者认为类似于“亲亲尊尊”的等级在人类社会中是要保存的。分别参见王逸舟：《对国际社会等级结构的一种调研》，《欧洲》1996 年第 3 期；牟宗三：《中国哲学十九讲》，上海：上海古籍出版社，2005 年版，第 50 页。

范围就可以明白中国传统社会中的私的问题了。我常常觉得：'中国传统社会里一个人为了自己可以牺牲家，为了家可以牺牲党，为了党可以牺牲国，为了国可以牺牲天下'……这是一个事实上的公式。在这种公式里，你如果说他是私么？他是不能承认的，因为当他牺牲族时，他可以为了家，家在他看来是公的。当他牺牲国家为他小团体谋利益，争权利时，他也是为公，为了小团体的公。在差序格局里，公和私是相对而言的，站在任何一圈里，向内看也可以说是公的。”① 当然，中国进入世界体系以来的现代化取得了伟大成就，中国人的人类贡献意识大大增强了，但阻碍“中国应该为人类做更大的贡献”和成为世界大国的诸多意识因素中，圈序认同与自保意识概莫能外。中国应该以更加开放的心态和更大的全球责任意识，加入到诸如气候控制、公共卫生应对之类的全球治理上，以展示和增强泱泱大国的软实力。

（3）当代外交情势下“圈序认同”之核心价值的缺失及其重建。从中国外交文化的角度看，如何建构当代中国外交圈序认同的主导内涵，也是一个需要解决的问题。从文初所涉的几对概念可见，中国外交在围绕和谐文化、周边外交和战略伙伴等几个方面都有一定的圈序思维。但是，这些圈序认同主要是基于地缘和战略利益而展开的。关于中国目前国际身份这一重大问题上，核心认同问题并没有解决。虽然国家利益是国家外交的根本出发点，但是国家利益并不能维系一个国家的本体所在。再说，国家利益也不是简单的安全利益与经济利益的相加，它还包括国际利益、国际制度利益、国家信仰体系以及国际政

① 费孝通：《乡土中国》，第24—25页。

治文化等因素，而后者才是国家国际认同的主要对象范围。笔者认为，中国目前的核心问题是价值体系重建问题，对内是社会主义核心价值体系重建，对外是有中国特色国际政治文化体系重建，而内与外都是统一的、一体的。由于圈序认同首先要有一个圆点，因此，有关圆点的建设就很重要。封建时代，这个圆点是周王朝的血缘；汉唐乃至明清时代，这个圆点是仁礼义文化；改革开放之前，毛泽东曾把它定为社会主义意识形态；上个世纪 80、90 年代，中国实质上把国家利益至上原则和发展中国家身份作为圈序认同的圆点。进入新世纪之后，中国外交的认同圆点是什么？要回答这个问题，就要不断从伟大的外交实践中总结并建构新的国际政治文化与国际身份。没有了认同圆点，就没有了外交之本，就无从构建世界秩序。

2. “圈序认同”对国际关系研究的理论意义

在以基督教文化为代表的二元认同基础上的西方国际政治文化挟全球化和现代化的威风而独领风骚。400 年之后，人类在继续肯定这种文化主体性和合理性的同时，更加注意从包括儒家文化、伊斯兰文化、印度文化等非西方文化中寻找世界政治思想，圈序认同思维若进行重建，或许会在以下几个方面产生积极的启示。

（1）重建后的圈序认同将赋予主流国际政治文化以更多的和谐性与多样性。由于近代以来的国际社会是由西欧早期基督教国家建立起来并不断扩展形成的，因此，主流的国际政治文化带有较明显的基督教文化的二元认同特征。如前文所述，这种认同模式的优点是泾渭分明，操作简易，容易机械化，技术理性强，科学化特征明显，在征服自然和机械性地改造社会方面有着天然的优势，在工业革命、现代化、殖民化、商业战争和强权政治的时代比较有效率，但其机械性、对立性、强制性、侵略性在19世纪末就已初显端倪。与二元认同相比，圈序认同虽然讲亲疏，讲差别，但重点是讲差序之下的统一，讲行为主体与外面世界的不同程度的和谐。它既讲由此及彼，又讲由彼及此，后者虽然在内外之间好感程度有所差异，但总体上还属于认同对象的一部分，圈序思维的出发点还是希望把自己的认同体系推广到外部世界得以自由地承认，其隐含着灵活性、包容性、多样性和互认性的一面，更加符合后现代社会和全球治理条件下的国际政治求共存、求共赢、求和谐的潮流。然而，由于主流国际政治文化长期由西方霸权及其二元认同模式等因素所建构，因此，世界经济基础和政治结构全面改造尚需时日，研究圈序认同的理论意义并适度发扬光大，无论对于推动国际政治文化的多元发展，还是对于建构中国理论都有特别的意义。

（2）圈序认同凭其道德文化的内在参照可以促进全球治理理论的本土化。从近代以来的国际关系史来看，国际政治二元认同模式的内在参照主要是物质文化（市场经济模式），强调的是自我物质利益的扩展，虽然其终极目标和外在形式上有着浓厚的宗教意识和民主救世思想；而中国古代国际关系则表明，圈序认同的内在参照主要是心的体认与德的外化，强调的是中华理想（天下仁政）的递次实现，大致遵循一条内圣外王的路线，朝贡体制的基本考虑是为了维护以德治国和礼治天下。西方学界目前热衷的全球治理理论已经开始超越现代国际政治理论中的现实主义政治观，强调多元行为体国际合作的一面，有其可取之处，但其强调国家与社会的二分，强调共同利益而非共同文化方面，仍有着传统二元认同的较强色彩，需要中国外交文化的有力补充。中国外交文化中的圈序认同中固有的道德文化本性，可以从德治天下、天下同心的角度来诠释全球治理理论，这样，或许会开出一条本土化的道路来。

（3）吸收圈序认同的合理成分，可以对世界政治与世界秩序有更加丰富的制度思考。这主要有两个层面的含义。一方面，圈序认同的思维模式从根本上讲与二元认同思维所引伸出来的关于国内政治与国际政治分野的国际思想是格格不入的。如果说天下体系的基础是无外原则及（与之并不根本冲突的）圈序认同的话，那么，民族国家主权体系则以二元认同为基础。如果当今的主权体系适当吸收天下体系的若干合理成分，对于正在到来的全球治理时代是很有裨益的，因为后者有着理论上和美学上的完整性，更能适应全球一体的未来政治发展形势。在赵汀阳所称的天下无外原则和我们这里所讨论的圈序认同的共同作用下，中国会有“以自己的为中心的‘地方主义’，但仅仅是地方主义，却缺乏清楚界定它的和划一不二的‘他者’以及不共戴天的异端意识和与他者划清界线的民族主义。……这样一种关系界定模式保证了世界的先验完整性，同时又保证了历史性的多样性，这可能是惟一能够满足世界文化生态标准的世界制度。”① 另一方面，圈序认同下的国际制度化更强调模糊性、符号性和松散性，有助于世界秩序变革中的软性制度化模式。国际秩序问题是国际关系的核心问题之一，也是中国国际关系理论不可回避的问题。秩序无疑是权力、制度与文化的统一，三者之间你中有我，我中有你，无法分立。其中，制度与制度化是大国成长中处理与既有世界秩序的关键问题，它是权

① 赵汀阳：《天下体系——世界制度哲学导论》，南京：江苏教育出版社，2005年版，第51页。

力折冲的焦点，是文化冲突的外化。我们认为，不同的认同模式和文化传统影响着制度化的方式，二元认同模式下的制度化更容易体现为硬制度化，而圈序认同模式下的制度化则更容易体现为软制度化。二元认同往往要求权力安排和利益划分的文本规范（立宪、国际法），要求敌我之间和内外之间的边界明确（主权制度），要求制度的严格执行以及监督财政司法保障体系完整（均势体系和联合国等强大机构），甚至要求将制度上升到神圣的程度（法治精神“条约必须遵守”原则）。相比之下，近年来，东亚的地区一体化和多边主义较欧美地区更加松散，一体化建设目标相对具有原则性，多边协商表现出强烈的象征性和随机性，会议声明用语往往较为模糊，但是仍然能够在一定时期内推动一体化的发展和共同体的建设。这一地区的软性制度化现象之所以十分明显，除却经济发展程度参差不齐和政治价值观大相异趣等因素外，该地区总体上深受儒家文化影响，外交思维上可能摆脱不掉传统的圈序认同模式，是不能轻易排斥的重要因素。

（4）圈序认同的基础是实用的过程理性，这对于和谐世界的理性实现仍有着理论启示。中国文化的一个明显特点是缺乏西方文化具有的宗教性，实用性极强，且重视过程甚于重视结果。圈序认同的各个方面显然体现了这种实用理性与过程理性的结合：中国人喜欢在一种由内及外、由亲及远、由实到虚、由易及难的社会纽带中生活，喜欢量力而行，在逐渐的变革中贡献自身的力量或实现自己的远大目标。“千里之行，始于足下”，“修身齐家治国平天下”，都是强调从身边做起，但并不把脚下的行动与远大目标割裂开来。国际利益（“国际责任”）理论与世界秩序（“和谐世界”）理论研究是与大国社会性成长联系较为紧密的国际关系理论领域，目前又与中国的国际关系理论建设息息相关。我们若能在圈序认同的重建过程中，创造性地诠释和谐世界理念，使之既能够符合世界政治文明发展的潮流，又能符合本土化的理论旨趣和不断成长的国家利益，就可能是对国际关系理论的重要贡献。

主题索引

（按汉语拼音首字母排序）

A

B

C

D

E

F

G

H

M

N

O

P

Q

R

S

W

X

Y

Z

后记

这本小书，是教育部人文社会科学一般项目“国际政治社会学研究”的结题成果。它并未就国际政治社会学理论进行综合性探讨，而是走了专题研究的路子，有的只是从侧面作了一定的探讨而已。国际政治的社会学研究流派纷呈，核心概念不一而足，社会学与国际政治学的交叉研究并非易事，然而在现有的研究阶段，借鉴发展了的理论和崭新的外交实践，对一些重要话题进行理论探索虽然困难，却是可能的事情。其中的不少文章，已经零散地发表在国内外学术杂志上，有的如关于合法性战争的文章也曾经引起学界的关注；有的如讨论圈序认同的文章，在儒家学术圈内也交流过；还有的如关于女权主义的文章，仍有待于进一步的讨论。这些笨思拙作，因学力不逮，往往浅尝辄止。或许由于尚有应景之用，对于和平发展的新形势研究可作一定参考，时事出版社多次鼓励结集发表，我恭敬不如从命。

我要表达由衷的谢意。首先感谢教育部社会科学规划机构的支持，项目在研究的关键时刻给了我难得的资助。其次，我要感谢多年来支持我从事相关学术研究的良师益友。2001 年，我从复旦大学国际政治系获得博士学位，同年在《世界经济与政治》杂志发表了《国际政治社会学初探》，并在学术专著《建构主义与国际政治》中对国际政治社会学与建构主义的关系做了较多的阐述。后来，我主要在上海交通大学国际与公共事务学院从事相关研究。在过去的岁月里，我发表的学术成果大多与国际政治社会学的理论研究和应用研究有关。北京大学出版社、时事出版社等出版社，以及《世界经济与政治》、《美国研究》、《欧洲研究》、《现代国际关系》、《外交评论》、《国际观察》、《毛泽东邓小平理论》、《教学与研究》、《中国评论》、《太平洋学报》、《博览群书》等杂志社，给了我发表研究成果的很好平台。关于应用研究的成果，多数已经收录在《大国成长的逻辑》、《从国际主义到新国际主义》、《中国软实力战略》等著作里。这里收录的文章多涉及理论研究。而且，绝大部分是第一次收录在书里，只有个别的理论文章，基于架构安排和逻辑上的考虑予以重新辑录。即使这样，这本小书各章节之间谈不上一贯的联系，不过以不同的视角透视国际社会与国际政治的关系而已，有以简单方式研究复杂事项之嫌，故给本书起了一个特殊的名字叫《国际政治社会学简论》。最后，我要感谢那些学术上对我包容的朋友。他们也许并不赞同我的观点，却鼓励我把这项研究继续下去，这是最难能可贵的。我期望着得到学界朋友的批评指正。

时事出版社的苏绣芳副社长和杨玉秀编辑为了出版此书作了很多的努力，我应当对她们致以特别的感谢。

时事出版社的苏绣芳副社长和杨玉秀编辑为了出版此书作了很多的努力，我应当对她们致以特别的感谢。

著　者

2014年1月

图书在版编目（CIP）数据

国际政治社会学简论——马克思主义的视角/郭树勇著．—北京：时事出版社，2014.2

ISBN 978-7-80232-686-6

Ⅰ.①国…　Ⅱ.①郭…　Ⅲ.①国际政治—政治社会学—研究
Ⅳ.①D5

中国版本图书馆 CIP 数据核字（2013）第 311093 号

出版发行：时事出版社
地　　址：北京市海淀区巨山村 375 号
邮　　编：100093
发行热线：（010）82546061　82546062
读者服务部：（010）61157595
传　　真：（010）82546050
电子邮箱：shishichubanshe@sina.com
网　　址：www.shishishe.com
印　　刷：北京百善印刷厂

开本：650×980　1/16　印张：17.5　字数：196 千字
2014 年 2 月第 1 版　2014 年 2 月第 1 次印刷
定价：60.00 元
（如有印装质量问题，请与本社发行部联系调换）